Marley y yo

Marley y yo

La vida y el amor con
el peor perro del mundo

John Grogan

Traducción del inglés por Beatriz López-Buisán

 rayo *Una rama de* **HarperCollins***Publishers*

Los libros de HarperCollins pueden ser adquiridos para uso educacional, comercial o promocional. Para recibir más información, diríjase a: Special Markets Department, HarperCollins Publishers, 10 East 53rd Street, New York, NY 10022.

Este libro fue publicado originalmente en inglés, en el año 2005, por HarperCollins Publishers. La traducción al español fue publicada originalmente en España, en diciembre de 2006, por Circe Ediciones S.A.

PRIMERA EDICIÓN RAYO, 2008

Library of Congress ha catalogado la edición en inglés.

ISBN: 978-0-06- 177711-0

08   09   10   11   12   DT/RRD   10   9   8   7   6   5   4   3   2   1

En recuerdo de mi padre, Richard Frank Grogan,

cuyo espíritu gentil impregna todas las páginas de este libro.

Prólogo

El perro perfecto

En el verano de 1967, cuando yo tenía diez años, mi padre cedió a mis persistentes ruegos y me llevó a escoger un perro para mí. Fuimos en la furgoneta a una granja situada en medio del campo de Michigan que dirigían una mujer hosca y su anciana madre. La granja sólo ofrecía un producto: perros. Había allí perros de los más inimaginables tamaños y formas, edades y temperamentos, que sólo tenían dos cosas en común: todos eran mestizos y de raza indefinida y todos se regalaban si se trataba de una casa donde los tratarían bien. Estábamos en el reino de los mestizos.

–No te apresures, hijo –dijo mi padre–. La decisión que tomes hoy ha de acompañarte durante muchos años.

Como decidí con rapidez que los perros viejos deberían ser objeto de la caridad de otras personas, me dirigí de inmediato a la jaula de los cachorros.

–Debes escoger uno que no sea tímido –me aconsejó mi padre–. Intenta hacer sonar la jaula para ver cuáles no se intimidan.

Me agarré a la puerta de hierro y, golpeándola, la hice sonar. La docena de perritos que había se echó atrás hasta formar una sola pila de cuerpecillos peludos. Sólo uno se quedó en su lugar.

Era un cachorro dorado con unos trazos blanquecinos en el pecho que, de pronto, cargó contra la puerta, ladrando sin cesar. Después, asentándose sobre las dos patas posteriores, se estiró y con gran excitación me lamió las manos. Fue amor a primera vista.

Lo llevé a casa en una caja de cartón y lo bauticé con el nombre de *Shaun*. Era uno de esos perros que dan buena prensa a los canes en general. Era obediente por naturaleza y aprendió a obedecer sin dificultad alguna todas las órdenes que le enseñé. Yo podía dejar caer en el suelo una miga de pan y él no la tocaría hasta que yo le diera el visto bueno. Entraba cuando lo llamaba y se quedaba quieto cuando se lo pedía. Lo podíamos dejar fuera toda la noche, pues sabíamos que volvería después de hacer sus rondas. Aunque no lo hacíamos con frecuencia, podíamos dejarlo solo en la casa durante muchas horas, sabiendo que no tendría un accidente ni alteraría nada. Corría a la par de los coches, sin perseguirlos de verdad, y caminaba junto a mí sin necesidad de ponerle el bozal. Podía zambullirse hasta el fondo de la laguna y surgir del agua con piedras tan grandes en la boca que le quedaban encajadas entre las mandíbulas. Nada le gustaba más que salir a pasear en el coche y, cuando hacíamos un viaje por carretera con la familia, se sentaba en el asiento trasero del coche y, contento, se dedicaba a ver pasar el mundo a través de la ventanilla. Lo mejor de todo fue que le enseñé a tirar de mi bicicleta, como si fuese un trineo, por lo que era la envidia de mis amigos al pasearme por el barrio en bicicleta con los brazos cruzados.

Shaun estaba conmigo cuando fumé mi primer cigarrillo (y el último) y cuando besé a la primera chica. Y también estaba a mi lado, en el asiento de delante, cuando le robé el Corvair a mi hermano mayor para dar mi primera vuelta en coche.

Era un perro animado, pero controlado, afectivo, pero tranquilo. Incluso hacía gala de unos modales exquisitos cuando se ocultaba entre los arbustos para hacer sus necesidades, dejando a la vista sólo la cabeza. Gracias a este hábito suyo, podíamos andar descalzos por el césped del jardín.

Cuando venían parientes a visitarnos durante el fin de semana, volvían a sus casas decididos a adquirir un perro como *Shaun*, tan impresionados quedaban con él, o con «*San Shaun*», como acabé llamándolo. Lo de llamarlo santo era producto de una broma familiar, pero que casi, casi, podíamos creérnosla. Nacido con la maldición de tener un pedigrí incierto, *Shaun* era uno de los miles de perros que nadie quiere en Estados Unidos y que, por un golpe de una buena fortuna casi providencial, terminó siendo querido. *Shaun* adquirió un lugar en mi vida, y yo en la suya, y así me prodigó la infancia que todo niño merece.

La relación amorosa duró catorce años. Cuando él murió yo había dejado de ser el niñito que se lo había llevado a su casa aquel día estival; ya era un hombre que había acabado los estudios universitarios y que viajaba por toda la provincia desempeñando mi primer trabajo serio. Cuando me marché, *San Shaun* se quedó en la casa de mis padres, donde correspondía. Mis padres, ya jubilados, fueron quienes me llamaron para darme la noticia. Tiempo después, mi madre me contó lo siguiente: «En cincuenta años de casados, sólo vi llorar a tu padre dos veces. La primera fue cuando perdimos a Mary Ann –mi hermana que nació muerta–, y la segunda, cuando murió *Shaun*.»

El *San Shaun* de mi infancia era un perro perfecto. Al menos así es como siempre lo recordaré. Fue *Shaun* el que estableció las pautas según las cuales juzgaría yo a todos los perros que lo sucederían.

1. Y con el cachorro somos tres

Éramos jóvenes y estábamos enamorados. Nos regodeábamos en esos primeros y sublimes días de matrimonio, cuando se tiene la impresión de que la vida no puede ser mejor.

Pero no podíamos vivir solos.

Así que una tarde de enero de 1991, mi esposa, con quien llevaba casado quince meses, y yo comimos algo rápido y nos marchamos para responder a un anuncio que había salido en el *Palm Beach Post*.

Yo no tenía nada claro por qué lo hacíamos. Unas semanas antes, me había despertado poco después de amanecer y había descubierto que la cama junto a la mía estaba vacía. Me levanté y encontré a Jenny con el albornoz puesto, sentada a la mesa de cristal que había en el porche cerrado de nuestra casita, inclinada sobre el diario con un bolígrafo en la mano.

La escena no era inusual. El *Palm Beach Post* no sólo era nuestro diario local, sino que también era la fuente de la mitad de nuestros ingresos, ya que éramos una pareja de periodistas profesionales. Jenny escribía editoriales en la sección titulada «Accent» del *Post*, mientras que yo me ocupaba de las noticias en el diario rival, el *Sun-Sentinel* del sur de Florida, cuya sede estaba a una hora de Fort Lauderdale. Todas las mañanas, Jenny y yo nos dedicábamos tranquilamente a revisar los diarios para ver cómo habían publicado nuestras historias y cómo quedaban frente a la competencia, por lo cual hacíamos círculos en torno a algunos, recortábamos otros y subrayábamos líneas de ciertos otros.

Pero esa mañana, Jenny no tenía la nariz metida en las páginas de noticias, sino en las de anuncios. Cuando me acerqué, noté que hacía círculos enfebrecidos en la sección titulada «Cachorros-perros».

–Ah... –exclamé en esa voz aún gentil del marido recién casado–. ¿Hay algo que yo debería saber?

Jenny no respondió.

–¡Jen, Jen!

–Es por la planta –dijo finalmente, con una cierta desesperación en la voz.

–¿La planta? –pregunté.

–La maldita planta –dijo–. La que matamos.

¿La que *matamos*? Yo no tenía intención de aclarar el asunto en ese momento, pero quiero dejar constancia de que se trataba de la planta que *yo* le había regalado y que *ella* había matado. La cosa sucedió así. Una noche, la sorprendí llevándole de regalo una enorme y bonita *dieffenbachia* con hojas verdes, vetadas de color crema. «¿A qué se debe esto?», preguntó ella. Pero no había motivo alguno. Se la regalé sólo como una manera de decir: «¡Vaya, qué grandiosa es la vida de casados!»

Jenny quedó fascinada tanto con el gesto como con la planta, y me los agradeció abrazándome y dándome una beso en los labios. Después se dedicó de inmediato a matar mi regalo con la fría eficiencia de toda una asesina, aunque no lo hizo de manera intencionada, sino que la regó hasta matarla. Jenny y las plantas no se entendían. Basándose en el supuesto de que todas las cosas vivas necesitan agua, pero olvidándose al parecer de que también necesitan aire, procedió a anegar la planta todos los días.

–Ten cuidado de no regarla más de lo que debes –le advertí.

–Vale –me respondió, antes de añadirle varios litros más de agua.

Cuanto más padecía la planta, más la regaba ella, hasta que por fin se deshizo hasta formar una pila de restos herbáceos. Miré el lánguido esqueleto de la planta que había en la maceta junto a la ventana y pensé: *¡Lo que se entretendría alguien que creyera en los presagios al ver esto...!*

Y allí estaba Jenny, haciendo una especie de salto cósmico de lógica desde la flora muerta en una maceta a la fauna viva en los anuncios clasificados sobre perros. Había dibujado tres grandes estrellas rojas junto a uno que leía: «Cachorros de labrador, amarillos. Raza pura avalada por la AKC.* Vacunados. Padres a la vista.»

–¿Quieres contarme una vez más ese asunto de la planta y el perro?

Mirándome con fijeza, dijo:

–Puse tanto empeño..., y mira lo que pasó. Ni siquiera puedo mantener viva una estúpida planta. ¿Y cuánto cuesta hacer *eso*? Lo único que hay que hacer es regar la maldita planta.

Pero después tocó el meollo del asunto.

–Si ni siquiera puedo mantener con vida una planta, ¿cómo haré para mantener con vida a una criatura? –dijo, al borde de las lágrimas.

El Asunto del Bebé, como lo había apodado yo, se había convertido para ella en algo constante, que crecía día tras día. Cuando nos conocimos, en un pequeño diario del oeste de Michigan, hacía pocos meses que Jenny se había licenciado y la seria vida de

---

* AKC: Sigla por la que se conoce la American Kennel Club, la asociación canina nacional de Estados Unidos. *(N. de la T.)*

adultos aún era un concepto muy lejano. Aquél fue el primer trabajo profesional que tuvimos los dos después de licenciarnos. En esa época comíamos mucha pizza, bebíamos mucha cerveza y no dedicábamos ni un solo pensamiento a la posibilidad de que un día dejáramos de ser unos consumidores de pizza y cerveza jóvenes, solteros y libres.

Pero pasaron los años. Apenas habíamos empezado a salir juntos cuando se nos presentaron diversas oportunidades de trabajos –en mi caso, un programa de posgrado de un año– que nos dirigieron hacia lugares distintos de la zona este de Estados Unidos. Al comienzo estábamos a una hora de distancia en coche, pero después fueron tres horas, luego ocho horas y, por último, veinticuatro. Cuando por casualidad nos encontramos en el sur de Florida y pusimos fin a nuestros desencuentros, Jenny tenía casi treinta años. Sus amigas tenían niños y su cuerpo le enviaba extrañas señales. La oportunidad de procrear, que una vez había parecido eterna, disminuía lentamente.

Me acerqué a ella desde atrás, la rodeé con mis brazos y la besé en la cabeza.

—No pasa nada —le dije.

Pero tuve que reconocer que había puesto a debate una buena pregunta. Ninguno de los dos había criado nada en su vida.

Es cierto que los dos habíamos tenido animales domésticos cuando éramos niños, pero eso no contaba porque teníamos la seguridad de que nuestros padres se ocuparían de ellos. Ambos sabíamos que algún día querríamos tener hijos, pero ¿estábamos preparados para ello? Los niños daban... tanto... miedo... Eran indefensos, frágiles y parecía que fuesen a romperse con facilidad si se los dejaba caer.

En la cara de Jenny se dibujó una sonrisa incipiente cuando dijo:

–Creí que tal vez criar a un perro sería una buena forma de practicar.

Yendo de noche hacia el Noroeste, donde los suburbios de West Palm Beach se convierten en los extensos prados de las propiedades rurales, medité sobre la decisión que habíamos tomado de tener un perro. Era una gran responsabilidad, en particular para dos personas que trabajaban a tiempo completo. Pero sabíamos lo que nos deparaba. Los dos nos habíamos criado con perros y los habíamos querido muchísimo. Yo había tenido a *San Shaun* y Jenny, a *Santa Winnie*, la amada English setter de su familia. En los recuerdos más felices de nuestras respectivas infancias había siempre perros con los que habíamos paseado, nadado, jugado y metido en problemas. Si de veras Jenny sólo necesitaba un perro para afinar su capacidad de criar hijos, yo habría intentado disuadirla y tal vez aplacar su ansia regalándole unos pececillos dorados. Pero así como sabíamos que eventualmente querríamos tener hijos, sabíamos que nuestro hogar no sería completo sin un perro echado a nuestros pies. Cuando éramos novios, mucho antes de que los hijos apareciesen en la pantalla de nuestro radar, pasábamos horas hablando de los animales domésticos de nuestra infancia, de cuánto los echábamos en falta y de cómo nos gustaría volver a tener un perro algún día, cuando tuviésemos una casa propia y una cierta estabilidad en nuestras vidas.

Ahora contábamos con esos dos requisitos. Vivíamos en un lugar que no pensábamos abandonar en un futuro inmediato y teníamos una casa de nuestra propiedad.

Era la casita perfecta, emplazada en un terreno cercado de unos mil metros cuadrados. Y también era perfecto el lugar, un inquietante barrio suburbano situado a una manzana y media del

Intracoastal Waterway* que separa West Palm Beach de las elegantes mansiones de Palm Beach. Al término de nuestra calle, la Churchill, había un parque verde y alargado con un sendero pavimentado que se extendía por la orilla del canal a lo largo de varios kilómetros. Era un lugar ideal para correr, montar en bicicleta y andar sobre patines, y, más que nada, para sacar a pasear a un perro.

La casa se había construido en la década de 1950 y tenía el encanto de las viejas casas de Florida: una chimenea, las paredes revestidas de yeso corrugado, las ventanas grandes y unas puertas correderas que daban a un porche cerrado con mosquiteras, nuestro lugar preferido. El jardín era un pequeño edén tropical lleno de árboles –palmeras, bromeliáceas y aguacates– y de coloridas plantas labiadas. Coronaba la propiedad un inmenso mango que todos los veranos dejaba caer sus pesados frutos con un ruido sordo un tanto grotesco, como si se tratara de cadáveres arrojados al suelo desde el techo. A veces estábamos despiertos en la cama, oyendo el tenebroso sonido.

Compramos la casita de dos dormitorios y un cuarto de baño pocos meses después de regresar de nuestra luna de miel, y de inmediato nos pusimos a arreglarla. A los antiguos propietarios, un empleado de Correos jubilado y su esposa, les gustaba mucho el color verde. Así, el exterior de la casa estaba pintado de verde, al igual que las paredes interiores, las cortinas eran verdes, las persianas eran verdes, la puerta principal era verde, y la flamante alfombra de pared a pared –recién comprada para ayudar a vender la casa– era verde. Y no se trataba de un verde alegre, o de color esmeralda o incluso un atrevido verde limón, sino que era un

---

* Nombre que recibe una red de canales que forman una vía acuática entre Norfolk, Virginia y Miami, Florida. *(N. de la T.)*

verde semejante al de un vómito después de haber ingerido una sopa de guisantes, acentuado con toques de color caqui. El ambiente era similar al de un dormitorio de soldados del Ejército.

Pasamos la primera noche en la casa arrancando toda la alfombra verde y llevando los trozos junto al bordillo. Donde había estado la alfombra, descubrimos un impecable suelo de madera de roble que, a juzgar por la ausencia de marcas, no había sido pisado nunca ni por un solo zapato, así que lo pulimos y enceramos hasta que quedó radiantemente brillante. Después salimos y quemamos gran parte de la paga de dos semanas en una alfombra persa tejida a mano que pusimos en el salón, delante de la chimenea. A lo largo de los meses siguientes, pintamos todo lo que fuera verde y sustituimos todos los accesorios verdes. Poco a poco, la casa del empleado de Correos empezó a ser nuestra.

Por supuesto, cuando tuvimos todo a punto, lo lógico fue dotar a la casa de un habitante enorme, de cuatro patas, con uñas afiladas, dientes grandes y conocimientos extremadamente limitados de inglés que empezara a destrozarlo todo.

–No vayas tan rápido, *dingo*,* o nos pasaremos –dijo Jenny a modo de regaño–. Estamos a punto de llegar.

Atravesábamos un lugar negro azabache que había sido pantanoso, antes de que lo drenaran tras la Segunda Guerra Mundial para destinar la tierra a la agricultura y que, con posterioridad, colonizaron los suburbanitas que deseaban llevar una vida rural.

Tal como había predicho Jenny, las luces del coche pronto iluminaron un buzón con la dirección que buscábamos. Giré en un camino de tierra que conducía a una gran casa de madera con un lago en la parte de delante y un pequeño granero en la parte de

---

* Nombre de un perro salvaje originario de Australia. *(N. de la T.)*

atrás. Nos recibió en la puerta una mujer de mediana edad llamada Lori a cuyo lado había un labrador retriever amarillo, grande y plácido.

–Ésta es *Lily*, la orgullosa madre –dijo Lori tras las presentaciones de rigor.

Vimos que después de cinco semanas de haber parido, la panza de *Lily* todavía estaba hinchada, así como pronunciados los pezones de sus tetillas. Los dos nos pusimos en cuclillas y la perra aceptó con satisfacción nuestro afecto. Tenía el aspecto preciso de lo que nos imaginamos que debía ser un perro labrador: dulce, afectuoso, tranquilo y sobrecogedoramente bonito.

–¿Dónde está el padre? –pregunté.

–¡Oh! –dijo la mujer, dudando sólo una fracción de segundo–. ¿*Sammy Boy*? Debe de estar por allí...

Y de inmediato añadió:

–Me imagino que estarán deseando ver a los cachorros.

Nos condujo a través de la cocina hacia un trastero que habían convertido en una guardería de cachorros. El suelo estaba cubierto de papeles y en un rincón había una caja poco profunda, revestida de viejas toallas de playa. Pero todo eso nos pasó inadvertido. ¿Cómo podíamos advertirlo cuando vimos a los nueve cachorritos pisándose los unos a los otros mientras intentaban estudiar a los últimos seres extraños que se habían dejado caer por allí? Jenny contuvo el aliento.

–¡Oh, Dios! –exclamó por fin–. No creo haber visto nada tan bonito en toda mi vida.

Nos sentamos en el suelo y dejamos que los cachorritos nos trepasen por encima. Mientras tanto, *Lily* iba y venía, moviendo la cola y oliendo a sus hijos para asegurarse de que todo iba bien. Lo que yo había convenido con Jenny antes de ir a ese lugar era que veríamos a los cachorritos, haríamos unas cuantas preguntas y después discutiríamos si en realidad estábamos preparados para tener un perro. «Éste es el primer anuncio al que respondemos –le había dicho yo–. Así que no tomemos decisiones apresuradas.» Pero a los treinta segundos de verlos, supe que había perdido la batalla. No cabía duda de que antes de acabarse el día, uno de aquellos cachorritos sería nuestro.

Lori era lo que se conocía como una criadora de andar por casa. En lo tocante a perros de pura raza, Jenny y yo éramos novatos puros, pero habíamos leído lo bastante para mantenernos alejados de las llamadas fábricas de cachorros, esas empresas comerciales que producen perros de pura raza al mismo ritmo que la Ford produce un Taurus tras otro. Pero, a diferencia de los coches de producción industrial, los cachorros de producción masiva pueden tener graves problemas hereditarios, desde una displasia de cadera a una ceguera precoz, causados por la endogamia entre múltiples generaciones.

Por otra parte, Lori era una enamorada de las actividades para pasar el tiempo, y la motivaba más su amor por la cría de perros que el dinero que pudiera ganar con la empresa. No tenía más que una hembra y un macho que procedían de familias distintas, algo que podía atestiguar con los documentos que poseía. Ésta sería la segunda y última camada de *Lily*, antes de dedicarse a la buena vida de una mascota de campo. Como los dos padres de la camada se encontraban en la granja, el comprador podía comprobar por sí mismo el linaje, aunque en nuestro caso, el padre parecía estar fuera del predio y fuera de alcance.

La camada consistía en cinco hembras, de las cuales cuatro estaban reservadas, y cuatro machos. Lori pedía 400 dólares por la hembra que le quedaba y 375 por cada uno de los machos. Uno de éstos parecía haberse encaprichado de nosotros de forma especial. Era el más juguetón del grupo, lo que demostraba arremetiendo contra nosotros, haciendo piruetas en nuestro regazo y trepando por nuestra ropa para lamernos la cara. Para ser tan pequeño, nos mordía los dedos con dientes sorprendentemente afilados y dibujaba en nuestro entorno círculos mal hechos con unas patas gigantes que estaban fuera de toda proporción con el resto de su cuerpo.

–Ése os lo podéis llevar por trescientos cincuenta –dijo la propietaria.

Jenny es una decidida cazadora de gangas, famosa por llevar a casa toda clase de artículos que no queremos ni necesitamos por la simple razón de que estaban tan baratos que no podía dejar de adquirirlos.

–Sé que no juegas al golf –me dijo un día, mientras sacaba del coche un juego de palos de golf usados–. Pero no podrás creer lo baratos que los compré.

Y ahora vi que sus ojos empezaban a brillarle.

–¡Oh, cariño! –dijo con una voz cargada de arrullo–. ¡El pequeñajo está en liquidación!

Tuve que reconocer que el cachorrito era adorable... ¡y fogoso! Antes de darme yo cuenta, el pillo me había masticado más de la mitad de la correa del reloj.

–Tenemos que someterlos a la prueba del miedo –dije. Le había contado muchas veces a Jenny la historia de cómo escogimos a *San Shaun* en mi infancia y cómo mi padre me había enseñado a hacer un movimiento súbito o un ruido repentino para apartar a los tímidos de los seguros de sí mismos. Sentada en medio de todos los cachorritos, Jenny puso los ojos en blanco, como solía hacer cuando algún miembro de los Grogan se comportaba de forma extraña–. Te hablo en serio –le dije–. El asunto funciona.

Me puse de pie, me alejé de los cachorros y luego me volví de

repente y di un paso súbito y exageradamente grande en dirección a ellos. Después golpeé el suelo con el pie y grité:

—¡Eh...!

Ninguno pareció demasiado preocupado con mis raras con-
torsiones, pero uno se lanzó hacia mí dispuesto a atacarme. Era el
perro en liquidación. El cachorro se incrustó en mi cuerpo y después, haciendo una cabriola tras la cual quedó junto a mis tobillos, se puso a dar golpes sobre los cordones de mis zapatos
como si se hubiese convencido de que eran enemigos peligrosos
que había que destrozar.

—Creo que es el destino —dijo Jenny.

—¿Te parece? —respondí, alzando al cachorrito con una mano
y poniéndolo frente a mi cara para estudiar a ese listillo creído.

El cachorro me miró con ojos enternecedores, tras lo cual me
mordisqueó la nariz. Lo dejé caer en los brazos de Jenny, a quien
le hizo otro tanto.

—Me parece que le gustamos de veras —dije.

Y así cerramos el trato. Extendí un cheque por 350 dólares
para Lori, quien nos dijo que podríamos recoger al Perro en Liquidación en el término de tres semanas, cuando ya tuviera ocho
semanas de vida y estuviese destetado. Nos despedimos dándole
las gracias a Lori y una última palmadita a *Lily*.

De camino hacia el coche, cogí a Jenny por los hombros y la
atraje hacia mí y, apretándola con fuerza, le dije:

—¿No te parece mentira? Pero es verdad, ya tenemos un
perro.

—Estoy deseando llevármelo a casa —dijo ella.

Cuando casi estábamos junto al coche, oímos que entre los
árboles había una conmoción. Algo que respiraba con mucha
fuerza se daba contra los arbustos. Sonaba como podría sonar un
triturador de películas, y el ruido se aproximaba a nosotros. Nos

quedamos helados, intentando ver en la oscuridad. El ruido sonaba cada vez más fuerte y más cerca. De pronto, se presentó en el
claro y se dirigió a nosotros una borrosa mancha amarilla. Una
mancha borrosa amarilla *muy grande*. Cuando pasó al galope
junto a nosotros, sin detenerse, sin dar muestra alguna de haber
detectado nuestra presencia, pudimos ver que se trataba de un
gran labrador retriever. Pero no se parecía en nada a la dulce *Lily*
que habíamos acariciado dentro. Éste estaba empapado y cubierto hasta la barriga de barro y hojuelas, y corría con la lengua afuera, colgando de lado, y de las comisuras de sus labios salía espuma. En el segundo que pude verlo, noté en sus ojos un extraño
destello de locura, a la vez que de alegría. Era como si el animal
hubiese visto un fantasma... y nada pudiese parecerle más gracioso.

Después, con el estruendo de una manada de búfalos en es-
tampida, el perro desapareció por la parte de atrás de la casa.
Jenny lanzó un suspiro.

–Creo –dije con un cierto desasosiego en la boca del estómago– que acabamos de conocer al papá.

2. Corriendo con los de sangre azul

Nuestro primer acto oficial como flamantes propietarios de un perro fue una pelea. Se inició cuando regresábamos a casa de la granja de la criadora y continuó, con ataques y pullas, durante toda la semana siguiente. No podíamos ponernos de acuerdo con el nombre de nuestro Perro en Liquidación. Jenny rechazaba todas mis sugerencias y yo, las de ella. La batalla se acabó una mañana, antes de marcharnos a trabajar.

–¿*Chelsea?* –dije–. Ése es un nombre *tan* refinado... Ningún perro toleraría nunca que lo llamasen *Chelsea*.

–Sí, como si supieran la diferencia... –dijo Jenny.

–*Hunter* –dije–. *Hunter* es perfecto.

–¿*Hunter?* Estás de broma ¿no? ¿O acaso te haces el macho deportista? El nombre es demasiado masculino. Además, tú no has cazado ni un solo día en tu vida.

–El perro es un macho –dije, sublevándome–. Así que *se supone que es masculino*. No conviertas esto en una de tus peroratas feministas.

La cosa iba mal. Yo acababa de quitarme los guantes. Cuando vi que Jenny se disponía a contraatacarme, traté rápidamente de volver a enfocar las deliberaciones en nuestro principal candidato.

–¿Y qué pasa con *Louie*?

–Nada, si se trata de un empleado de la gasolinera –replicó como un rayo.

–¡Eh, no te pases, que así se llamaba mi padre...! Supongo que deberíamos llamarlo como a tu abuelo, ¿no? ¡Buen perro, *Bill*!

En un momento de la pelea, Jenny, sin siquiera darse cuenta de lo que hacía, fue hasta la cadena musical y presionó el botón del casete. Ésa era una de sus estrategias de combate: cuando tienes dudas, ensordece a tu oponente. Los melodiosos compases de *reggae* de Bob Marley empezaron a sonar por los altavoces y tuvieron sobre los dos un efecto apaciguante casi inmediato.

Habíamos descubierto al finado cantante jamaicano cuando nos trasladamos al sur de Florida desde Michigan, donde nuestra dieta permanente consistía en la música de Bob Seger y John Cougar Mellencamp. Pero aquí, en el crisol étnico que era el sur de Florida, la música de Bob Marley se oía por todas partes, incluso cuando hacía una década que el hombre había muerto. La oíamos en la radio cuando íbamos por el bulevar Biscayne, cuando tomábamos cafés cubanos en Little Havana y cuando comíamos cecina de pollo a la jamaicana en restaurancitos de morondanga, en los insulsos barrios de inmigrantes que había al oeste de Fort Lauderdale. También la oímos cuando probamos por primera vez los buñuelos de caracoles marinos en el Festival Goombay de Bahamas celebrado en el barrio de Coconut Grove, de Miami, y cuando anduvimos por Key West en busca de arte haitiano.

Cuanto más explorábamos, más nos enamorábamos, tanto del sur de Florida como uno del otro. Y siempre parecía que, como fondo, teníamos a Bob Marley, pues estaba presente cuando nos asábamos tumbados sobre la arena, cuando pintamos las paredes verdes que tenía nuestra casita, cuando nos despertábamos de madrugada por los berridos de las cotorras salvajes y hacíamos el amor con la primera luz que se filtraba entre las ramas del árbol de pimienta brasileño que estaba junto a la ventana de nuestro dormitorio. Nos enamoramos de la música de Marley por lo que era en sí, pero también por lo que definía, que era ese momento de nuestras vidas en que dejamos de ser dos para convertirnos en uno solo. Bob Marley era la banda sonora de nuestra nueva vida conjunta que iniciamos en este exótico y agitado lugar que no se parecía a ninguno de aquellos en los que habíamos vivido antes.

Y ahora, a través de los altavoces surgió nuestra canción predilecta porque era sobrecogedoramente hermosa y porque nos hablaba con tanta claridad. La voz de Marley llenó la habitación, repitiendo las palabras una y otra vez: «¿Será amor esto que siento?» Y en ese preciso momento, en perfecta comunión, como si lo hubiésemos ensayado durante semanas, ambos gritamos: «¡Marley!»

–¡Eso es! –exclamé–. ¡Ése es el nombre!

Jenny sonreía, lo cual era una buena señal. Yo traté de probar el nombre diciendo:

–¡Ven, *Marley*! ¡Siéntate, *Marley*! ¡Buen chico, *Marley*!

Jenny se unió con su propia frase:

–¡Eres una ricurita, *Marley*!

–¡Vaya...! Creo que funciona –dije.

Jenny fue de la misma opinión. La pelea se había acabado. Habíamos encontrado el nombre para nuestro cachorro.

A la noche siguiente, entré en el dormitorio donde Jenny leía y dije:

–Me parece que tendríamos que añadirle algo al nombre.

–¿Qué dices? –preguntó ella–, si a los dos nos gusta.

Yo había estado leyendo los documentos de registro del AKC. Como labrador retriever de pura raza, con sus dos padres debidamente registrados, *Marley* también tenía derecho a estar registrado. Esto sólo era necesario si uno planeaba presentarlo en exposiciones o usarlo como semental, en cuyo caso no había un papel más importante que ése, pero para un simple animal doméstico el registro era algo superfluo. Pese a todo, yo tenía grandes planes para nuestro *Marley*. Ésta era la primera vez que yo me codeaba, incluida mi familia, con algo similar a un ente de alta alcurnia. Tal como *San Shaun*, el perro de mi infancia, yo era un chucho de ancestros corrientes y comunes. En mi linaje había más países que en la Unión Europea. *Marley* era lo más próximo a la sangre azul que yo me encontraría, y no estaba dispuesto a dejar pasar las oportunidades que eso pudiera ofrecer. Debo reconocer que estaba un poco alucinado.

–Digamos que queremos presentarlo en exposiciones –dije–. ¿Alguna vez has visto a un campeón con un sólo nombre? Siempre tienen nombres importantes, como sir *Dartworth de Cheltenham*.

–Y su amo, sir Dorkshire de West Palm Beach –dijo Jenny.

–Hablo en serio –dije–. Podríamos ganar dinero ofreciéndolo como semental. ¿Sabes tú cuánto paga la gente para tener un perro semental de la mejor categoría? Todos esos perros tienen nombres elegantes.

–Haz lo que te venga en gana, cariño –dijo Jenny, y siguió leyendo su libro.

Al día siguiente, después de pasar la noche rompiéndome la cabeza en busca de nombres, acorralé a Jenny junto al lavamanos del baño y le dije:

–He encontrado el nombre perfecto.

Ella me miró con escepticismo y dijo:

–¡Escúpelo!

–Vale. ¿Estás preparada? Aquí va –respondí y, dejando caer lentamente cada nombre, dije–: *Grogan's... Majestic... Marley... of... Churchill*.

Y por dentro pensé: *¡Vaya si suena a nobleza!*

–¡Qué tonto suena eso, tío! –dijo Jenny.

Pero a mí no me importó. Era yo quien tramitaba los documentos, y ya había escrito el nombre en ellos. Y en tinta. Jenny podía hacer todas las muecas que quisiera. Ya veríamos quién reiría más cuando *Grogan's Majestic Marley of Churchill* fuera objeto de los más grandes honores en la Exposición Canina del Westminster Kennel Club y yo trotase por el ruedo junto a él, delante de una entregada audiencia televisiva internacional.

–Vamos a desayunar, tonto duque mío –dijo Jenny.

3. A casa

Mientras contábamos los días que faltaban para traer a *Marley* a casa, me puse a leer tardíamente cosas sobre los labrador retrievers. Y digo *tardíamente* porque casi todo lo que leí contenía el mismo decidido consejo: *antes* de comprar un perro, asegúrese de que ha investigado la raza en detalle, para saber en qué se mete. ¡Vaya!

Era probable, por ejemplo, que a quien viviera en un piso no le conviniera tener un San Bernardo y que una familia que tuviese niños prefiriese evitar los impredecibles chow-chow, así como le resultaría inconveniente a una persona sedentaria, aficionada a pasar interminables horas frente al televisor en compañía de un perro faldero, optar por un collie, que necesita correr y trabajar para estar contento.

Me avergüenza reconocer que ni Jenny ni yo habíamos investigado el asunto antes de decidirnos por un labrador retriever. De hecho, escogimos esa raza basándonos en un único criterio: su aspecto. En el sendero de bicicletas del Intracoastal Waterway habíamos visto retozar junto a sus amos a algunos de esos perros grandes, tontorrones y juguetones que parecen amar la vida con una pasión que rara vez se ve en este mundo. Y más vergüenza me da admitir que lo que influyó en nuestra decisión no fue *El libro de los perros*, la Biblia sobre las razas de perros que publicaba el AKC, ni ninguna otra guía de buena reputación, sino otro peso pesado de la literatura canina, *The Far Side* (El más allá), de Gary Larson. Nos encantaba esa viñeta que Larson llenaba de labradores urbanos que hacían y decían las cosas más estrambóticas posibles. Sí, ¡hablaban! ¿Y qué hay de malo en ello? Los labradores eran animales inmensamente divertidos..., al menos, en las manos de Larson. ¿Y quién podía rechazar un poco de diversión en esta vida? Nosotros quedamos prendados de esos perros.

Ahora, mientras leía artículos más serios sobre los labrador retrievers, me alegré al saber que nuestra elección, por mal informados que estuviésemos, no era demasiado disparatada. Los artículos estaban llenos de brillantes testimonios sobre la personalidad cariñosa y equilibrada que tenían, lo bondadosos que eran con los niños, el carácter pacífico y el deseo de complacer que los caracterizaba. Gracias a su inteligencia y su maleabilidad, se contaban entre los predilectos en el adiestramiento para búsquedas y capturas y como perros guía para ciegos e incapacitados. Todo eso parecía muy conveniente para el perro de una casa en la que, tarde o temprano, habría niños.

En una guía decía: «El labrador retriever es famoso por su inteligencia, su cálido afecto hacia los hombres, su destreza en el campo y su inagotable devoción al trabajo.» En otra se expresaba el asombro ante la inmensa lealtad de los perros de esa raza. Debido a esas cualidades, el labrador retriever había pasado de ser un perro especialmente deportivo, preferido por los cazadores de aves por su habilidad para recoger faisanes y patos abatidos de las aguas gélidas, a ser el perro predilecto de los hogares estadounidenses. Hacía justo un año, en 1990, el labrador retriever había desbancado al cocker spaniel del primer puesto de la lista del

AKC como la raza más popular del país. Y desde entonces, ninguna raza ha estado siquiera cerca de quitarle la corona al labrador. En 2004, con 146.692 labradores registrados en el AKC, la raza seguía en ese lugar, que venía ocupando desde hacía quince años de forma ininterrumpida. En segundo lugar, pero a bastante distancia, se contaban los golden retrievers, con 52.550 ejemplares registrados, y, en tercer lugar, los pastores alemanes, con 46.046.

Es decir que, casi de manera accidental, nos habíamos topado con una raza de perro de la que el país entero parecía no hartarse nunca. Y todos esos propietarios no podían estar equivocados, ¿no es cierto? Sin quererlo, habíamos escogido un comprobado triunfador. Y pese a todo, lo que había escrito sobre ellos estaba lleno de inquietantes advertencias.

Los labradores se criaban como perros de trabajo y solían tener una energía ilimitada. Eran muy sociables y no les iba bien que los dejaran solos durante mucho tiempo. Podían ser tozudos y difíciles de entrenar. Necesitaban un riguroso ejercicio diario y podían tornarse destructivos. Algunos se excitaban de forma salvaje y resultaban difíciles de controlar, incluso para los entrenadores de perros. Tenían una infancia que parecía extenderse para siempre, ya que solía durar tres o más años. La larga y exuberante adolescencia requería de una paciencia adicional por parte de sus dueños.

Eran musculosos y, gracias a la crianza a lo largo de los siglos, resistentes al dolor, cualidades que les servían cuando tenían que lanzarse a las heladas aguas de la zona norte del Atlántico para ayudar a los pescadores. Pero en un ambiente hogareño, esas mismas cualidades también significaban que podían ser como el proverbial elefante en una tienda de artículos de porcelana. Eran animales grandes, fuertes y de pecho protuberante, que no siempre eran conscientes de su fuerza. La dueña de uno de ellos me contó con posterioridad que un día que había atado a su labrador macho a la puerta del garaje, mientras ella lavaba el coche justo delante, el perro había visto una ardilla y se había lanzado tras ella, arrancando de cuajo el gran marco de acero de la puerta.

Y después encontré una frase que me llenó de temor. «Los padres pueden ser uno de los mejores indicadores del futuro temperamento de un cachorrito. Una sorprendente parte del comportamiento es hereditario.» Mi mente recordó de inmediato el hado maligno que, cubierto de lodo y echando espumarajos por la boca, salió despavorido del bosque la noche que escogimos a nuestro cachorro. *¡Dios!*, pensé. En el libro se repetía con insistencia el consejo de que, en lo posible, se viera tanto a la madre como al padre. Y un nuevo recuerdo se apoderó de mi mente: el ligero titubeo de la criadora, cuando pregunté dónde estaba el padre, antes de decir... *Debe de estar por allí*, y la rapidez con que cambió de tema. Todo empezaba a tener sentido. Un comprador de perro con conocimientos habría exigido ver al padre. ¿Y qué habría encontrado? Un derviche enloquecido corriendo a ciegas en medio de la noche, como si lo persiguieran de cerca los demonios. Para mis adentros, rogué que *Marley* hubiera heredado la disposición de su madre.

Dejando a un lado la genética individual, los labradores de pura raza tienen todos ciertas características predecibles. El AKC establece estándares para las cualidades que deben tener los labrador retrievers. Físicamente son robustos y musculosos, con pelo corto, tupido y resistente al clima. La piel puede ser de color negro, marrón chocolate o una gama de amarillos que van desde el crema pálido hasta el rojizo similar al de los lobos. Una de las principales características de estos perros es su cola gruesa y fuerte, que se parece a la de la nutria, con la que pueden barrer todo lo que haya sobre una mesa camilla. Tienen la cabeza grande y un poco cuadrangular, coronada de orejas caídas, y dotada de mandíbulas poderosas. La mayoría de ellos tiene unos 60 centímetros de altura, medida desde los hombros, y el macho típico suele pesar entre 30 y 46 kilos, aunque algunos pueden ser bastante más pesados.

Pero, según el AKC, el aspecto no es todo lo que hace que un labrador sea un labrador. Las pautas de crianza del club establecen que: «El temperamento de un verdadero labrador retriever es tan característico de la raza como la cola de "nutria". Cuando tiene el carácter ideal, es bondadoso, espontáneo y dócil, está ansioso por complacer y no es agresivo ni con los hombres ni con los animales. El labrador tiene muchas cosas que atraen a la gente. Su buenos modales, su inteligencia y su adaptabilidad lo convierten en un perro ideal.»

¡Un perro ideal! Era imposible encontrar encomios más espléndidos que ésos. Cuanto más leía yo, mejor me sentía con la decisión que habíamos tomado. Incluso las advertencias dejaron de asustarme. Y di por descontado que Jenny y yo nos dedicaríamos de pleno a nuestro cachorro, colmándolo de atención y afecto, y dispondríamos del tiempo necesario, por mucho que fuera, para adiestrarlo adecuadamente en lo tocante a la obediencia y al comportamiento. A los dos nos gustaba mucho dar largas caminatas, por lo que recorríamos el sendero junto al canal casi todas las tardes, después de volver del trabajo, y también muchas mañanas. Por tanto, sería lógico que lleváramos al perro en nuestros paseos, dejando agotado al diablillo. El despacho de Jenny estaba situado a sólo un kilómetro y medio de distancia, por lo cual ella almorzaba todos los días en casa y podría jugar con él para que quemara incluso más energía de la ilimitada cantidad que nos habían advertido que tendría.

~ A casa ~

Una semana antes de ir a buscar a *Marley*, llamó Susy, la hermana de Jenny que vivía en Boston, anunciándole que ella, su marido y los dos niños, pensaban visitar Disney World la semana siguiente y proponiéndole a Jenny que se les uniera durante unos días. Jenny, tierna tía que siempre buscaba la oportunidad de ver a sus sobrinos –una chica y un chico– se moría de ganas de ir, pero se debatía entre irse o quedarse porque, como decía, «no estaré aquí para traer a nuestro pequeño *Marley* a casa».

–Ve –le dije–. Yo iré a buscar al perro, lo instalaré y lo tendré esperando a que regreses.

Traté de parecer indiferente, pero en mi fuero interno me moría de alegría ante la posibilidad de pasar con el nuevo cachorrito unos días dedicados a establecer el vínculo masculino. Aunque se suponía que *Marley* iba a ser un proyecto conjunto, en pie de igualdad, nunca creí que un perro pudiera tener dos amos. Así, de haber sólo un líder en la casa, quería que ése fuese yo, y esos tres días me darían una ventaja.

Una semana después, Jenny se marchó a Orlando, situada a tres horas y media de coche de nuestra casa. Ese viernes por la noche, después de regresar del trabajo, volví a la granja de la criadora a buscar el nuevo miembro de nuestra familia. Cuando Lori trajo al perro desde la parte de atrás de la casa, me quedé boquiabierto. El animado cachorrito que habíamos escogido hacía tres semanas tenía más del doble de tamaño. *Marley* se lanzó raudo hacia mí y acabó dándose contra mis tobillos, después hizo una pirueta y quedó boca arriba, con las patas en el aire, una postura que deseé que fuera sólo una señal de súplica. Lori debió de haber notado mi extrañeza, porque dijo en viva voz:

–Ya es un niño crecidito, ¿no es cierto? ¡Si viera cómo traga su comida...!

Me incliné sobre el perro, le acaricié la barriga y le dije:

–*Marley*, ¿Listo para irnos a casa?

Era la primera vez que lo llamaba por su verdadero nombre y me pareció que le iba muy bien.

Cuando llegamos al coche, lo puse sobre el nido que le había hecho en el asiento del copiloto con viejas toallas de playa, pero apenas salimos de la granja empezó a moverse y agitarse para librarse de las toallas. Arrastrándose, se dirigió hacia mí sin dejar de gañir. En la consola que hay entre los dos asientos, *Marley* encontró el primero de los muchos obstáculos que había de encontrar en su vida y quedó atascado con la barriga sobre el freno de mano, las patas traseras colgando junto al asiento del copiloto y las delanteras, junto al asiento del conductor. *Marley* movía las patitas en todas las direcciones, pero siempre en el aire. Se contoneaba y se balanceaba, pero estaba tan encallado como un barco de carga en un banco de arena. Para calmarlo, le acaricié la espalda con la mano y sólo logré que se excitase más y tuviera otro ataque de movimientos frenéticos. Con las patitas traseras intentaba desesperadamente posarse sobre la parte de la consola cubierta de moqueta que había entre los dos asientos. Poco a poco empezó a mover casi rítmicamente las patas traseras en el aire, elevando cada vez más el cuadrante trasero, sin dejar de sacudir furiosamente la cola, hasta que intervino la ley de la gravedad. Cayó resbalándose al otro lado de la consola y, con una cabriola, quedó tendido a mis pies boca arriba. De allí a mi regazo todo lo que tuvo que hacer fue trepar con rapidez.

¡Y qué contento se puso! ¡Desesperadamente contento! Estremeciéndose de placer, enterró la cabeza en mi estómago y empezó a mordisquearme los botones de la camisa. Mientras la cola golpeaba el volante como si fuese la aguja de un metrónomo.

Pronto descubrí que podía modificar el tiempo de sus coletazos con sólo tocarlo. Mientras yo tenía las dos manos al volante, el ritmo que marcaba era de tres golpes por segundo. *Pum. Pum. Pum.* Pero sólo había que ponerle un dedo sobre la parte superior de la cabeza para que el ritmo cambiase de un vals a una bossa nova. *¡Pum-pum-pum-pum-pumpum!* Con dos dedos pasaba a marcar el de un mambo. *¡Pum-pumpa-pum-pum-pumpa-pum!* Y cuando le ponía la mano entera sobre la cabeza y le masajeaba el cuero cabelludo con los dedos, el ritmo se disparaba como una ametralladora y se convertía en el de una rapidísima samba. *¡Pumpumpumpumpumpumpum!*

«¡Vaya si tienes ritmo! Estás hecho para el reggae», le dije.

Cuando llegamos a casa, lo conduje al interior y le quité el bozal. *Marley* empezó entonces a olerlo todo y no se detuvo hasta que hubo olido hasta el último centímetro cuadrado. Al acabar, se sentó y me miró con la cara ladeada, como si dijera: *Un alojamiento espléndido, pero ¿dónde están mis hermanos y hermanas?*

La realidad de su nueva vida no se le hizo patente hasta que llegó la hora de acostarse. Antes de ir a buscarlo, yo había preparado como dormitorio de *Marley* un lugar, en el garaje para un solo automóvil, que había adosado a la casa. Nunca aparcábamos el coche allí, sino que lo usábamos como almacén y lavandería, puesto que habíamos puesto allí la lavadora, la secadora y la tabla de planchar. El lugar era seco y cómodo, y tenía una puerta trasera que daba al jardín cercado, y gracias a que tenía el suelo y las paredes de cemento, era virtualmente indestructible. Llevé el perro al garaje y, con un tono alegre, le dije:

«*Marley*, ésta es tu habitación.»

Yo había dispuesto juguetes para masticar por distintos lugares, había distribuido diarios en el suelo por el centro de la habitación, había puesto un bol con agua a un lado y, en un rincón, una caja de cartón revestida de una vieja colcha. «Y aquí es donde dormirás», le dije, al tiempo que lo ponía en la caja. Aunque él estaba acostumbrado a ese tipo de alojamiento, siempre lo había compartido con sus hermanos. Vi que recorría el perímetro de la caja y que, levantando los ojos, me miraba con tristeza. A modo de prueba, salí del garaje, cerré la puerta y me quedé escuchando. Al principio no se oyó nada, pero después hubo un tímido gemido, apenas audible, al que de inmediato siguió un incontrolable llanto. Sonaba como si alguien estuviese torturándolo.

Abrí la puerta y, en cuanto me vio, dejó de llorar. Me agaché y le hice unos mimos. Después volví a irme y a cerrar la puerta. De pie al otro lado, empecé a contar. Uno, dos, tres... Aguantó siete segundos antes de empezar a berrear otra vez. Repetimos el ejercicio varias veces, pero el resultado fue siempre el mismo. Cansado, decidí que era hora de dejarlo que llorase hasta quedarse dormido. Le dejé la luz del garaje encendida, cerré la puerta, fui hasta el lado opuesto de la casa y me acosté. De poco valieron las paredes de cemento, pues se oían sus lastimosos gemidos. Echado en la cama, traté de ignorarlos, haciéndome la ilusión de que en cualquier momento dejaría de llorar y se dormiría, pero el llanto continuó. Incluso podía oírlo después de envolverme la cabeza con una almohada. Después me puse a pensar que el pobre estaba allí solo, por primera vez en su vida, en un ambiente extraño en el que no había ni el más mínimo olor a perro. Su madre brillaba por su ausencia, y también sus hermanos. ¡Pobrecito! ¿Me gustaría que me hicieran lo mismo a mí?

Aguanté una media hora más antes de levantarme para ir a buscarlo. En cuanto me vio se le iluminó la cara y la cola empezó a golpear contra un lado de la caja. Era como si me dijera: *Ven, entra. Hay lugar de sobra.* En lugar de hacerle caso, cogí la caja con él dentro. Me la llevé al dormitorio y la puse en el suelo, junto a mi cama. Me acosté casi sobre el borde del colchón y dejé que mi brazo colgase dentro de la caja de *Marley*. Así, con mi mano junto a él, sintiendo cómo se elevaba y descendía su caja torácica con cada respiración, fuimos finalmente quedándonos dormidos los dos.

4. Don Meneo

Pasé los tres días siguientes entregado a nuestro nuevo cachorrito. Echado sobre el suelo, lo dejé que campara a sus anchas sobre mí, practicamos la lucha libre –con y sin una vieja toalla– con lo que comprobé, sorprendido, lo fuerte que ya era. *Marley* me seguía a todas partes y trataba de morder todo aquello en lo que pudiera hincar los dientes. Me llevó sólo un día descubrir lo que más le gustó de su casa nueva: el papel higiénico. En un momento dado se metió en el cuarto de baño y, cinco segundo después, apareció con el papel cogido por la boca y empezó a correr por toda la casa, dejando tras de sí una interminable tira de papel higiénico. Ni que decir tiene que la casa parecía decorada para Halloween.

Más o menos cada cuatro horas, lo sacaba al jardín de atrás para que hiciera sus necesidades. Cuando hacía alguna de ellas dentro de la casa, lo regañaba. Cuando hacía pis en el jardín, yo ponía mi cara junto a la suya y lo encomiaba con mi más dulce tono de voz, y cuando hacía caca me comportaba como si acabase de regalarme un billete premiado de la lotería de Florida.

Cuando Jenny regresó de Disney World, prodigó a *Marley* la misma atención que le había dedicado yo, y fue algo sorprendente. A medida que pasaban los días vi en mi mujer un lado de tranquilidad, de bondad y de atención que no sabía que tuviera. Cogía a *Marley* en brazos, lo acariciaba, jugaba con él y le hacía mimos, lo peinaba con esmero, buscándole piojos y pulgas, y se levantaba cada dos horas todas las noches para sacarlo a que hiciera sus necesidades en el jardín. A eso se debió, más que a nada, el hecho de que a las pocas semanas *Marley* no hiciese ninguna de sus necesidades dentro de la casa.

Y casi siempre le daba de comer.

Siguiendo las instrucciones que había en la bolsa, diariamente dábamos a *Marley* tres cuencos grandes de comida para cachorros, que se zampaba en cuestión de segundos. Como lo que entra, debe salir, al poco tiempo el jardín de atrás era tan atractivo como un campo de minas. Ni Jenny ni yo nos aventurábamos a salir sin tener los ojos bien abiertos para ver dónde pisábamos. Si el apetito de *Marley* era enorme, más enormes eran sus deposiciones, unos montículos gigantescos que parecían no haber cambiado de aspecto tras haber ingresado por el otro extremo. ¿Acaso no digería la comida?

Al parecer, sí la digería, porque crecía a pasos de gigante. Al igual que una de esas increíbles plantas trepadoras tropicales que pueden cubrir una casa en cuestión de horas, él se agrandaba de forma exponencial en todas las direcciones. Cada día era un poco más largo, más ancho, más alto y más pesado. Cuando lo traje a casa pesaba diez kilos y a las pocas semanas pesaba en torno a los veinticinco. La deliciosa cabecita que yo podía cubrir tiernamente con una mano mientras lo conducía del criadero a casa se había convertido en algo parecido al yunque de un herrero en cuanto a forma y peso. Sus garras eran enormes, tenía los flancos torneados por los músculos y el pecho casi tan ancho como el de una excavadora. Y tal como prometían los libros, la colita de cachorro se convertía poco a poco en una cola tan gruesa y fuerte como la de una nutria.

¡Y qué cola! *Marley* repartía por todas partes los objetos de la casa que estuvieran colocados por debajo de la altura de nuestras rodillas cuando, excitado, meneaba la cola junto a ellos. Barría con ella lo que hubiera sobre la mesa camilla, tiraba revistas, tumbaba las fotografías que había en los estantes bajos del librero y hacía volar botellas y vasos de vino. Incluso partió uno de los paneles de una puerta acristalada. Poco a poco, cuanto objeto se salvaba de la cólera de su cola acababa en algún lugar alto, fuera del alcance de su arrasador mazo. Cuando nos visitaban amigos que tenían hijos solían decir que ya ¡teníamos la casa preparada para que la habitaran niños!

En realidad, *Marley* no meneaba la cola, sino que meneaba todo el cuerpo, empezando por los hombros delanteros y acabando por la parte de atrás. Nuestro perro era como la versión canina de un Slinky.* Los dos jurábamos que, por dentro, *Marley* no tenía ni un solo hueso, sino un enorme músculo elástico. Jenny comenzó a llamarlo «don Meneo».

Y nunca se meneaba más que cuando tenía algo en la boca. Su reacción era la misma en todas las situaciones: coger el zapato, el cojín o el lápiz más próximo –de hecho, se conformaba con cualquier cosa– y empezar a correr con ello en la boca. Al parecer tenía una vocecita en la cabeza que le susurraba: «¡Anda, cógelo! ¡Babéalo todo! ¡Corre!»

Algunos de los objetos que cogía con la boca eran lo bastante pequeños como para que pudiera esconderlos, algo que le complacía sobremanera pues le daba la impresión de que se había sa-

---

* Nombre del juguete que consiste en una espiral de metal o plástico que, contoneándose, se desliza y brinca con suma facilidad. (*N. de la T.*)

lido con la suya. Pero *Marley* nunca habría triunfado como juga-
dor de póquer, porque cuando tenía algo que ocultar no podía
dejar de manifestar su regocijo. Aunque la agitación era la característica permanente de su actitud, en determinados momentos
se agudizaba y se pegaba unas carreras enloquecidas, como si lo
persiguiera un demonio. Era entonces cuando tras un temblor de
su cuerpo, sacudía la cabeza de un lado al otro y movía el trasero
como si siguiera el ritmo de una danza espástica. Jenny y yo pusimos a esa demostración el nombre de «el Mambo de *Marley*».
    En ocasiones en que llevaba algo en la boca, yo solía decirle:
«Vaya, ¿y ahora qué tienes?» Y al tiempo que me acercaba a él,
empezaba a eludirme, pavoneándose por toda la habitación, meneando las caderas, agitando la cabeza de arriba abajo como hace
una potra al gañir, tan fascinado con su premio prohibido que no
podía contenerse. Cuando por fin podía acorralarlo y abrirle las
fauces, siempre encontraba algo en ellas, siempre había algo que
había cogido en la basura o en el suelo o, a medida que creció, de
la propia mesa del comedor. Sus fauces eran, a veces, como un terreno baldío, donde podía haber desde toallas de papel hasta pañuelos de papel usados, pasando por el albarán del supermercado, corchos de vino, piezas de ajedrez y tapas de botellas. Un día
le abrí la boca y vi que, pegado al paladar, tenía el cheque con que
me habían pagado el sueldo.

A las pocas semanas nos costaba recordar lo que había sido
nuestra vida sin nuestro nuevo huésped y pronto caímos en una
rutina. Todas las mañanas, antes de tomar la primera taza de
café, yo lo llevaba a dar un rápido paseo hasta el canal. Después
del desayuno, pero antes de ducharme, recorría el jardín de
atrás, pala en mano para enterrar en la arena que había en el fondo del terreno las minas que él dejaba desperdigadas. Jenny se

marchaba al trabajo antes de las nueve, pero yo rara vez lo hacía antes de las diez, encerrando antes a *Marley* en su búnker con un bol de agua fresca, un montón de juguetes y mi alegre recomendación: «¡Pórtate bien, *Marley*!» A las doce y media, Jenny regresaba a casa a comer y aprovechaba para dar a *Marley* su comida y jugar con él a la pelota en el jardín hasta que el animal estaba agotado. Durante las primeras semanas, también hacía una escapada a casa a media tarde, para dejarlo salir a hacer sus necesidades. Después de cenar solíamos ir andando con él hasta el canal y luego paseábamos por la orilla, desde donde podían verse a la luz del ocaso los yates de Palm Beach que allí descansaban.

Lo más probable es que *pasear* no sea el término adecuado para describir lo que hacíamos con él, puesto que *Marley* lo hacía a la velocidad de una locomotora a toda marcha. Se lanzaba hacia delante, tirando con todas sus fuerzas de la correa, por lo que casi siempre estaba a punto de asfixiarse. Lo hacíamos retroceder tirando de la misma pero él nos obligaba a adelantarnos tirando también de la correa. Nosotros tironeábamos de un extremo y él tironeaba del otro, tosiendo como un fumador empedernido porque la correa le apretaba el cuello hasta casi estrangularlo. Se movía sin cesar de izquierda a derecha, dirigiéndose a todos los buzones y los arbustos, oliéndolo todo, jadeando y meando sin llegar a detenerse del todo, por lo que solía mojarse él más que la escogida diana. Describía círculos alrededor de nuestros tobillos y de pronto se lanzaba hacia delante, con lo cual más de una vez estuvimos a punto de caernos. Cuando se acercaba otra persona acompañada de un perro, *Marley* se lanzaba hacia ellos, desbordante de alegría, y cuando se le acababa la correa levantaba las manos en el aire, desesperado por entablar alguna amistad. «¡Sí que parece gozar de la vida...!», comentó un hombre que paseaba con su perro al ver las manifestaciones de *Marley*. Poco más podía añadirse a ese comentario para describir a nuestra mascota.

Como *Marley* aún era lo bastante pequeño, todavía le ganábamos las batallas de los tirones, pero con el transcurso de las semanas notábamos cómo cambiaba el equilibrio de poder. Era obvio que no faltaba mucho tiempo para que tuviera más fuerza que cualquiera de nosotros dos. Jenny y yo sabíamos que teníamos que frenarlo y enseñarle a detenerse, antes de que nos arrastrase hacia unas muertes humillantes bajo las ruedas de un coche en movimiento. Unos amigos nuestros, que era veteranos propietarios de perros, nos aconsejaron que no nos precipitásemos a enseñarle obediencia. «Es demasiado pronto –dijo uno de ellos–. Disfrutad de su infancia mientras podáis. Pronto habrá pasado y entonces podréis tomaros el entrenamiento con seriedad.»

Y eso fue lo que hicimos, aunque ello no implica que le dejáramos hacer lo que le diera la gana. Establecimos unas normas y no cejamos en nuestro empeño de hacérselas cumplir. Le estaba terminantemente prohibido subirse a las camas y los sillones y beber agua de la taza del baño, oler braguetas y masticar las patas de las sillas eran ofensas punibles, aunque al parecer prefería el regaño a dejar de hacerlo. *No* se convirtió en nuestra palabra predilecta. Tratamos de que obedeciera las órdenes básicas –ven, quieto, siéntate, échate– con limitado éxito. *Marley* era joven y nervioso, y tenía la atención de un alga y la volatilidad de la nitroglicerina. Era tan excitable, que cualquier acto le producía un exuberante ataque de cabriolas y carreras de pared a pared. Aunque no nos dimos cuenta hasta pasados unos años, *Marley* manifestó pronto esa condición que posteriormente se acuñaría para describir el comportamiento de miles de escolares difíciles de controlar, porque parece que tienen hormigas en el culo. Nuestra mascota era un caso de manual, de trastorno de hiperactividad con déficit de atención.

Pero pese a todas sus travesuras, *Marley* desempeñaba un papel importante en nuestro hogar y en nuestra relación. Gracias a su propia indefensión, le demostraba a Jenny que podía lidiar con ese asunto de la crianza. *Marley* ya llevaba varias semanas al cuidado de Jenny, y ella no sólo todavía no lo había matado, sino que, por el contrario, el perro crecía de maravilla. A veces jugábamos, en broma, con la idea de empezar a escatimarle alimentos, a fin de detener su crecimiento y reducir sus niveles de energía.

Yo seguía sorprendido ante la transformación de Jenny, que pasó de ser una fría y cruel asesina de plantas a una tierna madre de cachorro. Y creo que también ella estaba un poco sorprendida, pero lo llevaba en la sangre. Un día *Marley* empezó a tener dificultad para respirar. Antes de que yo acabase de darme cuenta de que estaba en peligro, Jenny ya estaba junto a él. Le abrió la boca con una mano y le metió la otra hasta el fondo de la garganta y al instante sacó una bola grande de papel de celofán, cubierta de saliva, que le obstruía el paso del aire. Gajes del oficio... Sacudiendo la cabeza, *Marley* tosió por última vez, meneó la cola contra la pared y miró a Jenny con una cara que decía: *¿Podemos repetirlo?*

A medida que nos sentimos más cómodos con el nuevo miembro de nuestra familia, también nos sentimos más cómodos al hablar de incrementarla de otras maneras. A las semanas de haber traído a *Marley* a vivir con nosotros, convinimos en que dejaríamos de usar anticonceptivos. Eso no quiere decir que hubiéramos decidido que Jenny se quedara embrazada, puesto que habría sido un paso muy decidido para dos personas que habían dedicado sus vidas a ser lo menos decisivas posible. Lo que más bien hicimos fue dejar de tratar de que *no* quedase embarazada. Ambos reconocimos que la lógica era retorcida, pero de alguna manera nos hacía sentir mejor. Así no había presión. De hecho, no había ninguna presión. No tratábamos de tener un hijo, sino que dejábamos que sucediera lo que tuviera que suceder, es decir, que la naturaleza siguiera su curso y todo eso, como aquello de *lo que será, será*.

A decir verdad, estábamos aterrorizados. Teníamos varios matrimonios amigos que llevaban meses, incluso años, tratando de concebir sin suerte alguna y que poco a poco habían hecho pública su lamentable desesperación. En las cenas solían hablar de sus visitas a los médicos, del recuento de espermatozoides y del control de los ciclos menstruales, para disgusto de quienes compartían mesa con ellos. Y es que, ¿qué podíamos decir?, como no fueran cosas por el estilo de «creo que el recuento de tus espermatozoides en muy bueno...». El asunto era insoportable, por lo doloroso, y Jenny y yo estábamos muertos de miedo ante la posibilidad de acabar como ellos.

Jenny había tenido varios episodios de endometriosis antes de casarnos y le habían hecho una laparoscopia para quitarle tejido muerto de las trompas de Falopio, cosas que no contribuían a la fertilidad. Pero más problemático era el secreto que guardábamos de nuestro pasado. Durante los primeros días de ciega pasión de nuestra relación, cuando el deseo anulaba todo cuanto se pareciese al sentido común, habíamos echado todas las precauciones junto a la ropa que se apilaba en un rincón y habíamos practicado el sexo con un abandono temerario, sin contraceptivo alguno. Y no una vez, sino muchas veces. Había sido algo increíblemente idiota y, pensando en ello varios años después, deberíamos besar el suelo que pisábamos en agradecimiento a que nos hubiésemos librado milagrosamente de un embarazo indeseado. En lugar de ello, lo único en lo que los dos podíamos pensar era en: *¿Qué nos pasa? No es posible que una pareja normal haya fornicado tanto sin protección alguna y se haya salido con la suya.* Estábamos convencidos de que el embarazo no iba a ser tarea fácil.

Dadas las circunstancias, así como nuestros amigos hablaban de los planes que tenían para concebir, nosotros guardábamos silencio al respecto. Lo que Jenny haría sería sencillamente poner la prescripción de las píldoras anticonceptivas en el armario de las medicinas y olvidarse de ella. Si acababa quedando embarazada, ¡fantástico! De lo contrario, en realidad no estábamos intentando que lo quedara, ¿no?

En West Palm Beach, el invierno es una gloriosa época del año por sus noches frescas y sus días cálidos y soleados. Después de aguantar el verano insufriblemente largo y tórrido, que pasábamos protegidos por el aire acondicionado o yendo de una sombra de árbol a otra para eludir el sol justiciero, el invierno era el momento de celebrar el lado amable de las tierras subtropicales. Comíamos siempre en el porche de atrás, todas las mañanas hacíamos zumo de naranjas frescas que recogíamos de nuestro naranjo, cultivábamos hierbas y unas cuantas tomateras junto a la casa y cortábamos hibiscos del tamaño de platillos para ponerlos a flotar en boles de agua que teníamos sobre la mesa del comedor. De noche, dormíamos con las ventanas abiertas, acariciados por el aire con olor a gardenias que entraba por ellas.

Uno de esos espléndidos días de finales de marzo, Jenny invitó a una compañera de trabajo a que la visitase con su basset hound llamado *Buddy*, para que jugara con *Marley*. *Buddy* era un perro rescatado de una residencia canina y tenía la cara más trise que yo haya visto jamás. Dejamos a los dos perros sueltos en el jardín del fondo para que se familiarizaran uno con el otro.

El bueno de *Buddy* no sabía qué hacer con ese perro amarillo dotado de una inagotable energía que no dejaba de moverse, que pasaba junto a él como un rayo o que corría describiendo círculos alrededor suyo, pero se lo tomó con buen humor y acabó jugando con *Marley* durante casi una hora, tras lo cual cayeron ambos exhaustos a la sombra del mango.

Pocos días después *Marley* empezó a rascarse sin cesar. Lo hacía con tanto empeño, que temimos que se hiriese. Jenny se puso de cuclillas y empezó a realizar una de sus inspecciones de rutina, metiendo los dedos entre la pelambre y apartándole los pelos para ver qué tenía sobre la piel. Pocos segundos después, gritó: «¡Maldita sea! Mira esto...» Miré por encima del hombro de Jenny al lugar en el que había apartado los pelos de *Marley* y pude ver un punto negro que se movía, buscando cobijo. Extendimos a *Marley* sobre el suelo cuan largo era y nos pusimos a revisarle toda la piel, sin dejar ni un solo milímetro inexplorado. *Marley* estaba fascinado con esa doble atención y jadeaba de felicidad, golpeando el suelo con su cola. Las había por donde mirásemos, ¡pulgas!, y batallones de ellas. Las tenía entre los dedos de las patas, bajo el collar y escondidas dentro de las orejas caídas. Aunque fueran lo bastante lentas como para poder cogerlas, que no lo eran, había demasiadas para siquiera pensar en quitárselas a mano.

Habíamos oído hablar de los problemas legendarios que había en Florida con las pulgas y las garrapatas. Como no había temperaturas de congelamiento, ni siquiera heladas, las poblaciones de insectos nunca acababan de diezmarse, sino que florecían en el ambiente cálido y húmedo. Éste era el lugar donde incluso en las millonarias mansiones emplazadas a lo largo del océano, en Palm Beach, había cucarachas. Jenny estaba espantada: su cachorro estaba cubierto de bichos. Desde luego culpamos a *Buddy* del asunto, aunque no teníamos prueba fehaciente alguna en qué basarnos. Jenny, que se imaginaba que no sólo el perro estaba lleno de bichos, sino que también la casa entera, cogió las llaves del coche y se marchó.

Media hora después regresó con una bolsa llena de suficientes productos químicos como para crear nuestro propio sitio Superfund.* Había en ella jabones contra las pulgas, polvos contra las pulgas, pulverizadores contra las pulgas, espumas contra las pulgas y ungüentos contra las pulgas. También había un pesticida para el césped, que el hombre que se lo vendió le aconsejó utilizar si queríamos que las hijas de la gran madre pulga perdiesen la batalla. Había asimismo un peine de diseño especial para quitar las liendres.

Saqué del fondo de la bolsa la factura de la compra, la miré y exclamé:

–¡Por Dios, cariño...! Con este dinero podríamos haber alquilado las máquinas de fumigación de cultivos.

A mi mujer eso le importó un bledo. Volvía a tener el espíritu asesino, aunque esta vez para proteger a quienes amaba, y su decisión era irrevocable. Se abocó a la tarea con furia. Primero lavó a *Marley* con jabones especiales, frotándole el cuerpo en el fregadero del cuarto de lavar, y después mezcló el ungüento, que según noté tenía el mismo producto químico que el insecticida para el césped, se lo aplicó al perro hasta saturarlo, cubriéndole hasta el último milímetro cuadrado de piel. Mientras *Marley* se secaba en el garaje, que olía como una planta de la compañía Dow Chemical en miniatura, Jenny pasaba la aspiradora con fuerza inaudita por todas partes: suelos, paredes, alfombras, cortinas, sillones. Después se dedicó a pulverizar. Al tiempo que ella

---

* Nombre que recibe un programa estadounidense destinado a limpiar lugares sucios y abandonados. *(N. de la T.)*

rociaba el interior con el matapulgas, yo rociaba el exterior. Cuando finalmente terminamos, le pregunté:

–¿Crees tú que hemos acabado con los malditos bichitos?

–Creo que sí –dijo.

Nuestro múltiple ataque a las pulgas de la casa de la calle Churchill, 345 fue un éxito clamoroso. Todos los días revisábamos la piel de *Marley*. Le escudriñábamos la piel entre los dedos, debajo de las orejas y la cola, a lo largo del vientre y de cuanto lugar nos resultaba accesible, y no pudimos encontrar ni una sola pulga. Después registrábamos las alfombras, los sillones, el sofá, los bordes de las cortinas, el césped, y nada. Habíamos aniquilado al enemigo.

5. La prueba del embarazo

Unas semanas después, estábamos en la cama, leyendo, cuando de pronto Jenny dijo:

—Lo más probable es que no sea nada.

—¿Qué es lo que probablemente no es nada? —pregunté, medio ausente y sin quitar los ojos del libro.

—No me ha venido la regla.

Le dediqué toda mi atención.

—¿La regla? ¿Se trata de eso? —pregunté, girando la cabeza para mirarla.

—A veces pasa. Pero se me ha retrasado más de una semana. Y, además, me he sentido un poco rara.

—¿Cómo de rara?

—Como si tuviera una gripe o algo que me atacase la parte baja del vientre. Las otras noches bebí un sorbo de vino en la cena y creí que iba a vomitar.

—A ti no te pasan esas cosas.

—Sólo pensar en el alcohol me da náuseas.

Yo no pensaba mencionárselo, pero últimamente también estaba un poco irritable.

—¿Crees que...? —empecé a decir.

–No lo sé. ¿A ti qué te parece?

–¿Cómo quieres que lo sepa?

–He estado a punto de no decirte nada –dijo Jenny–. Por las dudas, ¿sabes? No quiero que nos traiga mala suerte.

Fue entonces cuando me di cuenta de lo importante que eso era para ella, y también para mí. Sin saber cómo, nos había llegado la hora de ser padres; estábamos listos para tener un hijo. Nos quedamos tendidos en la cama sin decir nada durante un largo rato, mirando al techo.

–No nos vamos a dormir nunca –dije por fin.

–Me mata el suspense –reconoció Jenny.

–Venga, vístete –le dije–. Vamos a la farmacia a comprar un test de embarazo.

Nos pusimos pantalones cortos y camisetas y abrimos la puerta principal con *Marley* corriendo delante nuestro, dichoso ante la perspectiva de salir a pasear en el coche por la noche. Daba saltos de alegría junto a nuestro pequeño Toyota Tercel, temblaba, babeaba y jadeaba totalmente fuera de sí mientras esperaba el momento en que yo abriría la puerta del asiento de atrás.

–¡Jesús! Como si el padre fuera él... –dije.

Cuando abrí la puerta trasera se lanzó al asiento con tanto entusiasmo que, sin tocarlo, fue a dar con la cabeza contra la ventanilla del otro lado, al parecer sin hacerse daño.

La farmacia estaba abierta hasta la medianoche y yo me quedé en el coche con *Marley*, mientras Jenny entraba a todo tren. Hay una serie de cosas que no están hechas para que las compren los hombres, y los test de embarazo parecían estar a la cabeza de ellas. *Marley* se paseaba por el asiento de atrás, gimiendo, con los ojos fijos en la entrada de la farmacia. Tal como por su naturaleza hacía siempre que estaba nervioso, que era casi todo el tiempo que pasaba despierto, jadeaba y babeaba mucho.

–¡Siéntate, por Dios! ¿Qué crees que va a hacer Jenny? ¿Huir de nosotros por la puerta de atrás?

Me respondió sacudiendo el cuerpo y rociándome con su baba y un montón de pelos sueltos. Ya nos habíamos acostumbrado a los modales de *Marley* en el coche, así que sobre el asiento de adelante siempre teníamos a mano un toallón de baño que yo usaba para limpiarme y repasar el interior del coche.

–Quédate tranquilo. Estoy casi seguro de que piensa regresar –le dije.

Cinco minutos después Jenny entraba en el coche con una bolsita en la mano. Cuando salíamos del aparcamiento, *Marley* pasó los hombros por entre los dos asientos de nuestro cochecito y, apoyando las patas delanteras en la consola del centro, quedó ubicado con la nariz tocando el espejo retrovisor. Cada vez que girábamos, *Marley* perdía el equilibrio y caía con el pecho sobre el freno de mano y, tras cada caída, sin desconcertarse y más feliz que nunca, volvía a encaramarse hasta alcanzar su posición original.

Pocos minutos después estábamos en el cuarto de baño de casa, con el contenido de la cajita que había costado 8,99 dólares puesto junto a la pila. Leí las instrucciones en voz alta.

–Vale –exclamé–. Dice que su precisión es de un noventa y nueve por ciento. Lo primero que tienes que hacer es pis en este recipiente. –El paso siguiente consistía en poner una tirita de plástico en la orina y, después, en un frasquito con una solución que venía en la caja–. Hay que esperar cinco minutos –dije–. Después hay que poner la tirita en una segunda solución durante quince minutos. Si entonces se pone de color azul, ¡estarás oficialmente embarazada, cariño!

Controlamos los primeros cinco minutos. Después, Jenny dejó la tirita en el segundo frasquito y dijo:

–No puedo quedarme aquí a mirarlo.

Fuimos al salón y hablamos del tiempo, como si estuviésemos esperando que sucediera algo de tan poca importancia como que hirviera el agua de la tetera.

–¿Y qué pasó con los Dolphins? –pregunté. Pero el corazón me latía con fuerza y empezaba a sentir una especie de miedo nervioso que me subía del estómago. Si la prueba resultaba negativa, Jenny se vendría abajo. Y empezaba a pensar que quizá también yo. Transcurrió una eternidad y por fin sonó el reloj–. Vamos a ver –dije–. Pero, pase lo que pase, sabes que te quiero

Entré en el baño y saqué la tirita del frasco. No cabía duda alguna, estaba azul, azul como el mar más profundo, un azul oscuro e intenso, un azul que no podía confundirse con ningún otro color.

–Felicidades, cariño –dije.

–¡Oh, Dios mío! –fue todo lo que pudo decir antes de refugiarse en mis brazos.

Nos quedamos abrazados junto al lavamanos, con los ojos cerrados, hasta que poco a poco me di cuenta de que sucedía algo a nuestros pies. Bajé la vista y allí estaba *Marley*, contoneándose, sacudiendo la cabeza y golpeando la cola contra la puerta del armario de la ropa blanca con tal fuerza que temí que la partiera. Cuando me agaché para acariciarlo, me rehuyó y empezó el Mambo de *Marley*, lo que sólo podía significar una cosa.

«¿Qué es lo que tienes ahora en la boca?» pregunté, y me lancé tras él. *Marley* se dirigió al salón, donde se escabulló cada vez que estaba a punto de cogerlo. Cuando finalmente lo acorralé y le abrí la boca, no logré ver nada, sin embargo al mirar con más detenimiento noté que había algo al fondo de su lengua, a punto de seguir viaje por su garganta y perderse para siempre. Era algo delgado, largo y chato, y tan azul como el mar más profundo. Metí la mano en sus fauces y saqué la tirita del test del embarazo. «Lamento decepcionarte, chaval, pero esto va a ir a parar al álbum de los recuerdos», le dije.

Jenny y yo rompimos a reír, y estuvimos un buen rato riéndonos. Nos divertimos mucho especulando con lo que podía pasarle por esa cabezota suya, cosas como: *Vaya, si destruyo la evidencia, quizá se olviden de este infortunado episodio y así no tendré que compartir mi castillo con un intruso.*

De repente, Jenny cogió a *Marley* de las patas delanteras y una vez que lo tuvo de pie, se puso a bailar con él por todo el salón.

«¡Vas a ser tío...», cantaba Jenny.

Marley respondió como le era característico: acercó su cara a la de Jenny y le plantó la lengua grande y húmeda en plena boca.

Al día siguiente, Jenny me llamó al trabajo. Las palabras le salían a borbotones. Acababa de visitar al médico, quien había confirmado de manera oficial los resultados de la prueba hogareña.

—Dice que todo está listo y bien —comentó.

La noche anterior, habíamos consultado el calendario para tratar de fijar el día de la concepción. Jenny temía que ya estuviera embarazada unas semanas antes, cuando nos habíamos dedicado frenéticamente a erradicar los bichitos. Haberse expuesto a todos esos pesticidas no podía ser bueno, ¿no es cierto? Consultó el asunto con el médico, pero éste le dijo que probablemente no le había hecho daño alguno, pero le aconsejó que no volviera a hacerlo. Le prescribió vitaminas prenatales y le dijo que quería volver a verla al cabo de tres semanas para hacerle una ecografía, un proceso de visión electrónica que nos ofrecería la primera visión del pequeño feto que crecía en el vientre de Jenny.

~ La prueba del embarazo ~

–Me dijo que no dejásemos de llevar una cinta de vídeo –dijo
Jenny–, porque así podremos guardar una copia para la posteri-
dad.

A fin de no olvidarme, lo anoté en el calendario que tenía sobre mi escritorio.

6. Asuntos del corazón

Los oriundos del sur de Florida dicen que allí hay cuatro estaciones. Aunque reconocen que los cambios son muy sutiles, insisten de todos modos en que son cuatro estaciones diferentes. Pues no hay que creerles. Sólo hay dos: la cálida y seca y la tórrida y húmeda. Fue en torno al brusco cambio de la primera a la segunda cuando nos dimos cuenta un día de que nuestro perro había dejado de ser un cachorro. Con la misma rapidez con que el invierno se había convertido en verano, *Marley* se había convertido en un adolescente larguirucho. Había cumplido los cinco meses de vida y ya no le quedaban pliegues en la piel forrada de pelo amarillento que le cubría el cuerpo de exagerado tamaño. Sus enormes garras ya no parecían tan cómicamente fuera de proporción, sus afiladísimos dientes infantiles habían dado paso a unos dientes y colmillos imponentes que podían destruir de unas pocas dentelladas un disco volador o un flamante zapato de piel. Su ladrido se había hecho más hondo, por lo que sonaba intimidatorio, y cuando se erguía sobre sus patas traseras, algo que hacía con frecuencia, moviéndose como el oso bailarín de un circo ruso, podía apoyar sus patas delanteras sobre mis hombros y quedar con la cabeza a la altura de la mía, para mirarme directamente a los ojos.

Cuando el veterinario lo vio por primera vez, lanzó un silbido y dijo: «Pues sí que van a tener un crío de gran tamaño.»

Y tuvo razón. *Marley* se convirtió en un espécimen tan guapo que me vi obligado a señalar a la dubitativa Jenny que el nombre oficial que yo había escogido no le iba nada mal. *Grogan's Majestic Marley of Churchill*, además de vivir en la calle Churchill, era la viva imagen de lo majestuoso. De hecho, lo era cuando dejaba de tratar de morderse la cola. A veces, después de haber consumido hasta el último gramo de nerviosa energía que le corría por el cuerpo, se echaba sobre la alfombra persa del salón a tomar el sol que se filtraba por entre las tablillas de la persiana. Con la cabeza levantada, la nariz lustrosa y las patas cruzadas ante sí, nos traía a la mente la imagen de una esfinge egipcia.

Y nosotros no fuimos los únicos en notar la transformación de *Marley*. Por las miradas que le echaban los extraños y la forma en que retrocedían cuando él se dirigía hacia ellos, supimos que ya no lo consideraban un inocente cachorro, sino algo temible.

La puerta principal de nuestra casa tenía a la altura de los ojos una ventanita oblonga, de diez por veinte centímetros. Como *Marley* se desvivía por las visitas, cuando alguien llamaba a la puerta salía disparado hacia el recibidor, resbalando sobre el suelo de madera y arrugando alfombras a su paso, hasta darse contra la puerta con un ruido sordo. Entonces se erguía sobre las patas traseras y, lanzando gañidos, apoyaba la cara en la pequeña ventana para mirar a los ojos de quien estuviera al otro lado de la puerta. Para *Marley*, que se consideraba destinado a dar la bienvenida a cuanto individuo llegara al barrio, esos encuentros le eran una enorme alegría, pero para quienes vendían artículos puerta a puerta, para los carteros y para quienes no lo conocieran eran como si *Cujo* se hubiese escapado de la novela de Stephen King y lo único que los separase de una despiadada paliza fuera nuestra puerta de madera. Más de un extraño, después de llamar a la puerta y ver la cara de *Marley* que lo miraba sin dejar de ladrar, retrocedía hasta la mitad del camino de entrada y esperaba a que saliéramos a atenderlo Jenny o yo.

Pronto descubrimos que eso no era del todo malo.

Nuestro barrio era lo que los planificadores urbanos denominan cambiante. Construido en las décadas de 1940-1950, e inicialmente poblado por jubilados y gente mayor que, procedente de las regiones norteñas, procuraban pasar en Florida los meses de invierno, empezó a animarse cuando se murieron los propietarios y los sustituyó un nutrido grupo de gente variopinta y de familias de clase obrera que alquilaban las casas. Cuando nosotros fuimos a vivir allí, el barrio estaba otra vez en transición, pero esta vez eran gays, artistas y jóvenes profesionales los que se habían sentido atraídos por la cercanía del agua y el estilo arquitectónico de las casas.

Nuestra manzana actuaba como una suerte de amortiguador entre la dura autovía de South Dixie y las lujosas mansiones que había a la orilla del canal. La South Dixie había sido originalmente la Nacional 1, que recorría la costa este de Florida y servía como acceso principal a Miami, antes de que se construyera la autopista interestatal. Constaba de cinco vías cocidas por el sol, dos en cada dirección y una compartida en el centro para los giros a la izquierda, a cuyos lados había una variedad increíble y un tanto deteriorada de tiendas baratas, gasolineras, puestos de frutas, casas de empeño, cafeterías corrientes y moteles de una época pasada.

El barrio nos parecía seguro, aunque había rumores sobre su lado oscuro. Las herramientas que uno dejara en el jardín desaparecían de forma misteriosa y, durante un raro episodio de frío invernal, alguien me robó todos los troncos de madera para la chimenea que yo había apilado a un lado de la casa. Un domingo que desayunábamos en nuestra cafetería preferida, sentados a la mesa de siempre que había frente a una ventana, Jenny señaló el agujero hecho por una bala en la luna del cristal que había justo por encima de nuestras cabezas y dijo, con sequedad: «Eso no estaba ahí la última vez que estuvimos.»

Una mañana, cuando yo estaba apunto de ir al trabajo, vi que en la cuneta había un hombre tirado, con las manos y la cara ensangrentadas. Aparqué y fui hacia él, creyendo que lo había atropellado un coche, pero cuando me acerqué sentí el fuerte olor a alcohol y orina. Empezamos a hablar y me di cuenta de que estaba borracho. Llamé a la ambulancia y me quedé a esperarla junto a él, pero cuando llegaron los sanitarios, el hombre se negó a que lo trataran. Mientras los sanitarios y yo lo mirábamos, el hombre salió dando tumbos rumbo a la tienda de bebidas alcohólicas.

También una noche llamó a la puerta un hombre con un aspecto bastante desesperado y me dijo que iba de visita a una casa en la manzana siguiente, pero que se había quedado sin gasolina. Me pidió si podía prestarle cinco dólares, asegurándome que me los devolvería a primera hora de la mañana siguiente. *Sí, y yo te creo a pies juntillas*, me dije. Cuando en lugar de darle el dinero le ofrecí llamar a la policía, musitó una débil excusa y desapareció.

Pero lo más inquietante fue lo que nos enteramos que había ocurrido en la casita de la esquina frente a la nuestra. Unos meses antes de que nos mudáramos, se había cometido allí un asesinato. Y no había sido un asesinato cualquiera, sino uno terriblemente espantoso que implicaba a una viuda inválida y una sierra. El caso había aparecido en todos los medios de comunicación y, antes de mudarnos, conocíamos todos sus detalles... todos, salvo la dirección. Y ahora vivíamos justo enfrente de la escena del crimen.

La víctima era una maestra jubilada, llamada Ruth Ann Nedermier, que vivía sola y que había sido uno de los primeros habitantes del barrio. Después de una operación en la cual le sustituyeron una cadera, la mujer contrató una enfermera para que la cuidase de día, lo que resultó ser una decisión fatal puesto que la enfermera, según comprobó con posterioridad la policía, le había estado robando cheques y falsificando la firma.

La anciana estaba frágil físicamente, pero seguía teniendo la mente muy aguda, así que confrontó a la enfermera acerca de los cheques que le faltaban y los inexplicables gastos registrados en la declaración del banco. La enfermera, sobrecogida por el pánico, mató a golpes a la anciana y luego llamó a su novio, quien llegó con una sierra y ayudó a la enfermera a desmembrar el cuerpo en la bañera. Después, pusieron las partes del cuerpo en un baúl grande, echaron la sangre de la mujer por el desagüe y se marcharon.

Según nos contaron los vecinos más adelante, la muerte de la señora Nedermier siguió siendo un misterio durante varios días, un misterio que se resolvió cuando un hombre llamó a la policía para decir que de su garaje emanaba un olor espantoso. Los agentes descubrieron el baúl y su terrible contenido. Cuando preguntaron al hombre cómo había llegado el baúl a su garaje, él les dijo la verdad: su hija le había pedido permiso para guardarlo allí.

Aunque el horroroso asesinato de la señora Nedermier era el acontecimiento más comentado de la historia de nuestro barrio, nadie nos mencionó una sola palabra antes de que compráramos la casa, ni el agente inmobiliario, ni los propietarios anteriores, ni el inspector de viviendas, ni el agrimensor. Llevábamos viviendo en la casa una semana, cuando se presentaron unos vecinos con galletas y un cocido casero, para darnos la bienvenida, y nos contaron la historia. De noche, cuando estábamos acostados, nos resultaba difícil no pensar que a sólo unos treinta metros de la ventana de nuestro dormitorio habían descuartizado con una sierra a una anciana indefensa. Había sido alguien de adentro, nos dijimos, algo que nunca podría pasarnos a nosotros. Pero no podíamos pasar frente al lugar o mirar hacia allí por la ventana del frente sin pensar en lo que había ocurrido.

Tener a *Marley* en casa, y ver con qué respeto lo miraban los extraños, nos daba una sensación de tranquilidad que quizá no habríamos tenido sin él. *Marley* era un grande y amoroso perro tontorrón cuya estrategia defensiva contra los intrusos consistiría, con toda seguridad, en matarlos a lametazos. Pero los predadores y merodeadores que hubiera por allí no tenían por qué saberlo. Para ellos, *Marley* era un perro grande y fuerte e impredeciblemente loco. Y así nos gustaba que fuera.

El embarazo le sentaba muy bien a Jenny, que decidió levantarse al amanecer para hacer ejercicio y sacar a pasear a *Marley*, preparar comidas sanas a base verduras y frutas frescas, dejar de tomar café y gaseosas de dieta y, por supuesto, toda clase de bebidas alcohólicas, al extremo de que no me permitía añadir una cucharada de jerez a un guiso.

Nos habíamos comprometido a mantener el embarazo en secreto hasta que supiéramos con seguridad que el feto estaba bien y que no había riesgos de aborto, pero ninguno de los dos cumplió la promesa. Estábamos tan excitados con la noticia, que fuimos contándoselo a cada uno de nuestros amigos y conocidos, pidiéndoles que no dijeran nada, hasta que acabamos por contárselo a todo el mundo y dejó de ser un secreto. Primero se lo contamos a nuestros padres, después a nuestros hermanos, después a nuestros amigos más íntimos y a los compañeros de trabajo y, por último, a los vecinos. Jenny llevaba diez semanas de embarazo y el vientre empezaba a redondeársele, lo que corroboraba que era verdad, así que ¿por qué no compartir nuestra dicha con todo el mundo? Cuando llegó el día en que Jenny tenía que hacerse la revisión y la ecografía, podríamos haberlo puesto en la tabla de anuncios: John y Jenny esperan un hijo.

Yo no fui a trabajar la mañana que Jenny tenía que visitar al médico y, tal como me habían dicho, llevé una cinta de vídeo nueva para captar las primeras imágenes de nuestro bebé. Una parte de la visita estaba destinada a revisión y, la otra, a darnos información. Nos asignarían a una comadrona que podía responder cuantas preguntas tuviéramos, medir el contorno del estómago de Jenny, escuchar los latidos del bebé y, desde luego, mostrarnos el diminuto cuerpecito que había dentro de ella.

Llegamos a las nueve de la mañana, llenos de expectativas. La comadrona, una amable mujer de mediana edad con acento británico, nos condujo a una salita de exploración y de inmediato dijo:

−¿Les gustaría escuchar los latidos de su bebé?

−¡Y tanto! −le respondimos.

Escuchamos con atención mientras pasaba sobre el abdomen de Jenny una especie de micrófono comunicado a un altavoz. Guardamos silencio, con las sonrisas congeladas en nuestras caras, procurando escuchar los pequeños latidos, pero del altavoz sólo salían interferencias.

La mujer dijo que no había en ello nada inusual.

−Depende de cómo esté ubicada la criatura. A veces no se oye nada. Quizá sea aún un poco pronto. Luego propuso hacerle la ecografía−. Echemos un vistazo al bebé −dijo con despreocupación.

−Ésta es la primera vez que vemos a nuestro Grogie −me dijo Jenny, radiante.

La comadrona nos llevó hasta la sala donde hacían las ecografías y pidió a Jenny que se tumbase en la camilla junto a la cual había la pantalla de un monitor.

–He traído la cinta –dije, blandiéndola frente a ella.

–Por ahora, téngala usted –dijo la mujer, mientras levantaba la camisa de Jenny y empezaba a pasarle por el estómago un instrumento del tamaño y la forma de un palo de hockey. Vimos en la pantalla del ordenador una masa gris, sin definición alguna–. Parece que así no cogemos ningún sonido –dijo la comadrona, en un tono de voz neutral–. Lo intentaremos con una ecografía vaginal. De esa manera se logran muchos más detalles.

La mujer salió de la habitación y al poco tiempo regresó con otra enfermera, un mujer alta, teñida de rubio, que tenía un monograma en una uña. Se llamaba Essie y, tras pedirle a Jenny que se quitase las bragas, le insertó en la vagina una sonda cubierta de látex. La enfermera tenía razón: la resolución era mucho mejor que la de la otra ecografía. Amplió la visión en lo que parecía un saco pequeñito en medio de un mar gris y, valiéndose del ratón, volvió a ampliar la imagen una y otra vez, pero pese al gran detalle, el saco nos parecía un pequeño calcetín vacío y sin forma. ¿Dónde estaban los bracitos y las piernecitas que según los libros debían estar ya formados a las diez semanas? ¿Dónde estaba la cabecita? ¿Dónde estaba el corazón palpitante? Jenny, con las piernas recogidas hacia un lado para poder ver la pantalla, aún estaba radiante y preguntaba a las enfermeras con una risita nerviosa:

–¿Hay algo allí?

Miré la cara de Essie y supe que la respuesta era la que no queríamos oír. De pronto me di cuenta por qué no había dicho nada mientras ampliaba la imagen. Con una voz muy controlada, Essie respondió a Jenny:

–No lo que se espera ver a la diez semanas.

Apoyé una mano sobre la rodilla de Jenny. Los dos seguimos

mirando la mancha que había en la pantalla, como si quisiéramos dotarla de vida.

–Jenny, creo que tenemos un problema. Voy a llamar al doctor Sherman –dijo Essie.

Mientras esperábamos, sin mediar palabra, supe lo que la gente quiere decir cuando habla del desasosiego que lo embarga a uno justo antes de desmayarse. Sentí que tenía los oídos a punto de estallar y que la sangre me bullía en la cabeza, y pensé: *Si no me siento, me caeré al suelo*. ¿No sería humillante que mi fuerte mujer recibiera la noticia mientras su marido estaba tendido inconsciente en el suelo, rodeado de enfermeras que tratasen de reanimarlo con sales? Me senté a medias sobre la camilla, sujetando una de las manos de Jenny entre una de las mías y, con la otra, acariciándole el cuello. Ella tenía los ojos anegados de lágrimas, pero no lloró.

El doctor Sherman, un hombre alto de porte distinguido y de modales secos, aunque amables, confirmó que el feto estaba muerto y dijo:

–Habríamos percibido un latido, sin duda, pero... –Con dulzura añadió lo que ya sabíamos por haber leído libros al respecto: que de cada seis embarazos se produce un aborto, que es la manera que tiene la naturaleza de deshacerse de los débiles, los retardados y los muy deformes. El médico se acercó a Jenny como si fuera a besarla y, acariciándole la mejilla, le dijo: –Lo siento. Podréis volver a intentarlo dentro de un par de meses.

Jenny y yo no dijimos ni una sola palabra. De pronto, la cinta virgen que estaba en el banco que había junto a nosotros me pareció vergonzosa, como un punzante recuerdo de nuestro ciego y cándido optimismo. Sentí ganas de tirarla, de ocultarla. En lugar de ello, pregunté al doctor Sherman:

–¿Y ahora qué hacemos?

–Tenemos que quitarle la placenta. Hace años, ni se hubieran enterado de que había abortado y habrían esperado hasta que comenzara a sangrar.

El médico nos brindó la oportunidad de dejar pasar el fin de semana y regresar el lunes para que Jenny se sometiera a la intervención, que consistía en aspirar el feto y la placenta, sacándolos del útero. Pero Jenny optó porque se lo hicieran de inmediato, algo que también yo prefería.

–Cuanto antes, mejor –dijo al doctor Sherman.

–Vale –dijo él.

Le dio algo que la ayudaría a dilatarse y se marchó. Poco después lo oímos entrar en otra salita de examen y saludar con alegría a otra madre en ciernes.

Cuando nos quedamos solos, Jenny y yo nos abrazamos con fuerza, y así estuvimos hasta que alguien llamó a la puerta. Era una mujer mayor, que no habíamos visto hasta entonces, con una serie de papeles. Tras decirle a Jenny cuánto sentía lo ocurrido, le señaló el lugar donde tenía que firmar para autorizar el procedimiento, reconociendo los riesgos que implicaba la succión uterina.

Cuando el doctor Sherman regresó, puso manos a la obra. Dio a Jenny una primera inyección de Valium y luego otra de Demerol. El procedimiento fue rápido, aunque no indoloro, y se acabó antes de que los fármacos parecieran haberle hecho efecto del todo. Mientras se esperaba que actuaran por completo, Jenny estaba casi inconsciente. Antes de marcharse de la habitación, el doctor Sherman me dijo:

–Asegúrese de que no deje de respirar.

Yo no podía creerlo. ¿Acaso no era trabajo suyo asegurarse de que Jenny no dejara de respirar? La autorización que ella había firmado no decía: «El paciente puede dejar de respirar en

cualquier momento debido a una sobredosis de barbitúricos.»
Hice lo que me habían ordenado hablándole en voz alta, frotándole el brazo, dándole ligeros golpecitos en las mejillas y diciéndole cosas como: «¡Eh, Jenny! ¿Cómo me llamo?» Pero ella estaba ida.

Pasados unos minutos, Essie asomó la cabeza para ver cómo estábamos. Cuando vio la cara grisácea de Jenny, salió disparada y regresó al momento con una toallita mojada y un frasco de sales que puso junto a la nariz de Jenny, y que sostuvo allí hasta que, tras lo que me parecieron años sin fin, Jenny empezó a moverse, aunque sólo un poquito. Yo no dejaba de hablarle en voz alta, pidiéndole que respirase hondo para que yo pudiera sentirlo en mi mano, pero ella seguía con la cara de color gris. Le tomé el pulso –sesenta latidos por minuto– y, nervioso, cogí la toallita mojada y comencé a frotarle la frente, las mejillas y la nuca. Por fin despertó, aunque sin dejar de estar muy grogui. «Me tenías muy preocupado», le dije. Ella me miró como si tratase de averiguar por qué yo había estado preocupado y luego volvió a dormirse.

Media hora después, la enfermera la ayudó a vestirse y yo la ayudé a salir de la consulta con órdenes estrictas para las dos semanas siguientes: prohibidos los baños de asiento, la natación, las duchas vaginales, los tampones y el sexo.

En el coche, Jenny apoyó la cabeza en el cristal de la ventanilla y, en silencio total, se puso a mirar hacia fuera. Tenía los ojos rojos, pero se negaba a llorar. Yo busqué infructuosamente algo que decirle, pero en realidad, ¿qué podía decirle? Habíamos perdido a nuestro hijo. Sí, podía decirle que volveríamos a intentar tener otro y que eso le pasa a muchas parejas, pero ella no quería escucharlo, así como yo no quería decirlo. Algún día podríamos mirarlo todo desde otra perspectiva, pero no ese día.

Resolví regresar a casa por la ruta bonita, serpenteando por Flagler Drive, que bordea el canal de West Palm Beach desde el norte de la ciudad, donde está la consulta del doctor Sherman, hasta el Sur, donde vivíamos nosotros. El sol reverberaba en el agua y las palmeras se contoneaban ligeramente bajo un cielo despejado por completo. Era un día para sentirse dichoso, pero no para nosotros, que íbamos hacia casa en absoluto silencio.

Cuando llegamos, ayudé a Jenny a recostarse en el sofá y fui hasta el garaje donde *Marley*, como de costumbre, aguardaba nuestro regreso con frenética anticipación. En cuanto me vio cogió su gigantesco hueso y, orgulloso, desfiló con él por todo el lugar, meneando el cuerpo y golpeando la lavadora con la cola como si se tratase de un mazo dándole a un timbal. Me rogaba que intentara quitárselo.

«Hoy no, chaval», dije, dejándolo salir al jardín por la puerta de atrás. Meó con ganas contra el níspero japonés y regresó volando. Bebió agua de su bol, no sin salpicar todo el entorno, y partió raudo por el vestíbulo en busca de Jenny. Sólo me llevó unos segundos cerrar la puerta trasera, secar el agua que había desparramado y seguir sus pasos hacia el salón.

Cuando giré tuve que detenerme, pues me quedé de piedra. Hubiera apostado una semana de mi sueldo a que lo que estaba viendo no podía suceder jamás. *Marley*, nuestro perro escandaloso y puro nervio, tenía los hombros entre las rodillas de Jenny y la cabezota apoyada sobre su falda, y, con la mirada dirigida hacia Jenny, gimoteaba dulcemente. La cola le colgaba inerte entre las patas; era la primera vez que no la veía menearse enloquecida cuando nos tocaba a alguno de los dos. Jenny le acarició la cabeza varias veces y luego, sin preámbulo alguno, hundió la cara en la espesa piel del cuello de *Marley* y empezó a sollozar. Eran unos sollozos fuertes, sin cortapisas, que le salían del alma.

Así permanecieron los dos largo rato: *Marley* quieto como una estatua y ella abrazada a él, como si fuera un muñeco gigantesco. Yo me hice a un lado, porque me sentí como un intruso que presencia un acto íntimo y porque no sabía qué hacer. Y entonces vi que Jenny, sin levantar la cabeza, extendía una mano hacia mí, así que me senté junto a ella y la rodeé con mis brazos. Allí nos quedamos los tres, compartiendo nuestra pena en un prolongado abrazo.

7. El amo y la bestia

Al día siguiente, sábado, me desperté al amanecer y encontré a Jenny de espaldas a mí, llorando quedamente. *Marley* también estaba despierto, con el mentón apoyado sobre el colchón, lamentándose otra vez por su ama. Me levanté y preparé café, exprimí unas naranjas, entré el diario e hice tostadas. Varios minutos después, cuando Jenny vino a desayunar con su bata de cama puesta, tenía los ojos secos y lucía una sonrisa valiente, como para decirme que todo estaba bien.

Después del desayuno, decidimos ir con *Marley* hasta el agua, donde se daría un chapuzón. A la altura de nuestro barrio, la costa estaba bordeada de largos malecones de cemento y pilas de cantos rodados, por lo que era imposible acceder al agua. Sin embargo, a unas doce manzanas al Sur, el malecón dibujaba una curva hacia la tierra, con lo cual dejaba a la vista una playuela de arena blanca llena de restos de madera flotante, es decir, un lugar perfecto para los juegos de un perro. Cuando llegamos a la playa, blandí un trozo de madera frente a los ojos de *Marley* y le quité la correa. Se quedó mirando la madera como lo haría un hombre hambriento frente a un trozo de pan, sin perder de vista el trofeo. «¡Búscalo!», grité, mientras lo lanzaba al agua, a la mayor distancia posible. Dando un salto espectacular, salvó el primer obstáculo, la pared de cemento, y atravesando la playa al galope, se metió en el agua poco profunda, salpicándolo todo a su alrededor. Eso es para lo que han nacido los labrador retrievers, lo que llevan estampado en sus genes y en la descripción de sus tareas laborales.

Nadie sabe con seguridad dónde se originaron los labrador retrievers, pero lo que sí sé es que no fue en Labrador. Estos perros acuáticos, de músculos fuertes y pelo corto, aparecieron en el siglo XVII a unos cientos de kilómetros al sur de Labrador, concretamente en Terranova. Allí, según observaron antiguos cronistas, los pescadores locales llevaban consigo a los perros al mar en sus barcas y los utilizaban para ayudar a recoger los sedales y las redes y a repescar los peces que se escapaban de los anzuelos. La piel cubierta de una densa y grasosa pelambre les permitía ser insensibles al agua helada, lo que sumado a su destreza para nadar, su inagotable energía y su habilidad para coger un pez con la boca sin dañarle la piel, los convirtió en perros de trabajo ideales para las duras condiciones de la zona norte del Atlántico.

Tampoco sabe nadie a ciencia cierta cómo es que aparecieron en Terranova. No son oriundos de esa isla y no hay evidencias de que los llevasen los esquimales, que fueron los primeros en establecerse allí. La mejor teoría es la que propone que los hayan llevado pescadores del continente europeo y de Gran Bretaña, muchos de los cuales abandonaron sus barcos y establecieron comunidades en la costa. A partir de allí, lo que ahora se conoce como labrador retriever puede haber surgido de un cruce libre, no intencionado, de razas, y es probable que comparta ancestros con la raza de los terranova, perros más grandes y peludos.

Sea cual sea su origen, pronto fueron los cazadores de la isla los que pusieron a estos increíbles retrievers a trabajar persiguiendo pájaros terrestres y acuáticos. En 1662, W. E. Cormack, oriundo de Saint John's, Terranova, viajó a pie por la isla y reparó en la abundancia de perros acuáticos locales que, según descubrió, estaban «admirablemente adiestrados para perseguir presas acuáticas y... [para ser] útiles en general». Los miembros de la alta burguesía británica tomaron nota de ello y hacia comienzos del siglo XIX empezaron a importarlos a Inglaterra a fin de que los cazadores los usaran para perseguir faisanes, urogallos y perdices.

Según el Labrador Retriever Club, un grupo de interesados en el tema que se formó, a escala nacional, en 1931 y que está dedicado a la preservación de la integridad de la raza, el nombre labrador retriever apareció de forma fortuita en la década de 1830 cuando el tercer conde de Malmesbury, en un aparente desafío geográfico, escribió largo y tendido al sexto duque de Buccleuch acerca de su impecable raza de retrievers. «A los míos los he llamado siempre perros labrador», escribió. Y a partir de entonces, el nombre cogió vuelo. El buen conde señaló que hacía cuanto podía para mantener «la raza lo más pura desde el comienzo». Sin embargo, hubo otros menos escrupulosos en cuanto a la genética y permitieron que los labradores se cruzaran con otros retrievers con la esperanza de que transfirieran sus excelentes cualidades. Pero los genes de los labradores se mostraron indómitos y la raza del labrador retriever siguió siendo única, y el 7 de julio de 1903 fue reconocida como tal por el Kennel Club of England.

B. W. Ziessow, un entusiasta y antiguo criador, escribió lo siguiente para el Labrador Retriever Club: «Los cazadores estadounidenses adoptaron la raza de Inglaterra y posteriormente desarrollaron y adiestraron al perro para que cumpliera las necesidades de caza de este país. Hoy, al igual que en el pasado, el labrador se adentrará ansioso en el agua helada de Minnesota para recoger un ave abatida y, en medio del calor del sudoeste del país, trabajará todo el día persiguiendo palomas. Y todo por una única recompensa: una palmadita por el buen trabajo hecho.»

Ésa era la orgullosa herencia de *Marley* y, al parecer, había heredado al menos la mitad del instinto. Era un maestro cuando se trataba de perseguir a su presa, pero lo que no parecía comprender bien era que tenía de devolverla. Su actitud general parecía ser la de *si tú quieres el palo de vuelta, métete TÚ en el agua a buscarlo.*

Marley regresó a la playa zumbando, con la presa en la boca. «¡Tráela!», le grité, palmeando las manos. «¡Vamos, tío, dámela!» Se tumbó panza arriba y, excitado, contoneó todo el cuerpo, tras lo cual me obsequió con el agua y la arena que se sacudió. Después, para sorpresa mía, dejó caer el palo a mis pies. *¡Vaya servicio...!*, pensé para mis adentros. Me giré para mirar a Jenny, que estaba sentada en un banco bajo un pino australiano, y levanté los pulgares en señal de triunfo. Pero cuando me agaché para coger el palo, *Marley*, que estaba esperándome, se lanzó hacia delante, lo cogió y salió disparado por toda la playa, haciendo cabriolas. De pronto regresó enloquecido y casi chocó contra mí en su afán de provocarme para que lo persiguiera. Hice uno o dos intentos de quitárselo, pero era evidente que la velocidad y la agilidad estaban de su lado. «¡Se supone que eres un labrador que cobra piezas, no que las escamotea!», le grité.

Pero lo que yo tenía, y mi perro no, era un cerebro desarrollado que al menos superaba mis fuerzas. Cogí un segundo palo y, con gran aspaviento, lo pasé de una mano a la otra y lo blandí de un lado al otro. Mientras tanto, vi que la firmeza de *Marley* iba ablandándose. De pronto, el primer palo que aún tenía entre los dientes y que momentos antes había sido su más preciada posesión en este mundo, había perdido su atractivo. El palo nuevo lo atrajo como una irresistible tentación. Se acercó poco a poco, hasta que lo tuve delante de mí. «Ah, todos los días nace un tonto, ¿no, *Marley*?», cacareé, frotándole el palo en el hocico y viendo cómo se ponía bizco en el intento de no perderlo de vista.

Yo casi podía ver cómo se movía el engranaje de su cabezota mientras él trataba de imaginarse la forma de coger el palo nuevo sin renunciar al anterior. Le tembló el labio superior cuando pensó en hacer un único y rápido ataque para quedarse con ambos palos. Con mi mano libre cogí un extremo del palo que *Marley* tenía en la boca y empecé a tirar de él. *Marley*, por supuesto, tiró hacia sí, con fuerza, mientras gruñía. Le puse el segundo palo en la nariz y, acercándome, le susurré: «Si sabes que lo quieres...» ¡Y vaya si lo quería! La tentación era demasiado fuerte, y yo sentía que él aflojaba la presión sobre el palo. Y de pronto se decidió y abrió las fauces para tratar de coger el segundo palo sin perder el primero. Yo, en un segundo, cogí ambos palos y me los puse por encima de la cabeza. Él saltó en el aire, ladrando y dando tumbos, obviamente sin comprender cómo la estrategia militar que tan bien había estudiado podía haber salido tan mal. «Por eso yo soy el amo y tú eres la bestia», le dije, lo que me valió que me sacudiera más agua y arena en la cara.

Arrojé uno de los dos palos al agua y *Marley* salió disparado tras él, aullando como loco. Cuando regresó era un oponente nuevo, más sabio. Se quedó a unos diez metros de distancia, con el palo en la boca, mirando su nuevo objeto de deseo que, por casualidad, era su antiguo objeto de deseo, el primer palo, que yo sostenía por encima de mi cabeza. Su engranaje mental se puso otra vez en marcha: *Esta vez me quedaré aquí hasta que lo arroje y entonces él no tendrá ninguno y yo tendré los dos*. «Tú crees que soy tonto, ¿no es cierto, perro?», le dije. Me eché hacia atrás y lanzando un gruñido exagerado arrojé el palo que tenía en la mano. Por supuesto, *Marley* corrió desesperado hacia el agua con su palo aún en la boca. Pero yo no había soltado el mío. ¿Y creéis que él lo notó? Pues no. Nadó casi hasta Palm Beach antes de darse cuenta de que yo todavía lo tenía en la mano.

–¡Eres cruel! –gritó Jenny desde el banco.

Yo me giré y vi que se reía.

Cuando *Marley* regresó a la playa, se echó sobre la arena, exhausto, pero no dispuesto a entregar su palo. Le mostré el mío, recordándole cuánto mejor que el suyo era y le di una orden: «¡Tíralo!» Volví a hacer el gesto de arrojar el mío, y el muy tonto se puso otra vez en marcha en dirección al agua. «¡Tíralo!», repetí cuando regresó. Nos tocó ensayarlo varias veces, pero finalmente hizo lo que le dije. Y en el momento preciso en que su palo cayó sobre la arena, le arrojé el que tenía en la mano. Hicimos repetidamente el ejercicio y cada vez parecía comprender el concepto con un poquito más de claridad. Poco a poco la lección se le iba grabando en esa cabezota suya. Si él me devolvía un palo, yo le tiraría el otro. «Es como el intercambio de regalos en la oficina –le dije–. Tienes que dar para poder recibir.» *Marley* se irguió sobre las patas traseras y plantó su boca llena de arena sobre la mía, gesto que interpreté como un reconocimiento por la lección aprendida.

Jenny yo regresamos a casa andando tranquilos, pues por primera vez *Marley*, que estaba agotado, no tiró ni una vez de la correa. Me sentía orgulloso por lo que habíamos conseguido. Jenny y yo llevábamos semanas trabajando con él para que aprendiera ciertos modales, pero progresaba con una lentitud penosa. Era como vivir con un semental salvaje al que intentásemos enseñarle a tomar té en una taza de porcelana. Algunos días yo tenía la sensación de ser Anne Sullivan y de que *Marley* era Hellen Keller. Pensé en *San Shaun* y la rapidez con que yo, un crío de diez años, había podido enseñarle todo lo que tenía que aprender para ser un gran perro, y me pregunté qué estaría haciendo mal esta vez.

Pero nuestro pequeño ejercicio de recoger palos ofrecía un rayito de esperanza.

–¿Sabes qué? –dije a Jenny–. Me parece que esta vez está empezando a comprenderlo.

Jenny miró a *Marley*, que, caminando junto a nosotros, estaba empapado y cubierto de arena, los labios llenos de saliva espumosa y con el palo que tanto le había costado ganarse aún entre los dientes.

–Yo no estaría tan segura... –comentó Jenny.

A la mañana siguiente, nuevamente me desperté al amanecer por los quedos gemidos de Jenny.

–Vamos... –le dije, rodeándola con mis brazos. Ella apoyó la cara sobre mi pecho y pude sentir cómo sus lágrimas mojaban mi camiseta.

–Estoy bien –dijo–. De veras. Sólo estoy..., bueno, ya sabes.

Y lo sabía. Yo trataba de mostrarme como un soldado valiente, pero yo también tenía esa misma sorda sensación de pérdida y fracaso. Era algo extraño. Menos de cuarenta y ocho horas antes habíamos estado radiantes ante la idea de nuestro nuevo bebé, y ahora era como si el embarazo nunca hubiese existido, como si todo el episodio no hubiese sido más que un sueño del cual nos costaba despertar.

Avanzada la mañana, fui con *Marley* en el coche a comprar alimentos y unas cosas que Jenny necesitaba de la farmacia. Cuando volvíamos, me detuve en la floristería y compré un gran ramo de flores primaverales puestas en un jarrón, con la esperanza de animar un poco a Jenny. Sujeté el jarrón con el cinturón de seguridad del asiento de atrás, junto a *Marley*, para que no se derramase el agua. Cuando pasamos frente al veterinario, decidí que también *Marley* merecía un regalito. Después de todo, él consolaba mucho mejor que yo a la mujer de nuestras vidas. «¡Pórtate bien! Vuelvo enseguida», dije. Estuve en la tienda el tiempo necesario para comprarle un gigantesco hueso para roer.

Minutos después llegamos a casa y Jenny salió a recibirnos. *Marley* bajó del coche dispuesto a saludarla. «Tenemos una sorpresa para ti», dije. Pero cuando llegué al asiento de atrás encontré que la sorpresa era para mí, pues descubrí que en el ramo compuesto originalmente por margaritas blancas, crisantemos amarillos, azucenas de diversas clases y claveles rojos, estos últimos brillaban ahora por su ausencia. Busqué con detenimiento y encontré los tallos decapitados que pocos minutos antes estaban coronados de flores rojas. Las demás flores del ramo estaban intactas. Miré a *Marley*, que bailaba con frenesí, como si estuviera en plena audición para ser contratado para una película musical. «¡Ven aquí!», le grité. Cuando por fin logré abrirle las fauces, encontré allí la irrevocable evidencia de su culpabilidad. En lo más profundo de su garganta, convertido en lo que podía haber sido un trozo de tabaco masticado, había un clavel rojo, y era de suponer que ya se había zampado los demás. Sentí ganas de estrangularlo.

Miré a Jenny y vi que tenía la cara empapada de lágrimas, pero esta vez eran lágrimas de risa. No podría haberla divertido más, aunque hubiera traído una banda de mariachis para brindarle una serenata privada. Así las cosas, lo único que pude hacer fue reírme yo también.

—¡Vaya con el perro...! —dije entre dientes.

—De todos modos, nunca me gustaron mucho los claveles —dijo ella.

~ El amo y la bestia ~

Marley estaba tan feliz viendo que todo el mundo estaba contento y risueño que se puso a bailar sobre las patas traseras.

A la mañana siguiente me despertó el sol, cuyos rayos atravesaban las ramas del árbol de pimienta de Brasil y se esparcían sobre la cama. Miré el reloj y vi que eran las ocho. Mi esposa dormía tranquila, respirando a un ritmo lento y profundo. Le besé el cabello, rodeé su cintura con mi brazo y volví a cerrar los ojos.

8. Lucha de voluntades

*M*arley no había cumplido seis meses cuando lo inscribimos para que tomara clases de obediencia. ¡Dios sabía cuánto las necesitaba! Pese al prodigioso hecho de recoger los palos aquel día en la playa, como estudiante se mostraba osado, obtuso, salvaje y constantemente distraído, víctima de su imponderable energía y nerviosismo. Tanto es así, que empezamos a pensar que no era como otros perros. Como dijo mi padre tras un breve intento de *Marley* de tener relaciones sexuales con la rodilla de él: «Este perro tiene un tornillo flojo.» Era evidente que necesitábamos ayuda profesional.

El veterinario nos habló de un club local de adiestramiento de perros que los martes por la noche ofrecía clases de obediencia básica en el aparcamiento que había detrás de la fábrica de armamentos. Los entrenadores eran voluntarios del club, unos aficionados serios que probablemente ya habían logrado que sus propios perros alcanzaran altas cotas en cuanto a la modificación de comportamientos. El curso constaba de ocho clases y costaba cincuenta dólares, cifra que nos pareció una ganga, especialmente cuando considerábamos que *Marley* podía destrozar cincuenta dólares de zapatos en treinta segundos, y el club casi garantizaba que, al término del curso, nos iríamos a casa con el próximo gran *Lassie*. Cuando fuimos a registrarlo, conocimos a la que había de ser la maestra, una entrenadora seca y seria que era partidaria de la teoría de que no había ningún perro incorregible, sino amos débiles y desventurados.

Su opinión pareció quedar corroborada en la primera clase. Antes de que acabáramos de bajarnos del coche, *Marley* vio los perros que estaban reunidos con sus amos en el centro del aparcamiento. ¡Había una fiesta! Así pensó *Marley*, y se lanzó a toda carrera con la correa colgando tras de sí. Empezó a oler las partes privadas de un perro tras otro, mientras echaba sus meaditas y salpicaba el aire de saliva. Para *Marley*, aquello era un festival del olfato –¡tantos genitales y tan poco tiempo...!– y aprovechaba el momento, tomando sólo la precaución de estar unos pasos delante de mí para que no pudiera cogerlo. Cada vez que estaba a punto de hacerlo, salía disparado. Finalmente lo tuve a una distancia razonable y, pegando un salto gigantesco, caí con los dos pies sobre su correa. Así, se detuvo tan de golpe que por un momento temí haberle partido la nuca. Pero dio marcha atrás y quedó boca arriba, se contoneó un poco y me miró con la serena expresión del adicto a la heroína, después de haber tomado su dosis.

Mientras tanto, la instructora nos dirigía una mirada que no podría haber sido tan acusatoria si yo hubiera decidido quitarme la ropa y bailar desnudo allí mismo.

–A vuestro lugar, por favor –dijo con sequedad, pero, cuando vio que tanto Jenny como yo llevábamos a *Marley* a su puesto, añadió–: Tendrán que decidir cuál de los dos será el entrenador. –Empecé a explicarle que los dos queríamos participar de modo que cualquiera pudiera hacerle hacer los ejercicios en casa, pero me interrumpió de forma tajante–: Un perro sólo puede tener un amo.

Comencé a protestar, pero me silenció con una de sus miradas –sospecho que la misma que usaba para intimidar a sus perros hasta lograr su total sumisión–, por lo me hice a un lado, con el rabo entre las piernas, dejando al mando de *Marley* a la Ama Jenny.

Y es probable que eso haya sido un error, puesto que *Marley* tenía ya bastante más fuerza que Jenny, y lo sabía. Doña Mandona había pronunciado sólo unas frases de su discurso sobre la importancia de dominar a nuestras mascotas, cuando *Marley* decidió que el caniche que había frente a él merecía una revisión más detallada, y se lanzó a ello, arrastrando a Jenny.

Todos los otros perros estaban plácidamente sentados junto a sus amos a intervalos precisos de diez metros, esperando que les dieran las instrucciones. Jenny luchaba con valentía para plantarse en el suelo con firmeza y detener a *Marley*, pero él, embarcado en una carrera desenfrenada hacia la gran olisqueada del trasero del caniche, la arrastraba sin remedio. Era sorprendente lo que mi mujer se asemejaba a una esquiadora acuática tirada por una lancha. Ninguno de los presentes le quitaba los ojos de encima, e incluso algunos de ellos sonreían con disimulo. Yo opté por taparme los ojos.

Marley no estaba hecho para recibir instrucciones, por lo que se estrelló contra el caniche y de inmediato le metió la nariz entre las piernas. Pensé que sería la manera canina de los machos de preguntar: «¿Vienes por aquí a menudo?»

Después de que *Marley* practicase un examen ginecológico completo a la perrita caniche, Jenny pudo llevarlo al lugar que le correspondía. Doña Mandona anunció con calma:

–Eso, señores, es el ejemplo de un perro al que se le ha permitido creer que es el principal macho de este grupo. De momento, él es el que manda.

Como si quisiera acentuar la verdad de la declaración, a *Marley* le dio por atacarse la cola, girando sobre sí como un enloquecido y dando mordiscos al aire, durante lo cual también dio vueltas en torno a Jenny hasta que le hubo inmovilizado las piernas con la correa. Yo sufría por ella, al tiempo que agradecía no ser quien estuviera en su lugar.

La instructora empezó la clase con el ejercicio de sentarse y echarse. Jenny ordenaba con firmeza a *Marley* que se sentara, pero el perro saltaba y le ponía las patas delanteras sobre los hombros. Cuando ella lo empujaba hacia abajo y él se echaba panza arriba para que lo acariciara, y cuando trataba de que se quedase quieto en su lugar, él cogía la correa entre los dientes y sacudía la cabeza de lado a lado como si estuviese luchando con una pitón. Era doloroso verlos.

En un momento dado, abrí los ojos y vi que Jenny estaba echada sobre el suelo, boca abajo, con *Marley* sobre ella, jadeando de felicidad. Después me dijo que había tratado de mostrar a *Marley* lo que debía hacer cuando le ordenaran que se echase sobre el suelo.

Al terminar la clase, cuando Jenny, *Marley* y yo nos íbamos, doña Mandona nos detuvo para decirnos con desprecio:

—Creo que deben ustedes controlar a este animal.

Vale, gracias por tan valioso consejo. Y pensar que nos habíamos inscrito sólo para brindar un espectáculo cómico al resto de la clase... Ni Jenny ni yo dijimos nada; sencillamente seguimos andando hacia el coche, humillados, e hicimos el viaje a casa en silencio, con la excepción de *Marley*, que jadeaba con fuerza mientras trataba de reducir el entusiasmo que le había producido su primera experiencia de una clase oficial. Por fin yo dije:

—Lo único que puedo decir es que no cabe duda de que la escuela le ha encantado.

~ Marley y yo ~

A la semana siguiente, *Marley* y yo estábamos otra vez en el aparcamiento donde daban las clases, pero sin Jenny. Cuando le sugerí que acaso yo era lo más próximo a un perro alfa que encontraríamos en nuestra casa, Jenny renunció con alegría a su breve título de ama y jefa y juró que nunca más aparecería en público. Antes de marcharnos, eché a *Marley* boca arriba, me puse encima de él y en el tono más intimidante que pude, le grité: «Yo soy el amo! ¡Tú no eres el amo! ¡El amo soy yo! ¿Lo has entendido, perro alfa?» Golpeando la cola contra el suelo, *Marley* intentó morderme las muñecas.

La lección de esa noche consistió en que *Marley* aprendiera a andar a mi lado, algo que yo quería de manera muy especial pues estaba harto de luchar con él a lo largo de todos los paseos. En una ocasión había tirado a Jenny al suelo, dejándole las rodillas ensangrentadas, cuando salió disparado tras un gato. Era hora de que aprendiese a trotar plácidamente junto a nosotros. Lo conduje con firmeza al lugar que nos habían asignado en el aparcamiento, alejándolo de todos los perros con los que nos cruzamos. Doña Mandona entregó a cada amo una cadena corta con un aro de acero en cada extremo y advirtió que eran collares de adiestramiento y que serían nuestras armas secretas para enseñar a nuestros perros a caminar sin esfuerzo alguno junto a nosotros. El diseño del collar era extraordinariamente sencillo. Cuando el animal se comportaba bien y andaba junto a su amo como debía, ejerciendo poco liderazgo sobre él, la cadena colgaba inerte del cuello del perro, pero si éste se lanzaba hacia delante o hacia uno de los lados, la cadena se tensaba en torno al cuello, asfixiándolo y obligándolo a rendirse. La instructora prometió que no pasaría mucho tiempo antes de que los perros aprendiesen a someterse a la voluntad del amo o a morir asfixiados. *Malvadamente delicioso*, pensé.

Empecé a pasar la cadena por la cabeza de *Marley*, pero él se la vio venir y la cogió entre los dientes. Le abrí la boca, se la quité y volví a intentarlo, pero él volvió a agarrarla. Los demás perros tenían ya sus cadenas puestas, y todos esperaban a que *Marley* y yo estuviésemos listos. Cogí a *Marley* por el morro y traté de pasarle la cadena por encima, pero él se echaba hacia atrás y abría la boca para atacar otra vez a la misteriosa serpiente plateada. Por último logré pasarle la cadena por encima de la cabeza, ante lo cual se echó al suelo zarandeándose y echando dentelladas a diestro y siniestro, moviendo las patas en el aire y la cabeza de lado a lado hasta que logró tener otra vez la cadena entre los dientes. Miré a la instructora y dije:

–Le gusta la cadena...

Tal como nos habían instruido, hice que *Marley* se sentase y le quité la cadena de la boca. Luego, nuevamente como nos habían instruido, le presioné la parte trasera hasta que estuvo sentado y yo de pie junto a él, con la pierna izquierda rozándole el hombro derecho. A la de tres, debía decirle «¡*Marley*, quieto!» y echarme a andar con el pie izquierdo, nunca con el derecho. Si él empezaba a perder el rumbo, una serie de correcciones menores, como pequeños tirones de la correa, lo pondrían en la buena senda.

–Clase, ¡a la de tres! –gritó doña Mandona.

Marley se movía, excitado. El objeto brillante y extraño que tenía alrededor del cuello lo tenía todo sudado. «Uno... dos... tres.»

«¡*Marley*, junto a mí!», le ordené. En cuanto di el primer paso, él salió disparado tal como sale un avión de combate desde la plataforma de un portaaviones. Tiré con fuerza de la cadena y él emitió un espantoso jadeo al tensársele en torno a la garganta. El animal se detuvo un instante, pero cuando la cadena se aflojó, la sensación de asfixia desapareció y, en el pequeño compartimiento de su cerebro dedicado a las lecciones de la vida aprendidas, se convirtieron en historia pasada. Él volvió a lanzarse hacia delante, y yo a tirar de la correa hasta que él boqueó otra vez. Y así recorrimos todo el largo del aparcamiento, *Marley* tirando hacia delante y yo hacia atrás, y cada vez con más fuerza. Él tosía y boqueaba; yo gruñía y sudaba.

La instructora ordenó a la clase que nos pusiéramos en fila y volviéramos a hacer el ejercicio. *Marley* volvió a lanzarse hacia delante como un loco, con los ojos protuberantes, estrangulándose a medida que avanzaba. Cuando llegamos al otro extremo, doña Mandona nos puso como ejemplo de cómo no había que proceder, tras lo cual me dijo con impaciencia:

—Venga, le enseñaré cómo debe hacerlo.

—Le entregué la correa y ella, con suma eficiencia, puso a *Marley* en su lugar tirando de la cadena y le ordenó que se sentara. No cabe duda de que el perro se sentó, mirando a la mujer con ansiedad. *¡Maldita sea!*

Dando un perfecto tirón a la correa, doña Mandona se puso en marcha con *Marley*, pero casi al instante él se lanzó a la carrera como si arrastrase un trineo en la famosa carrera canina de Iditarod, en Alaska. La instructora lo corrigió con fuerza, haciéndole perder el equilibrio. *Marley* se tambaleó, boqueó y volvió a emprender su alocada carrera. Daba la impresión de que le iba a arrancar el brazo a la instructora. Debería de haberme sentido avergonzado, pero lo cierto es que tuve una suerte de satisfacción que a menudo procede de la reivindicación. A ella no le iba mejor que a mí. Mis compañeros de clase sonreían con disimulo y yo estaba radiante de un orgullo perverso. *Como has visto, mi perro es terrible con todos, no sólo conmigo.*

Ahora que no era yo quien hacía el tonto, tuve que reconocer que era bastante hilarante la escena de los dos regresando por el aparcamiento al tira y afloja, doña Mandona con el entrecejo fruncido y a punto de tener una apoplejía de pura rabia y *Marley* más dichoso que nunca. La mujer tiró con furia de la correa y *Marley*, arrojando espuma por la boca, volvió a tirar en sentido contrario, disfrutando a todas luces de ese nuevo y excelente juego de echar el pulso que su maestra lo había llamado a demostrar. De pronto, *Marley* me vio y apretó el acelerador a fondo. Con un derrame supernatural de adrenalina, se dirigió hacia mí, obligando a doña Mandona a correr para evitar que la sentara de culo en el suelo. *Marley* no se detuvo hasta que estuvo sobre mí, con su habitual *joie de vivre*. Doña Mandona me lanzó una mirada con la que me comunicó que había cruzado una línea invisible tras la cual no había retorno. *Marley* había ridiculizado todo lo que ella predicaba acerca de los perros y la disciplina; la había humillado delante de todos. La mujer me entregó la correa y, volviéndose hacia los demás como si el episodio recién vivido no hubiera tenido lugar, dijo:

–Bien, señoras y señores, a la de tres...

Cuando la clase acabó, me pidió que me quedase unos minutos más. Esperé con *Marley* a que la instructora respondiese a preguntas que le hacían otros estudiantes de su clase. Cuando se hubo ido el último, se volvió hacia mí y en un tono casi conciliatorio, me dijo:

–Creo que su perro es aún un poquito joven para un curso de obediencia estructurado.

–Es muy travieso, ¿no es cierto? –dije, sintiendo que nacía una especie de camaradería entre los dos, gracias a la humillación que había compartido conmigo.

De pronto empecé a darme cuenta de adónde quería ir a parar.

–¿Está usted...

–Distrae a los demás perros.

–... tratando de decirme...

–El animalito es demasiado excitable.

–... que nos echa de la clase?
–Pero puede volver a traerlo dentro de unos seis u ocho meses.
–¿Así que nos echa?
–Puedo devolverle todo el dinero.
–Nos echa usted.
–Sí. Los echo –dijo finalmente.

Marley, como si se hubiera enterado, levantó la pata y largó un río de orina que no fue a parar a los pies de su amada instructora por una cuestión de centímetros.

A veces, un hombre debe enfadarse para ponerse serio. Doña Mandona me había hecho enfadar. Yo tenía un labrador retriever hermoso, de pura raza, un orgulloso miembro de la raza más famosa por su capacidad para guiar a los ciegos, rescatar víctimas de desastres, ayudar a los cazadores y coger peces en aguas borrascosas, todo con una tranquila inteligencia. ¿Cómo se atrevía esa mujer a excluirlo de sus clases tras sólo dos lecciones? Es cierto que era un animal muy animado, pero no tenía más que buenas intenciones. Yo iba a demostrarle a esa insufrible engreída que *Grogan's Majestic Marley of Churchill* no se daba por vencido así como así. ¡Ya volveríamos a vernos las caras con esa mujer!

Lo primero que hice a la mañana siguiente fue salir al jardín de atrás con *Marley*. «Nadie echa a los chicos Grogan de la escuela de obediencia», le dije. «Conque no puede ser adiestrado, ¿no? Pues ya veremos si es adiestrable o no. ¿No es cierto?» *Marley* pegó unos cuantos saltos. «Podemos lograrlo, ¿no, *Marley*?» Él se contoneó. «¡No te oigo! ¿Podemos lograrlo?» *Marley* aulló. «Eso está mejor. Ahora, manos a la obra.»

Empezamos con la orden de sentarse que veníamos practicando desde que *Marley* era pequeñito y a la que respondía bastante bien. Me puse encima suyo y, con mi mejor aspecto de líder, le ordené que se sentara con voz calma pero firme. *Marley* se sentó y yo lo alabé. Repetimos el ejercicio varias veces. Después comenzamos con la orden de tumbarse, otro que veníamos practicando. *Marley*, estirando el cuello, me miraba a los ojos con atención y esperaba mi orden. Levanté una mano lentamente hacia arriba y allí la sostuve mientras él esperaba la orden. Bajándola de repente, hice chasquear los dedos, apunté hacia abajo y dije: «¡Abajo!» *Marley* se dejó caer sobre el suelo con estruendo. Si le hubiese estallado un mortero detrás, no se habría echado con más gusto. Jenny, que estaba sentada en el porche con su café, también lo notó y le gritó: «¡Ojo que viene otro!»

Después de dejarse caer varias veces sobre el patio, decidí probar la orden de acercarse cuando se lo llama. Mientras *Marley* y yo nos mirábamos, extendí la mano mostrándole la palma y la mantuve así delante de mí, como un agente de policía deteniendo el tráfico. «¡Quieto!», dije, y di un paso hacia atrás. Él estaba inmóvil, mirando con ansiedad, esperando la más mínima señal de que podía venir hacia mí. Cuando di el cuarto paso hacia atrás, *Marley* no aguantó más y vino hacia mí a toda velocidad, estrellándose contra mis piernas. Lo regañé y volví a intentarlo otra vez, y otra, y otra. Cada vez me permitía alejarme más antes de lanzarse hacia donde yo estaba. Pasado un rato logré llegar a unos quince metros de distancia con la palma extendida aún hacia él. Allí me detuve y esperé. Él estaba sentado y temblaba todo de pura anticipación. Se notaba cómo aumentaba la energía de su cuerpo; era como un volcán listo para erupcionar. Pero se aguantó. Conté hasta diez, pero *Marley* no se movió. Tenía los ojos clavados en mí y los músculos tensos. *Vale, es suficiente tortura*, pensé. Dejé caer la mano y grité: «¡*Marley*, ven!»

Cuando salió disparado, me puse en cuclillas y lo aplaudí para animarlo. Pensé que se lanzaría a correr por todo el jardín, pero enfiló directamente hacia mí. *¡Perfecto!*, pensé. «¡Venga chaval, venga!», dije. ¡Y vaya si vino...! Cuando vi que se dirigía hacia mí, le grité: «¡Más despacio, chico!», pero él siguió su camino. «¡Más despacio!» Pero se aproximaba a mí con esa mirada vacía, enloquecida, y un instante antes de que me embistiera supe que el piloto había abandonado el timón. Fue como la desbandada de un solo perro. Tuve el tiempo justo para gritarle una última e inútil orden, «¡PARA!», antes de que me embistiese y me tumbase boca arriba con fuerza sobre el suelo. Unos segundos después, cuando abrí los ojos, vi que, tras apoyar las cuatro patas sobre mi cuerpo, se había echado sobre mi pecho y me lamía la cara con desesperación. *¿Qué tal, jefe, cómo lo hice?* Desde el punto de vista técnico, *Marley* había seguido las órdenes con exactitud. Después de todo, yo no le había dicho nada de detenerse cuando llegara junto a mí.

«Misión cumplida», dije con un gruñido.

Jenny se asomó por la ventana de la cocina y nos gritó:

–Me voy a trabajar. Cuando acabéis de haceros mimos, no os olvidéis de cerrar las ventanas. Dicen que lloverá esta tarde.

Le di una galleta al *linebacker** canino, después me duché y también me fui a trabajar.

Por la noche, cuando llegué a casa encontré a Jenny esperándome en la puerta principal, y supe que estaba molesta por algo.

–Ve a mirar en el garaje –dijo.

Abrí la puerta del garaje y lo primero que vi fue a *Marley* desanimado, echado sobre su alfombra. En esa imagen instantánea alcancé a ver que no tenía bien las patas delanteras ni el hocico. En lugar del color amarillo claro de siempre, las patas y el hocico

---

* Nombre que reciben los hombres que forman la primera línea de defensa en el juego de fútbol estadounidense. *(N. de la T.)*

eran de color marrón oscuro: estaban cubiertos de sangre seca. Aparté la mirada de él y cuando vi el garaje, contuve el aliento. Nuestro búnker indestructible estaba en ruinas. Las alfombritas que le habíamos puesto allí para que no se echara directamente sobre el suelo estaban hechas trizas, la pintura había sido arrancada de las paredes con las uñas y la tabla de planchar estaba tirada en el suelo, con la cubierta de tela hecha jirones. Lo peor de todo era la puerta en la cual yo estaba de pie: parecía haber sido atacada con una máquina trituradora. Había trocitos de madera esparcidos en un semicírculo de unos tres metros de ancho en torno a la puerta, que había sido perforada casi hasta el otro lado. De la parte inferior de la jamba de la puerta faltaba casi un metro y no se la veía por ninguna parte. Donde *Marley* se había lastimado las patas y el hocico había manchas de sangre. «¡Qué barbaridad!», dije, movido más por el asombro que por la ira. Mi mente evocó a la pobre señora Nedermier y el crimen de la sierra en la casa de la acera de enfrente. Tuve la sensación de encontrarme en la escena de un crimen.

De pronto oí la voz de Jenny que venía de atrás.

–Cuando vine a almorzar, todo estaba bien –dijo–. Pero me di cuenta de que iba a llover.

Después, cuando llegó a su despacho, se desató una tormenta muy fuerte, con una cortina de agua, unos rayos potentes y abundantes y unos truenos tan poderosos que casi podían sentirse sobre el pecho.

Cuando Jenny llegó por la tarde, *Marley*, en medio de los restos de su desesperado intento de escaparse, estaba totalmente cubierto de sudor producido por el pánico. Su aspecto era tan patético, que Jenny no había podido regañarlo. Además, el incidente ya había pasado, y él no tendría la más mínima idea de por qué lo regañaban. Pero Jenny estaba tan apenada por el desenfrenado ataque que había sufrido nuestra casa nueva, la casa en la que habíamos trabajado tanto, que no tuvo el coraje de lidiar ni con ello ni con el perro. «¡Ya verás lo que te ocurrirá cuando llegue tu padre!», le había dicho de forma amenazadora, antes de cerrarle la puerta en las narices.

Mientras cenábamos, tratamos de poner en perspectiva lo que decidimos llamar «la salvajada». Todo lo que pudimos imaginarnos fue que cuando se desató la tormenta, *Marley*, solo y aterrorizado, decidió que lo mejor que podía hacer para salvar su vida era empezar a cavar un pasadizo hacia el interior de la casa. Es probable que respondiera a algún antiguo instinto de reclusión ante el peligro de su ancestro, el lobo. Y acometió su objetivo con una eficiencia tan entusiasta que yo habría considerado imposible lograr sin la ayuda de una maquinaria pesada.

Cuando acabamos de lavar y secar los platos, Jenny y yo fuimos al garaje donde *Marley*, que ya se había recuperado, cogió uno de sus juguetes de goma y empezó a moverse en torno a nosotros, procurando que jugásemos un poco con él. Yo lo sostuve, mientras Jenny le quitaba la sangre del cuerpo con una esponja. Luego se quedó mirándonos, sin dejar de mover la cola, mientras limpiamos todo los destrozos. Tiramos a la basura las alfombritas y la cubierta de la tabla de planchar, barrimos los restos de la puerta, limpiamos la sangre que *Marley* había dejado en las paredes e hicimos una lista del material que tendríamos que comprar en la ferretería para reparar todos los daños, los primeros de los muchos que habría de reparar a lo largo de su vida. *Marley* parecía estar encantado con nosotros allí, echándole una mano en sus intentos de remodelación. «No hace falta que te muestres tan contento», le dije, y lo metí en la casa para pasar la noche.

9. De lo que están hechos los machos

Todo perro necesita un buen veterinario, un profesional preparado que pueda mantenerlo sano, fuerte e inmunizado contra las enfermedades. Y también lo necesita todo dueño de un perro, básicamente por los consejos, la seguridad y la enorme cantidad de recomendaciones gratuitas que brindan los veterinarios durante la consulta. Cuando empezamos a buscar uno para *Marley*, tuvimos algunos tropezones. Uno era tan esquivo que al único que vimos fue a su ayudante adolescente; otro era tan viejo, que yo estaba convencido de que no podía diferenciar a un chihuahua de un gato y el tercero no cabía duda de que se inclinaba por atender a los perros de adorno, que caben en la palma de una mano, de las ricas herederas de Palm Beach. Pero un día dimos por fin con el veterinario con que soñábamos. Se llamaba Jay Butan –doctor Jay, para quienes lo tratábamos con confianza– y era joven, listo, concienzudo y extraordinariamente bondadoso. El doctor Jay comprendía a los perros al igual que los mejores mecánicos comprenden a los coches, de forma intuitiva. Era evidente que adoraba a los animales, pero no por eso dejaba de tener una sana conciencia del papel que éstos desempeñan en el mundo de los humanos. Durante los primeros meses lo abrumamos, consultándole hasta las más tontas nimiedades. Cuando a *Marley* le aparecieron unas manchas rugosas en los codos, temí que tuviera una enfermedad cutánea rara y que, a nuestro juicio, podía ser contagiosa. Tranquilos, dijo el doctor Jay, ésos son callos que se producen por estar echado sobre el suelo. Un día, *Marley* bostezó y le vi una mancha de color púrpura en la base de la lengua. *¡Dios mío, tiene cáncer!*, pensé. Un sarcoma de Kaposi en la boca. Pero el doctor Jay nos tranquilizó, diciendo que era una marca de nacimiento.

Una tarde estábamos Jenny y yo en la consulta del doctor Jay para hablar de la neurosis cada vez más profunda de *Marley* respecto de las tormentas. Habíamos tenido la esperanza de que el episodio de la trituradora en el garaje fuera una aberración aislada, pero había sido el comienzo de lo que llegaría a convertirse en una conducta fóbica e irracional que le duraría toda la vida. Pese a la reputación de los labradores como excelentes perros de caza, a nosotros nos había tocado uno que se aterrorizaba ante el estallido de cualquier cosa que superase el descorche de una botella de champán. A *Marley* lo aterrorizaban por igual los fuegos artificiales, los tubos de escape de los coches y los tiros de las armas de fuego. Los truenos eran, en sí mismos, un terror añadido. Incluso una tormenta en ciernes ponía a *Marley* fuera de sí. Si Jenny y yo estábamos en casa, se pegaba a nosotros, temblando y babeando de forma incontrolada, con la mirada intranquila, las orejas bajas y la cola entre las patas, pero si estaba solo se volvía destructivo, destruyendo todo lo que se interpusiera entre él y un supuesto lugar que le diera seguridad. Una vez, Jenny llegó a casa cuando se aproximaba una tormenta y encontró a *Marley* trepado a la lavadora, contoneándose desesperado al tiempo que rascaba las uñas sobre la tapa esmaltada. Nunca llegamos a saber cómo llegó allí ni, en primer lugar, el porqué. Por tanto, sacamos en conclusión que, si las personas pueden cometer locuras, también pueden cometerlas los perros

El doctor Jay puso un frasco de píldoras en mi mano y me dijo: «No dude en utilizarlas.» Eran sedantes que, a fin de parafrasearlo, «reducirán la ansiedad de *Marley*», a lo que añadió que esperaba que, con la ayuda de ellas, *Marley* pudiera lidiar de manera más racional con las tormentas, hasta llegar a darse cuenta de que no eran más que un montón de ruido inocente. El doctor Jay nos dijo que la ansiedad producida por los truenos no era inusual en los perros, especialmente en Florida, donde grandes tormentas atraviesan la península casi todas las tardes en los calurosos meses del verano. *Marley* olió el frasco que yo tenía en la mano, al parecer anhelante por iniciar una vida marcada por la dependencia de los fármacos.

El doctor Jay empezó a acariciarle el cuello a *Marley*, frunciendo los labios como quien tiene algo que decir y no sabe cómo hacerlo. Por fin dijo:

–Supongo que querrán sopesar con seriedad la posibilidad de neutralizarlo.

–¿Neutralizarlo? –repetí–. Quiere usted decir... –balbuceé, mirando el enorme par de testículos –dos globos cómicamente grandes– que le colgaban entre las piernas traseras.

El doctor Jay también los miró y movió la cabeza. Debí de haber cerrado los ojos e incluso asirme a algo, porque añadió rápidamente:

–De hecho, es un procedimiento indoloro y se sentirá muchísimo más cómodo. El doctor Jay conocía todos los retos que presentaba *Marley*. Era nuestro consultor para todo lo referente a *Marley* y estaba al tanto de los desastrosos ejercicios de obediencia, las tontas travesuras, su capacidad destructora y su hiperactividad. Y últimamente, *Marley*, que ya tenía siete meses, había empezado a montar sobre todo lo que se moviera, incluidos nuestros invitados a cenar–. Le quitaré toda esa nerviosa energía sexual y lo convertiré en un perro más feliz, más tranquilo –dijo el doctor Jay, prometiendo que no menguaría su animada exuberancia.

–Dios, no lo sé –dije–. Parece algo tan... definitivo.

Jenny, sin embargo, no tuvo ningún reparo.

–¡Cortémosle las pelotas esas! –fueron sus palabras.

–¿Y qué pasa con la idea de que conciba una camada? –pregunté–. ¿Quién heredará su sangre?

Yo veía desfilar frente a mis ojos las potenciales y lucrativas ganancias por alquilar a *Marley* como semental.

El doctor Jay pareció escoger otra vez las palabras con sumo cuidado.

–Creo que debe usted ser realista a ese respecto. *Marley* es una excelente mascota, pero no creo que tenga las credenciales suficientes para ser requerido como semental –dijo.

El veterinario se mostró todo lo diplomático que pudo, pero la expresión de su cara lo delató, ya que parecía querer gritar: *¡Vaya por Dios! ¡Hay que detener este error genético a toda costa, por el bien de las futuras generaciones!*

Le dije que nos lo pensaríamos y, pertrechados de las nuevas dosis de fármacos que le modificarían el carácter, nos fuimos a casa.

A la vez que deliberábamos sobre librar a *Marley* de su masculinidad, Jenny sometía mi masculinidad a unas exigencias sin precedente alguno. El doctor Sherman le había dado el visto bueno para que volviese a intentar quedarse embarazada, y ella lo había aceptado con la misma obsesión que un atleta olímpico. Lejos estaban los días en que sencillamente guardamos las píldoras anticonceptivas y dejamos que sucediera lo que tuviera que suceder.

En la guerra de la inseminación, Jenny había optado por la ofensiva, pero para eso me necesitaba a mí, un aliado clave que controlaba el flujo de las municiones. Al igual que la mayoría de los hombres, a partir de los quince años yo había estado siempre tratando de convencer al sexo opuesto de que era un estupendo compañero de cama, y por fin había encontrado a alguien que estaba de acuerdo conmigo. Debería de haber estado fascinado, ya que por primera vez en mi vida una mujer me deseaba más que yo a ella. Era como estar en un paraíso masculino. Se habían acabado los ruegos, las humillaciones. Como le ocurría a los mejores sementales caninos, por fin yo estaba en demanda. Debería de haberme encontrado en un estado de éxtasis, pero de pronto todo aquello me pareció una obligación, y estresante. No era un buen revolcón en la cama lo que Jenny quería de mí, sino un bebé. Y eso significaba que yo tenía que quedar bien. Era un asunto serio, y así fue como el más dichoso de los actos se convirtió de la noche a la mañana en un ejercicio clínico que implicaba verificar la temperatura basal, el calendario menstrual y los gráficos de ovulación. Tuve la sensación de estar al servicio de la Reina.

Era todo tan excitante como una auditoría de Hacienda. Como Jenny estaba acostumbrada a que yo respondía a la menor insinuación, supuso que aún regían las mismas normas. Pero la situación me resultaba estresante. Por poner un ejemplo, digamos que yo estaba arreglando el triturador de la basura, que se había atascado, cuando se presentaba Jenny, calendario en mano, para decir: «Tuve mi última regla el dieciséis, lo que significa... –y se ponía a contar a partir desde ese día– que tenemos que hacerlo... ¡AHORA!»

Los hombres de la familia Grogan nunca han manejado bien la presión, y yo no era la excepción. Sólo fue una cuestión de tiempo para que padeciera la última de las humillaciones masculinas: no funcionar. Perdí la confianza en mí mismo y, con ello, las ganas. Si había sucedido una vez, yo sabía que volvería a suceder. Y el fracaso se convirtió en una profética realidad. Cuanto más me preocupaba el cumplimiento de mi deber marital, menos podía relajarme y hacer lo que siempre había hecho con toda naturalidad. Suspendí todas las muestras de afecto, a fin de no llenar la cabeza de Jenny de ideas erróneas, y empecé a vivir con el miedo mortal de que mi mujer me pidiese que le quitase la ropa e hiciera lo que quisiese con ella. Comencé a pensar que, después de todo, no era mala la idea de pasar mi vida futura en un monasterio remoto, practicando el celibato.

Pero Jenny no estaba dispuesta a rendirse con facilidad. Ella era la cazadora y yo, la presa. Una mañana, estando yo en mi despacho del diario de West Palm Beach, a sólo diez minutos de casa, Jenny me llamó desde su oficina para proponerme que comiéramos juntos en casa. *¿Quieres decir solos? ¿Sin carabina?*

–O quizá en un restaurante –sugerí. En un restaurante atiborrado de gente, de preferencia con algunos compañeros de trabajo, y también con nuestras respectivas suegras.

–Vamos..., será divertido –dijo ella. Luego bajó la voz y añadió susurrando–: Hoy es un buen día. Creo... que... estoy..., ovulando.

Sus palabras me produjeron un escalofrío. *No, Dios mío. No la palabra esa que empieza con o...* Y cayó sobre mí toda la presión. Había llegado la hora de funcionar o morir, o para ser más literales, de elevarme o caer. *Por favor, no me obligues...* quería rogarle yo por teléfono, pero en su lugar dije:

–Vale. ¿Te va bien a las doce y media?

Cuando abrí la puerta de casa encontré a *Marley* que, como siempre, había acudido a saludarme, pero no vi a Jenny por ninguna parte. La llamé y me respondió:

–Estoy en el baño. Salgo en un segundo.

Abrí el correo, para matar el tiempo, con una sensación de condena, la misma que me imagino que debe tener la gente que espera los resultados de una biopsia.

–Hola, guapetón —dijo una voz a mis espaldas. Cuando me giré vi a Jenny de pie, luciendo dos reducidos trocitos de seda. Podía vérsele el estómago, liso, por debajo del trocito de tela superior que colgaba de forma precaria de dos tiras imposiblemente delgadas que descendían por sus hombros. Sus piernas nunca me habían parecido tan largas–. ¿Te gusta cómo me queda? –preguntó, con los brazos a los lados del cuerpo.

¿Que si me gustaba....? ¡Tenía un aspecto increíble...! Para dormir, Jenny siempre escogía ropa cómoda, tipo camiseta de colonia de verano, y me di cuenta de que se sentía un poco tonta con esa prenda tan seductora, pero que estaba teniendo el efecto deseado.

Jenny se metió en el dormitorio, y yo detrás de ella. Pronto estábamos en la cama, abrazados. Cerré los ojos y sentí que mi antiguo amigo se movía. Volvía la magia. *Puedes hacerlo, John.* Traté de pensar en las cosas más impuras posibles. *¡Esto va a salir bien!* Mis dedos lucharon con esas tiritas insustanciales que llevaba en los hombros. *Tranquilo John. No te apresures.* De pronto pude sentir su aliento cálido y húmedo en mi cara. Y pesado. Cálido, húmedo y pesado. *¡Muuuuyyy atrayente!*

Pero ¿qué era ese olor? Había algo en su aliento..., algo familiar, a la vez que extraño, no exactamente desagradable, pero tampoco seductor. Yo conocía el olor, pero no podía decir de dónde. Y titubeé. *¿Qué haces pedazo de idiota? ¡Olvídate del olor y concéntrate, hombre! ¡Concéntrate!* Pero ese olor... No me lo podía quitar de la cabeza. *Te estás distrayendo, John. No te distraigas.* ¿Qué decías? ¡Que no te distraigas! La curiosidad se adueñaba de mí. *Déjalo estar, tío.¡Déjalo!* Empecé a oler el aire. Era algo de comer. Sí, eso es lo que era. Pero ¿qué? No eran galletas ni patatas fritas de paquete, y tampoco era atún. Casi, casi lo tenía. Era... ¿Milk-Bones?*

Sí. Milk-Bones. Eso es lo que era. *Pero ¿por qué?* Me quedé pensando en ello y, de hecho, oí una vocecita que me hacía la pregunta... *¿Por qué ha estado Jenny comiendo Milk-Bones?* Y además podía sentir su aliento sobre mi cuello... ¿Cómo era posible que estuviera besándome el cuello a la vez que respiraba frente a mí? No hice ninguna...

¡Oh..., Dios... mío!

Abrí los ojos y a escasos centímetros de mi cara, tapándome todo el campo de visión, vi la enorme cabeza de *Marley*. Tenía el mentón apoyado sobre la cama, jadeaba como un loco y mojaba las sábanas con su baba. Tenía los ojos entreabiertos, rezumando amor. «¡Malo! –grité, retrocediendo–. ¡No! ¡no! ¡Ve a acostarte! –le grité frenéticamente–. ¡Ve a acostarte! ¡Échate en tu lugar!» Pero era demasiado tarde. La magia había desaparecido. Había vuelto el monasterio.

¡Descanso, soldado!

Al día siguiente concerté una cita para llevar a *Marley* a que le quitaran los huevos. Pensé que si yo no iba a practicar el sexo el resto de mi vida, él tampoco. El doctor Jay me dijo que podíamos dejarlo en la consulta cuando fuéramos a trabajar y recogerlo por la tarde, cuando volviéramos a casa. Y eso fue lo que hicimos una semana después.

Mientras Jenny y yo nos preparábamos para salir, *Marley*

---

* Nombre comercial de unas galletas para perros, ricas en leche, con forma de hueso. *(N. de la T.)*

iba de una pared a otra como si fuese una bola de billar. Para él, todo viaje era bueno; no le importaba adónde fuéramos ni cuánto tiempo tardásemos. ¿Hay que sacar la basura? *¡Ningún problema!* ¿Hay que ir al colmado de la esquina a comprar leche? *¡Yo también voy!* De pronto, empecé a tener ataques de culpa. El pobrecito no tenía la menor idea de lo que le esperaba. Mientras él confiaba en que haríamos lo correcto, nosotros planeábamos en secreto su castración. ¿Acaso era posible ser más traicionero?

«Ven –le dije, echándolo sobre el suelo y rascándole la barriga con fuerza–. No será tan malo como parece. Ya verás. El sexo está muy sobrevalorado.» Ni siquiera yo, que acababa de salir de una serie de malos tragos en las dos últimas semanas, creía lo que le decía. ¿A quién engañaba? El sexo era grandioso, era algo increíble, y el pobre perro se iba a perder el placer más grande del mundo. Pobrecito. Me sentí terriblemente mal.

Y peor me sentí cuando silbé para que se dirigiera a la puerta, tras lo cual se subió al coche con plena fe ciega en que nunca le haría daño. Él siempre estaba listo para correr la aventura que a mí me diera la gana. Jenny condujo el coche y yo me senté a su lado. Como era habitual, *Marley* apoyó las dos patas delanteras sobre la consola y la nariz, en el espejo retrovisor. Cada vez que Jenny frenaba, él se daba contra el parabrisas, pero no parecía importarle. Estaba de paseo con sus dos grandes amigos. ¿Qué placer más grande podía depararle la vida?

Bajé un poco mi ventanilla, y *Marley* empezó a inclinarse hacia mi lado, en un intento de olisquear los olores que venían de la calle. Pronto se abrió paso hacia mí, se sentó en mi regazo y asomó el hocico por la estrecha apertura de la ventanilla con tal determinación que, cada vez que inhalaba, dejaba escapar algo similar a un ronquido. *¿Y por qué no dejarlo?* Eso fue lo que me pregunté. Éste era su último viaje como miembro completo del género masculino, así que lo menos que podía hacer por él era brindarle un poco de aire fresco. Bajé más la ventanilla, lo suficiente para que él pudiera asomar todo el hocico. Disfrutaba tanto de la sensación, que bajé aún más la ventanilla, por lo que enseguida pudo asomar la cabeza entera. El aire le movía las orejas y la lengua le colgaba inerte, como si se hubiera emborrachado con el éter de la ciudad. ¡Qué feliz estaba!

Cuando cogimos la autovía de Dixie, le dije a Jenny lo mal que me sentía por lo que lo íbamos a hacer pasar. Ella empezó a decirme algo que sin duda tenía la intención de quitarme la pena cuando vi, con más curiosidad que alarma, que *Marley* había sacado las dos patas delanteras por la ventanilla medio abierta y ahora también tenía el cuello y la parte superior de los hombros colgando fuera del coche. Sólo le faltaban los anteojos y una bufanda de seda para parecer uno de esos ases de la aviación de la Primera Guerra Mundial.

–John, me está poniendo nerviosa –dijo Jenny.

–*Marley* está bien –respondí–. Sólo quiere tomar un poco de...

En ese mismo instante, dejó ir las patas delanteras fuera del coche y resbaló hasta que los sobacos le quedaron apoyados sobre el borde inferior de la ventanilla.

–¡John, cógelo! ¡Cógelo!

Antes de que yo pudiera hacer algo, *Marley* empezó a resbalarse por la ventanilla del coche en movimiento, con la cola en el aire y moviendo frenéticamente las patas traseras en busca de algo de que asirse. ¡*Marley* se escapaba de la cárcel...! Cuando el resto del cuerpo se deslizó frente a mí, traté de agarrarlo, pero sólo pude cogerle la punta de la cola con la mano izquierda, por lo cual *Marley* quedó boca abajo. Jenny intentaba frenar el coche en medio del pesado tráfico. *Marley* tenía ya todo el cuerpo fuera del coche, colgando de la cola que yo apenas seguía cogiéndole, pues tenía el cuerpo torcido de manera tal que no podía usar la otra mano. Mientras tanto, *Marley* trotaba frenéticamente con las dos patas delanteras sobre el pavimento, junto al coche.

Jenny logró detener el coche por completo en la vía de la derecha, con una pila de coches detrás que no dejaban de tocar las bocinas.

–¿Y ahora qué hago? –grité.

Yo estaba atascado. No podía entrar a *Marley* por la ventanilla y no me atrevía a dejarlo libre, porque con toda seguridad se pondría delante de uno de los tantos conductores furiosos que se movían en torno a nosotros. No iba a soltarle la cola, aunque en ello me fuera la vida y me quedase para siempre con la cara aplastada contra el cristal, a pocos centímetros del palpitante y gigantesco escroto de *Marley*.

Jenny puso las luces intermitentes y corrió hacia mi lado del coche, donde cogió a *Marley* y lo sostuvo de la correa hasta que pude salir y ayudarla a subirlo de nuevo al coche. Nuestro dramita se había desarrollado justo enfrente de una gasolinera y, cuando Jenny puso la marcha atrás, vi que todos los mecánicos habían salido para no perderse el espectáculo. Se reían con tantas ganas, que pensé que se mearían encima.

–¡Gracias, tíos! –les grité–. Me alegro de haberos animado la mañana.

Cuando llegamos a la clínica, llevé a *Marley* bien sujeto de la correa por si intentaba hacer otro de sus numeritos. Yo ya no tenía sentido de culpa alguno y mi resolución era más firme. «De ésta no te libras, eunuco», le dije. *Marley* echaba pestes e intentaba salirse de la correa para olisquear a los demás animales. En la sala de espera se las ingenió para aterrorizar a un par de gatos y tirar al suelo un mostrador lleno de panfletos. Cuando se lo entregué al asistente del doctor Jay, le dije:

—Sacudidle bien el polvo.

Esa tarde, cuando lo recogí, *Marley* era un perro nuevo. Estaba dolorido por la operación y se movía con sigilo. Tenía los ojos enrojecidos y caídos por la anestesia y aún estaba un poco mareado. Y donde con tanto orgullo habían colgado aquellas magníficas joyas de la corona, no había nada. Sólo un pequeño pliegue de piel. La irreprimible sangre de *Marley* había llegado a su fin de manera oficial y permanente.

10. La suerte de los irlandeses

Nuestras vidas estaban cada vez más determinadas por el trabajo. Trabajo en los diarios, trabajo en casa, trabajo en el jardín, trabajo para que Jenny quedase embarazada y, lo que era casi en sí un trabajo a tiempo completo, criar a *Marley*. En muchos sentidos, *Marley* era como una criatura, ya que requería del tiempo y la atención que necesita un crío, y así nosotros íbamos enterándonos de la responsabilidad que nos esperaba si decidíamos tener hijos, aunque de forma limitada. Sin embargo, incluso para una pareja ignorante de lo que significaba ser progenitores, estábamos seguros de que no pondríamos los chicos en el garaje con un bol de agua cuando nos fuéramos a trabajar.

No habíamos cumplido nuestro segundo aniversario y ya sentíamos el peso de la vida responsable, madura, de casados. Necesitábamos irnos a alguna parte. Necesitábamos unas vacaciones, los dos solos, lejos de las obligaciones de nuestra vida cotidiana. Así las cosas, una noche sorprendí a Jenny con dos pasajes para ir a Irlanda por tres semanas. No habría ni itinerarios, ni visitas turísticas guiadas, ni lugares que no pudiéramos dejar de conocer. Sólo tendríamos un coche alquilado, un mapa de carreteras y una guía de posadas donde dormir y desayunar.

El solo hecho de tener los pasajes en la mano nos quitó un peso de encima.

Pero primero teníamos que repartir unas cuantas tareas, entre las que *Marley* figuraba en el primer puesto. Descartamos con rapidez ponerlo en una residencia canina. Era demasiado joven, demasiado nervioso, demasiado hiperactivo para tenerlo encerrado en un cubil durante veintitrés horas al día. Tal como había predicho el doctor Jay, caparlo no había reducido un ápice la exuberancia de *Marley*, así como tampoco le había afectado el nivel de energía ni el loco comportamiento. Con la excepción de que ya no mostraba interés alguno por montar objetos inanimados, *Marley* seguía siendo la misma bestia enloquecida. También era demasiado salvaje –e impredeciblemente destructivo cuando era presa del pánico– como para dejarlo en casa de algún amigo, e incluso en la de un enemigo. Lo que necesitábamos era un canguro que se quedara en casa. Era obvio que, dados los desafíos especiales que suponía el trato con *Marley*, quien lo cuidase no podía ser cualquiera, sino alguien responsable, confiable, *muy* paciente y lo bastante fuerte para sujetar a un labrador retriever dispuesto a correr.

Hicimos una lista de todos los amigos, vecinos y compañeros de trabajo de que pudimos acordarnos y luego, según sus características, fuimos tachando sus nombres. Demasiado juerguista. *Fuera*. Demasiado despistado. *Fuera*. Con aversión a las babas de perros. *Fuera*. Demasiado débil para controlar a un daschshund, mucho menos a un labrador. No dispuesto a recoger las cacas de los perros. *Fuera*. Al fin nos quedó un solo nombre. Kathy trabajaba en mi oficina, era soltera y no tenía obligaciones. Se había criado en la zona rural del Medio Oeste, quería a los animales y soñaba con que algún día podría cambiar su piso por una casa con jardín. Kathy era atlética y le gustaba dar paseos andando. Es cierto que era tímida y un poco cobarde, lo que le dificultaría imponer su voluntad sobre la del gran jefe *Marley*, pero fuera de eso parecía la persona perfecta. Y lo mejor de todo fue que aceptó la tarea.

La lista de instrucciones que le preparé no era menos detallada que si dejásemos a su cuidado a una criatura muy enferma. El Memorando de *Marley* acabó ocupando seis páginas a un espacio simple, entre lo que figuraba lo que sigue:

ALIMENTOS: *Marley* come tres veces al día, una dosis de dos tazas cada vez. La taza de medir las dosis está dentro de la bolsa. Por favor, dale de comer por la mañana, cuando te levantes, y por la noche, cuando regreses del trabajo. Los vecinos se encargarán de darle la comida del mediodía. *Marley* come un total de seis tazas de su alimento al día, pero si te parece que se ha quedado con hambre, dale una taza extra. Como sabes, toda esa comida tiene que ir a parar a algún lado. Véase PATRULLA DE CACAS más adelante.

VITAMINAS: Todas las mañanas damos a *Marley* una tableta de vitamina PetTab. La mejor forma de hacerlo es tirarla al suelo y simular que no debe comérsela. Si cree que está prohibido comerla, se la zampará sin problemas. Si por alguna razón, el procedimiento no funciona, puedes ponérsela dentro de una galleta, disfrazándola.

AGUA: Cuando hace calor, es importante que tenga mucha agua fresca a mano. Nosotros le cambiamos el agua que hay junto a su bol de comida una vez al día y si bebe mucha, le agregamos lo que haga falta. Precaución: a *Marley* le gusta meter el hocico en el agua y jugar al submarino, con lo cual lo salpica todo. También su papada contiene una cantidad asombrosa de agua, que él empieza a esparcir en cuanto se aparta del bol del agua. Si lo dejas, se limpiará la boca en tu ropa o en los sillones. Una cosa más: Por lo general, cuando acaba de beber mucha agua se sacude, por lo que su saliva va a parar a las paredes, las pantallas de las lámparas, etc. Nosotros tratamos de limpiarlo todo antes de que se seque, ya que después es casi imposible quitarlo.

PULGAS Y GARRAPATAS: si notas que tiene alguna de estas cosas, puedes combatirlas con el aerosol que dejamos para el efecto. También dejamos un insecticida que se puede echar en las alfombras, etc., si crees que hay algún problema en ese sentido. Las pulgas son pequeñas y rápidas, y difíciles de coger, pero hemos descubierto que rara vez muerden a los humanos, así que no creo que debas preocuparte. Las garrapatas son más grandes y lentas y a veces le encontramos alguna a *Marley*. Si le ves alguna, y no sientes asco, cógela y aplástala en un trozo de papel (quizá tengas que usar las uñas, pues son increíblemente duras) o échala en el fregadero o en la traza del baño (la mejor opción si es que está hinchada de sangre). Es probable que hayas leído que las garrapatas causan la enfermedad de Lyme en los seres humanos y toda una serie de problemas de salud, pero varios veterinarios me han asegurado que aquí en Florida son muy pocas las posibilidades de coger la enfermedad de Lyme. Para asegurarte mejor, lávate bien las manos después de tocar una garrapata. La mejor forma de quitarle una a *Marley* es darle un juguete que pueda ponerse en la boca, así está ocupado, y luego cogerle con una mano el trocito de piel donde tiene la garrapata y usar la otra como una pinza para extraérsela. Y hablando de eso..., si *Marley* empieza a oler mal, puedes darle un baño en la pequeña piscina que hay en el jardín de atrás (exclusivamente para tal fin), pero ponte el traje de baño. ¡Te mojarás!

OREJAS: Las orejas de *Marley* tienden a llenársele de cera y, si no se las limpia, pueden producirle infecciones. Durante nuestra ausencia, quítale una o dos veces toda la cera que puedas utilizando una bola de algodón y la solución azul para limpiar orejas. El procedimiento es bastante sucio, así será mejor que te pongas ropa vieja cuando lo apliques.

PASEOS: Si *Marley* no sale a dar su paseo por la mañana, tiende a portarse bastante mal en el garaje. Por tu propio bien, quizá quieras sacarlo a pasear también antes de acostarte. Para sacarlo a pasear ponle el collar estrangulador, pero nunca se lo dejes puesto cuando no estés con él. Podría asfixiarse, y conociendo a *Marley* como lo conozco, seguro que se asfixia.

ÓRDENES BÁSICAS: Sacarlo a pasear es mucho más fácil si logras que vaya junto a tus pies. Siempre comienza con él sentado a tu izquierda y luego dándole la orden: «¡*Marley*, quieto!, tras lo cual debes echar a andar con el pie izquierdo. Si trata de lanzarse hacia delante, dale un tirón seco a la correa. Por lo general, eso funciona (¡Ha asistido a una escuela de adiestramiento!). Si no tiene puesta la correa, suele obedecer con facilidad a la orden de «¡*Marley*, ven!». Nota: Será mejor que estés de pie, y no en cuclillas, cuando lo llames.

TORMENTAS: *Marley* tiende a asustarse un poco cuando hay tormentas o incluso cuando llueve ligeramente. Los sedantes (las píldoras amarillas) están en el armario, junto a las vitaminas. Será suficiente darle una píldora cada treinta minutos antes de que se desate la tormenta (te convertirás en meteoróloga en un abrir y cerrar de ojos). Lo que requiere de cierto arte es hacerle tragar las píldoras a *Marley*. No las tomará tal como toma las vitaminas, aunque las tires al suelo y simules que no debe tocarlas. La mejor técnica consiste en ponerte a horcajadas sobre él y abrirle las fauces con una mano y, con la otra, ponerle la píldora en la boca, a la mayor profundidad posible. Es necesario ponérsela donde ya no pueda recuperarla, de lo contrario la escupirá. Luego acaríciale la garganta, hasta que la haya tragado. Es obvio que después querrás limpiarlo todo.

CONTROL DE CACAS: Bajo el árbol de mangos tengo una pala que utilizo para recoger las cacas de *Marley*. Recógelas todas las veces que quieras, o no las recojas. Todo depende de cuánto quieras usar el jardín. ¡No dejes de mirar por dónde vas!

PROHIBICIONES: NO dejamos que *Marley*:

- se suba a los muebles,
- muerda muebles, zapatos, cojines, etc.
- beba agua de la taza del baño. (Es mejor tener la tapa bajada todo el tiempo, aunque debo advertirte que ha descubierto cómo levantarla con la nariz),
- cave en el jardín o arranque plantas y flores de raíz. Suele hacerlo cuando cree que no se le presta suficiente atención,
- hurgue en los cubos de la basura. (Tal vez tengas que ponerlo sobre la encimera de la cocina),
- se abalance sobre la gente, huela braguetas o tenga una conducta social inaceptable. En especial, hemos intentado curarlo de su hábito de morder brazos, acto que, como supondrás, mucha gente no aprecia. Pero aún tiene mucho que aprender. Si quieres, dale una palmada en el culo y grítale «¡No!», con firmeza,
- pida comida cuando nosotros estamos comiendo,
- empuje la mosquitera de las puertas y del porche. (Verás que hemos tenido que cambiar la de varios lugares.)

Gracias nuevamente por todo lo que haces por nosotros, Kathy. Nos haces un favor enorme. No sé qué hubiésemos hecho sin ti. Espero que *Marley* y tú os hagáis buenos amigos y que te diviertas con él tanto como nosotros.

Le di a leer las instrucciones a Jenny y le pregunté si me había olvidado de algo. Ella estuvo varios minutos leyendo el texto. Luego me miró fijamente y me dijo:

–¿Cómo se te ocurre? No puedes darle esto –mientras blandía las páginas frente a mí–. Si le muestras esto, ya te puedes despedir de Irlanda. Ella es la única persona dispuesta que encontramos para cuidar de *Marley*, pero si lee esto, ¡olvídate del viaje! Se pondrá a correr y no se detendrá hasta llegar a Key West. Por si no la había entendido, Jenny repitió–: ¿Cómo pudo habérsete ocurrido?

–¿Crees que es demasiado? –le pregunté.

Pero siempre he sido partidario de contarlo todo, así que enseñé la nota a Kathy. Es cierto que parpadeó varias veces, especialmente cuando repasamos lo de las técnicas de eliminar garrapatas, pero si tuvo alguna inquietud, la guardó para sí. Con un cierto desánimo y un tanto pálida, pero demasiado bondadosa para no cumplir una promesa, Kathy se mantuvo firme y dijo:

–Buen viaje. Nosotros estaremos bien.

Irlanda era todo lo que habíamos soñado que sería: hermosa, bucólica, sin prisas. La mayoría de los días fueron gloriosamente claros y soleados, por lo cual la amenaza de una sequía preocupaba a los habitantes. Tal como nos habíamos prometido, íbamos por libre, sin itinerario alguno, vagando por la costa, deteniéndonos para dar un paseo a pie, hacer compras, beber cerveza Guinness o simplemente mirar el mar. A veces nos deteníamos para hablar con los campesinos que recogían el heno y fotografiarnos con las ovejas que había en la carretera. Si un camino secundario

nos parecía atractivo, lo cogíamos. Era imposible que nos per-
diésemos, puesto que no había ningún lugar prefijado al que debiéramos llegar. Los deberes y las obligaciones que teníamos en
casa se convirtieron en remotos recuerdos.

Cuando empezaba a anochecer, solíamos buscar un lugar
donde dormir, que siempre resultaban ser habitaciones en casas
privadas de viudas irlandesas que nos mimaban, nos servían té,
nos abrían la cama y parecían hacernos siempre la misma pregunta: «¿Planeáis tener hijos pronto?», tras lo cual se iban cerrando la puerta de la habitación y dejándonos con unas sonrisas
sagaces y extrañamente sugestivas.

Jenny y yo nos convencimos de que había en Irlanda una
ley nacional que exigía que las camas de los huéspedes mirasen
todas hacia una pared donde colgase un retrato del Papa o de la
Virgen María. En algunos lugares estaban los dos. En una había
incluso un rosario gigantesco que colgaba de la cabecera de la
cama. La Ley del Viajero Célibe también estipulaba que todas
las camas de huéspedes chirriasen con fuerza, como una alarma,
cada vez que uno de sus ocupantes hacía el más mínimo movimiento.

Todo se confabulaba para crear un ambiente tan conducente
a las relaciones amorosas como el de un convento. Estábamos en
un casa ajena –una casa ajena *muy* católica–, con paredes delgadas, camas sonoras y estatuas de santos y vírgenes, y una anfi-
triona entrometida que, según creíamos, escuchaba al otro lado
de la puerta. Era el último lugar en el que podía pensarse en practicar el sexo, lo cual incrementaba de forma novedosa y contun-
dente mi deseo de hacer el amor a Jenny.

Lo que solíamos hacer era apagar las luces y acostarnos, haciendo sonar los muelles de la cama. Después, yo metía de inmediato la mano bajo el camisón de Jenny.

–¡Ni hablar...! –susurraba ella.

–¿Por qué no? –murmuraba yo.

–¿Estás loco? La señora O'Flaherty está justo al otro lado de la puerta.

–¿Y qué?

–No podemos hacerlo.

–Por supuesto que sí...

–Ella lo oirá todo.

–No haremos ruido.

–¡Ya....!»

–Te lo prometo. Apenas si nos moveremos.

–Vale, pero primero cubre al Papa con una camiseta o algo así –decía Jenny, rindiéndose–. No haré nada con él mirándome.

De pronto el sexo parecía algo tan... tan... ilícito... Era otra vez como en el instituto, cuando evadía la mirada suspicaz de mi madre. Arriesgarse a hacer el amor en ese ambiente era arriesgarse a recibir un trato humillante en el desayuno comunal del día siguiente, era arriesgarse a que la señora O'Flaherty nos sirviese los huevos y tomates fritos con el ceño fruncido, al tiempo que con una sonrisa irónica nos preguntase: «¿Y, qué tal? ¿Les resultó cómoda la cama?»

Irlanda era, de costa a costa, una Zona Prohibida para el Sexo. Y como eso era todo lo que necesitábamos a modo de tentación, nos pasamos las vacaciones dándole y dándole, como si fuésemos conejos.

Así y todo, Jenny no podía dejar de preocuparse por el gran bebé que había dejado en casa, por lo que cada dos o tres días poníamos un puñado de monedas en un teléfono público y llamábamos a casa para saber, por boca de Kathy, cómo estaba *Marley*. Yo solía quedarme fuera de la cabina y escuchar desde allí la conversación de Jenny.

«¿Eso hizo...? ¿En serio...? ¿Y en pleno tráfico...? Tú no te hiciste nada, ¿no es cierto? ¡Menos mal...! Yo también habría gritado... ¿Qué...? ¿Tus zapatos...? ¡Vaya, por Dios...! ¿*También* tu bolso...? No te preocupes, te pagaremos los arreglos... ¿Que no queda nada...? Bueno, te compraremos unos nuevos... ¿Que hizo qué? ¿Quieres decir en cemento fresco? ¡Vaya casualidad...!»

Así eran las conversaciones entre Jenny y Kathy, cada una de ellas una letanía de transgresiones, a cual peor, y muchas de ellas eran sorpresas incluso para nosotros, que tantas batallas habíamos sobrevivido con nuestro cachorrito. *Marley* era un alumno incorregible y Kathy, una desventurada maestra sustituta. *Marley* se lo estaba pasando de maravilla.

Cuando llegamos a casa, *Marley* salió disparado a darnos la bienvenida. Kathy, con aspecto cansado y triste, se quedó en la puerta. Tenía la mirada perdida de un soldado en plena conmoción tras una batalla particularmente implacable. En el porche estaba su maleta, lista para irse. Kathy tenía en la mano las llaves de su coche, como si tuviera urgencia por huir. Le dimos los regalos que le habíamos comprado, le agradecimos profusamente la ayuda que nos había prestado y le dijimos que no se preocupase por las mosquieras destrozadas y el resto de daños. La joven se disculpó cortésmente y se marchó.

Nos imaginamos que Kathy había sido incapaz de ejercer ningún tipo de autoridad sobre *Marley* y, menos que todo, de controlarlo. Y con cada victoria, *Marley* se tornó más audaz. Olvidó lo que era caminar al mismo paso que su amo, y arrastró a Kathy por todas partes; se negó a responder a su llamada; cogió cuanto le apeteció –zapatos, bolsos, cojines– y no los soltó, le robó comida del plato, saqueó el garaje e incluso trató de adueñarse de la cama de Kathy. *Marley* decidió que, mientras sus padres estuviesen de vacaciones, quien quedaba al mando era él y no iba a permitir que una compañera blandengue minara su autoridad y le estropease la diversión.

–Pobre Kathy –dijo Jenny–. Parecía abatida, ¿no?

–Yo diría que destrozada.

–Será mejor que nunca más le pidamos que cuide de *Marley*.

–Sí, será mejor –acoté yo.

Y dirigiéndome a *Marley*, dije: «Se acabó la juerga, Jefe. A partir de mañana, vuelves al entrenamiento.»

Al día siguiente, Jenny y yo teníamos que volver al trabajo, pero antes de marcharme le puse a *Marley* el collar estrangulador y salimos los dos a dar un paseo. Él se lanzó de inmediato hacia delante, sin siquiera tratar de simular que había de seguir mis pasos. «Estamos un tanto olvidadizos, ¿no?», le pregunté, mientras daba un tirón a la correa que lo dejó con las patas delanteras en el aire. *Marley* se detuvo, tosió y me miró a los ojos con una expresión herida, como si dijera: *No hace falta que te pongas tan serio. A Kathy no le importaba que yo tirase de la correa.*

«¡Y acostúmbrate...!», le dije, a la vez que lo obligaba a sentarse. Le puse el collar estrangulador en la parte alta del cuello, donde sabía por experiencia que hacía más efecto. «Vale, vamos a intentarlo de nuevo», dije. Él me miró con frío escepticismo.

«¡*Marley*, quieto!», le ordené y arranqué a andar con el pie izquierdo, llevando la correa tan corta en mi mano izquierda que casi tocaba el extremo de la cadena. *Marley* intentó dar bandazos, pero tiré de la correa con fuerza, sin piedad alguna. «Mira que aprovecharte de una pobre mujer como ésa... –masculló–. Deberías avergonzarte de ti mismo.» Cuando acabamos el paseo, yo con los nudillos blancos de la fuerza con que había llevado la correa, *Marley* ya se había convencido de que yo no bromeaba. Aquello no era un juego, sino más bien una verdadera lección sobre los actos y las consecuencias. Si él quería dar bandazos, yo lo asfixiaría. Y todas las veces, sin excepción. Si quería cooperar y caminar a la par conmigo, yo aflojaría la presión y él apenas sentiría la correa en torno a su cuello. Dar bandazos = asfixiarse; caminar a la par = respirar. La cosa era tan simple que hasta *Marley* podía entenderla. Repetimos una y otra vez la secuencia mientras recorríamos el sendero de bicicletas de arriba abajo. Dar bandazos = asfixiarse; caminar a la par = respirar. Poco a poco comprendía *Marley* que yo era el amo y él, mi mascota, y que así sería siempre. Cuando enfilamos hacia la puerta de casa, mi recalcitrante perro trotaba a mi lado, no con perfección absoluta, pero sí de forma respetable. Por primera vez en su vida caminaba junto a mí o al menos intentaba hacerlo con la mayor precisión posible. Yo decidí considerarlo una victoria. «¡Oh, sí –dije cantando–. El amo ha vuelto.»

Varios días después, Jenny me llamó al trabajo. Acababa de ver al doctor Sherman.

La suerte de los irlandeses –me dijo–. Otra vez a las andadas.

11. Lo que Marley comía

Este embarazo era diferente. El aborto nos había enseñado cosas importantes y no teníamos la menor intención de cometer los mismos errores. Lo más relevante de todo fue que, desde el momento mismo que supimos la noticia, la mantuvimos en el más absoluto secreto. El secretismo fue mayor que el que se mantuvo en torno a la fecha del desembarco de los Aliados durante la Segunda Guerra Mundial. Con la excepción de los médicos y las enfermeras de Jenny, nadie, ni siquiera nuestros padres, se enteraron del asunto. Cuando teníamos amigos a comer, Jenny bebía zumo de uvas en una copa de vino, para no levantar sospechas. Además del secreto, moderamos nuestra excitación, incluso cuando estábamos a solas. Comenzábamos las frases con cláusulas condicionales, como «Si todo va bien...» y «Suponiendo que todo salga bien...». Era como si pudiéramos romper el maleficio en torno al embarazo por el simple método de guardar silencio al respecto. No nos atrevíamos a dejar de controlar nuestra dicha, no fuera cosa que se volviese hacia nosotros y nos mordiese.

Guardamos bajo llave todos los productos químicos de limpieza y los pesticidas, a fin de no volver a tropezar con la misma piedra. Jenny se hizo adicta al poder natural del vinagre en cuestión de limpieza, que también ayudó a disolver la saliva que *Marley* dejaba pegada en las paredes. También descubrimos que el ácido bórico, un polvo blanco letal para los insectos, pero inofensivo para los humanos, era bastante bueno para mantener a *Marley* y su cama libres de pulgas. Y en caso de que necesitara un baño especial, lo llevaríamos a que se lo dieran en la tienda del veterinario.

Jenny se levantaba de madrugada y salía a dar una vuelta con *Marley* junto al canal y, cuando regresaban oliendo a brisa marina, yo apenas si tenía los ojos abiertos. Mi mujer era el prototipo de la buena salud en todos los sentidos, salvo uno: se pasaba casi todos los días, y todo el día, a punto de vomitar. Pero no se quejaba; acogía cada náusea con lo que sólo puede describirse como una jubilosa aceptación, ya que era una señal de que el pequeño experimento que llevaba dentro de sí se desarrollaba bien.

¡Y vaya si se desarrollaba bien...! Esta vez, Essie cogió la cinta que llevé y grabó las primeras imágenes débiles y borrosas de nuestro bebé. También escuchamos los latidos de su corazón y vimos las pulsaciones de sus cuatro cavidades, adivinamos el contorno de la cabecita y contamos las cuatro extremidades. El doctor Sherman asomó la cabeza en la sala donde le habían hecho a Jenny la ecografía para anunciar que todo estaba perfecto y, mirando a Jenny, le dijo con esa voz atronadora que tenía: «¿Y tú por qué lloras, criatura? Tienes que sentirte feliz.» Essie le dio con su anotador y lo regañó: «Váyase y déjela en paz», tras lo cual puso los ojos en blanco ante Jenny, como si quisiera decir: «¡Hombres! ¡Qué despistados son...!»

En cuanto a tratar con mujeres embarazadas, despistado era el adjetivo que mejor me cuadraba. Dejé que Jenny tuviera su libertad, la consolé cuando tenía náuseas o dolores y traté de que no me viera sonreír cuando me leía en voz alta pasajes de su libro

Qué esperar cuando se está esperando. A medida que le crecía la barriga, le decía piropos, como por ejemplo: «Tienes un aspecto espléndido. De veras. Pareces una esbelta ratera de tiendas que acaba de ponerse una pelota de baloncesto bajo la camiseta.» Incluso traté de que se portara de forma cada vez más extraña e irracional. Pronto nos tuteábamos con el empleado nocturno del mercado que estaba abierto las veinticuatro horas donde yo acudía en todo momento para comprar helados, manzanas, apio o goma de mascar con sabores que ni sabía que existiesen. «¿Estás seguro de que ésta tiene sabor a clavo? –le preguntaba–. Mira que ha dicho que tenían que ser de clavo...»

Una noche, cuando Jenny estaba embarazada de cinco meses, se le ocurrió que necesitábamos calcetines de bebé. Yo estuve de acuerdo, puesto que los necesitábamos, y le aseguré que tendríamos el ajuar completo antes de que el bebé naciese. Pero ella no quería decir que necesitaríamos los calcetines en algún momento, sino de inmediato. «No tendremos con qué taparle los piececitos cuando volvamos del hospital», dijo con voz temblorosa.

No importaba que faltaran cuatro meses para que el bebé viniese a casa, ni que para entonces haría un frío de más de 35 °C, como tampoco importaba que un tío despistado como yo supiera que el bebé estaría cubierto de la cabeza a los pies cuando abandonase la maternidad del hospital.

–Vamos, Jenny, sé razonable –le dije–. Son las ocho de la noche y es domingo. ¿Dónde se supone que voy a encontrar calcetines para bebés?

–Necesitamos los calcetines –repetía ella.

–Tenemos semanas por delante para comprarlos –respondí–. Meses por delante.

–Pues yo no puedo dejar de ver esos deditos al aire –gimió Jenny.

Fue inútil. Di vueltas y vueltas con el coche, enfurruñado, hasta que encontré una tienda de la cadena Kmart abierta y compré un alegre surtido de calcetines tan ridículamente pequeños que parecían calientapulgares a pares. Cuando llegué a casa y saqué los calcetines de la bolsa, Jenny se calmó. ¡Por fin teníamos calcetines para el bebé! Y había que agradecer al Señor haberlos encontrado antes de que se acabasen en todo el país, algo que podía suceder de improviso en cualquier momento. Los frágiles deditos de los pies de nuestro bebé estaban a salvo. Podíamos acostarnos y dormir tranquilos.

A medida que avanzaba el embarazo de Jenny, progresaba también el aprendizaje de *Marley*. Yo lo adiestraba todos los días y ya podía recibir a nuestros amigos sin sus interferencias, puesto que le gritaba «¡échate!» y de inmediato se echaba con las cuatro patas estiradas sobre el suelo. Venía casi siempre cuando le daba la orden (salvo que algo le llamara la atención, como otro perro, un gato, una ardilla, una mariposa, el cartero o una hojita flotando en el aire); se sentaba (salvo que viera algo tan tentador por lo que valiese la pena estrangularse, como perros, gatos, ardillas, y todo lo ya mencionado antes). *Marley* iba aprendiendo, lo cual no significaba que se estuviera convirtiendo en un perro tranquilo y bien educado. Si yo me paraba junto a él y le gritaba una orden, la obedecía, a veces incluso con ansiedad, pero su disposición natural estaba atascada en el punto de la incorregibilidad eterna.

Marley también tenía un insaciable apetito cuando se trataba de los mangos, que caían por docenas sobre el jardín del fondo. Cada uno de los mangos pesaba medio kilo o más, y todos eran tan dulces que podían hacer doler los dientes. *Marley* solía echarse sobre el césped con un mango bien sujeto entre las patas

delanteras y comerse toda la carne del fruto de manera casi quirúrgica, dejando la piel limpia y lustrosa. Después se quedaba
con el hueso en la boca, como si fuera una pastilla, y cuando por
fin lo escupía, daba la impresión de que lo habían limpiado en un
baño de ácido. Algunos días se pasaba horas comiendo frutos y
fibras con frenesí.

Al igual que le pasa a cualquiera que coma demasiada fruta,
la constitución de *Marley* empezó a cambiar. Al poco tiempo, el
jardín estaba lleno de grandes pilas de cacas sueltas de vivos colores. La ventaja que eso tenía era que no se tropezaba fácil-
mente con las pilas, que en la época en que maduraban los mangos adquirían la brillante fluorescencia de los conos naranjas de
tráfico.

Pero *Marley* no sólo comía mangos, sino también otras cosas
que salían asimismo por el mismo camino. Fui testigo de ello todas las mañanas, cuando recogía las pilas que él dejaba. Hoy era
un soldadito de plástico, mañana una goma elástica, una defor-
mada tapa de gaseosa por allí y un bolígrafo masticado por allá.
«¡Así que es aquí donde vino a parar mi peine!», exclamé una
mañana.

Marley comía toallas y esponjas de baño, calcetines, pañuelos de papel usados y, de forma predilecta, los de la marca Handi
Wipes, que, cuando despedía por el otro orificio, parecían ban-
deritas azules que marcaban cada una de las montañas de color
naranja fluorescente que descargaba.

Pero no todo lo digería bien, así que vomitaba con la facilidad y la regularidad de un bulímico empedernido. A veces lo oímos lanzar una bocanada en la habitación contigua y, cuando llegábamos, veíamos algún artículo de la casa en medio de un puré
de mangos medio digeridos con comida de perro. Por ser considerado, *Marley* nunca vomitaba en los suelos de madera, ni si-

quiera en el linóleo de la cocina, si podía evitarlo. Siempre lo hacía sobre la alfombra persa.

Jenny y yo jugamos con la tonta idea de que sería bonito tener un perro que pudiéramos dejar solo en la casa durante un rato. Encerrarlo en el búnker cada vez que salíamos se volvió tedioso, por lo que Jenny comentó: «¿De qué vale tener un perro si no puede recibirte en la puerta cuando llegas a casa?» Sabíamos perfectamente bien que no nos atreveríamos a dejarlo suelto en la casa si había el más mínimo peligro de que hubiese una tormenta. Aunque le diéramos sedantes, *Marley* era capaz de empezar a cavar con el propósito de llegar a China, pero cuando el tiempo era bueno, no teníamos por qué dejarlo en el garaje cuando sólo nos ausentásemos un rato.

Así, empezamos a dejarlo suelto en la casa cuando íbamos hasta el colmado o a visitar a algún vecino. A veces se portaba muy bien y, cuando regresábamos, encontrábamos que todo estaba impecable. En esas ocasiones podíamos ver que metía la nariz entre las tablillas de las persianas para vernos por la ventana del salón cuando llegábamos. Sin embargo, otras veces no se portaba tan bien, y por lo general sabíamos que nos esperaba algo malo antes de abrir la puerta porque no estaba mirando por la ventana, sino que estaba escondido en alguna parte.

En el sexto mes de embarazo de Jenny, regresamos a casa después de habernos ausentado durante casi una hora y nos encontramos con *Marley* debajo de la cama –algo que, dado su tamaño, buen trabajo le costaba– con aspecto de haber matado al cartero. Todo en él apuntaba a su culpabilidad. La casa parecía estar bien, pero como sabíamos que el perro ocultaba un terrible secreto, fuimos de habitación en habitación para cerciorarnos de que no hubiese pasado nada malo. De pronto, noté que faltaba una de las cubiertas de gomaespuma de los altavoces. La buscamos por todos lados, pero infructuosamente. *Marley* podría muy bien haberse salido con la suya, si no hubiese sido porque al día siguiente, cuando recogía sus cacas, encontré la irrefutable prueba de su culpabilidad, corroborada por los restos del altavoz que fueron apareciendo durante días.

Cuando volvimos a ausentarnos, *Marley* quitó con destreza quirúrgica el altavoz con forma de cono del mismo. El altavoz estaba en su lugar y sin daño alguno; lo único que faltaba era el cono, como si alguien lo hubiera quitado con una hoja de afeitar. Poco tiempo después, *Marley* se las ingenió para hacer lo mismo con el otro altavoz, y en otra ocasión, cuando llegamos a casa encontramos que el reposapiés de cuatro patas, tenía sólo tres, y que no había ni rastro de la cuarta pata, ni siquiera una astilla.

Aunque jurábamos que nunca nevaba en Florida, un día abrimos la puerta principal y descubrimos que había habido una gran tormenta de nieve en el salón. Aún flotaban en el aire ligeras cositas blancas. En medio de las malas condiciones meteorológicas, vimos a *Marley* sentado junto a la chimenea, medio enterrado por la nieve y sacudiendo violentamente de lado a lado una gran almohada de plumas, como si acabase de tragarse un avestruz.

La mayoría de las veces tomamos las dañinas travesuras de *Marley* con filosofía, ya que en la vida de todo propietario de perros deben perderse algunos apreciados recuerdos de familia, pero una vez estuve a punto de estrangularlo por coger algo que era exclusivamente mío.

Cuando Jenny cumplió años, le regalé una collarcito de oro de dieciocho quilates, una cadena delicada con un cierre minúsculo que ella se puso de inmediato. Pocas horas después, al llevarse la mano al cuello, Jenny gritó:

–¡Mi collar! ¡Me falta el collar!

Pensé que el cierre se habría roto o que tal vez no lo había cerrado bien.

–No te aflijas –le dije–. No hemos salido de casa, así que tiene que estar por aquí.

Empezamos a registrar la casa, habitación por habitación. Mientras lo registrábamos todo, noté que *Marley* estaba más escandaloso que de costumbre. Me puse de pie y lo miré fijamente. Él se movía como un ciempiés, pero cuando se dio cuenta de que lo observaba, inició su acto de evasión. *¡Oh, no!*, pensé. Ahí empieza el Mambo de *Marley*, que sólo podía significar una cosa.

–¿Qué es lo que le cuelga de la boca? –preguntó Jenny con una voz teñida de pánico.

Era algo finito y delicado. Y de oro.

–¡Mierda! –exclamé.

–No hagamos ningún movimiento brusco –dijo Jenny casi en un susurro.

Los dos nos quedamos como si fuésemos de piedra.

«Vale, muchacho, no pasa nada –dije en un tono de convicción similar al que usan los miembros de una fuerza especial que negocia la puesta en libertad de un rehén–. No estamos enfadados contigo. Venga. Sólo queremos que nos devuelvas el collar.»

De forma instintiva, Jenny y yo empezamos a acorralarlo, moviéndonos con una lentitud glacial. Era como si *Marley* tuviese un cinturón de explosivos a punto de estallar y pudiera escaparse al menor paso en falso.

«Tranquilo, *Marley* –le dijo Jenny con la mayor dulzura–. Tranquilo. Deja el collar y no pasará nada.»

Marley nos miraba alternativamente, lleno de suspicacia. Lo habíamos acorralado, pero él sabía que tenía algo que nosotros queríamos. Pude ver cómo sopesaba sus opciones, entre las que

acaso figuraba la de pedir un rescate. *Dejad doscientos Milk-Bones sin marcar en una simple bolsa de papel o nunca volveréis a
ver vuestro precioso collarcito.*

«Déjalo ya, *Marley*», le susurré, al tiempo que daba otro paso
al frente.

Marley meneaba todo el cuerpo. Yo me acercaba poco a
poco. Casi de forma imperceptible, Jenny se le acercó por detrás.
Estábamos los dos tan cerca de él, que ya podíamos actuar. Nos
miramos y supimos, sin mediar palabra, lo que teníamos que hacer. Habían sido muchas las veces que practicamos los ejercicios
para recuperar posesiones. Jenny se abalanzaría sobre las patas
traseras, sujetándoselas para impedir que se escapase. Yo haría
otro tanto con la cabeza, abriéndole la boca y cogiendo el contra-
bando. Con suerte, acabaríamos la operación en cuestión de segundos. Ése era el plan, y *Marley* lo vio venir.

Estábamos a menos de medio metro de él. Asentí con la cabeza y dije a Jenny: «A la de tres.» Pero antes de que pudiéramos
movernos, *Marley* echó la cabeza hacia atrás y lanzó un gran
chasquido. El extremo del collar que había estado colgando de su
boca, desapareció. «¡Se lo está comiendo!», gritó Jenny. Nos
abalanzamos sobre él, Jenny desde atrás y yo hacia la cabeza. Le
abrí las fauces y le metí la mano a la mayor profundidad posible.
Palpé cada uno de los pliegues y los recovecos que tenía, pero no
encontré nada. «Demasiado tarde –dije–. Se lo tragó.» Jenny empezó a pegarle en el lomo, mientras le gritaba: «¡Escúpelo, maldita sea!» Pero fue inútil. Lo único que consiguió fue que *Marley* le
lanzara un gran eructo de satisfacción.

Podía decirse que *Marley* había ganado la batalla, pero sabíamos que, para nosotros, ganar la guerra era sólo una cuestión de
tiempo. La naturaleza estaba de nuestro lado. Tarde o temprano,
lo que le entrara por un extremo le saldría por el otro. Por repug-

nante que fuese la sola idea, sabía que si buscaba con detenimiento entre sus cacas, encontraría el collar. De haber sido un collar de plata o chapado en oro, menos valioso, podría haber cedido ante el asco que me invadía, pero se trataba de un collar de oro macizo que me había costado buena parte de mi salario. Asqueado o no, estaba decidido a recuperarlo.

Así las cosas, preparé a *Marley* su laxante preferido –un bol gigantesco lleno de tajadas de mangos maduros– y me dispuse a esperar. Durante tres días fui tras él cuando lo dejaba salir al jardín del fondo, pala en mano, ansioso por salir a explorar. En lugar de tirar sus cacas por encima del cerco, las coloqué cuidadosamente sobre un tablón ancho que puse sobre el césped y las removí con una rama mientras las mojaba con la manguera, haciendo desaparecer en el césped la materia digerida y dejando sobre el tablón cualquier objeto extraño. Me sentí como un buscador de oro en una mina que acaba encontrando un tesoro compuesto de porquerías digeridas, desde cordones de zapatos hasta púas de guitarras. Pero no encontraba el collar. ¿Dónde diablos estaría? ¿Es que no debería haber salido ya? Empecé a preguntarme si no se me habría pasado por alto o lo habría arrojado inadvertidamente con el chorro de agua al césped, donde no se encontraría jamás. Pero ¿cómo era posible que no encontrase un collar de oro de cincuenta centímetros de largo? Jenny seguía mi operación de rescate desde el porche con vehemente interés e incluso me puso un nuevo mote.

–¿Has encontrado algo, Paloma Escatológica? –me gritó.

Al cuarto día, mi perseverancia dio frutos. Recogí la última deposición de *Marley*, repitiendo lo que se había convertido en mi refrán cotidiano –«no puedo creer que esté haciendo esto»–, y empecé a investigarla y lanzarle el chorro de agua. A medida que el excremento se diluía, yo buscaba rastros del collar, pero no aparecía nada. Estaba a punto de abandonar cuando me pareció ver algo extraño: un terroncito marrón, del tamaño de una alubia. Aunque no era lo bastante grande para ser el collar, era evidente que tampoco parecía algo normal. Lo pesqué con la rama, que había bautizado oficialmente con el nombre de Palo de la Mierda, y le eché un buen chorro de agua con la manguera. A medida que el agua iba limpiándolo, vi el centelleo de algo inusualmente brillante y lustroso. ¡Eureka! ¡Había encontrado oro...!

El collar estaba comprimido de una manera casi imposible, por lo que era mucho más pequeño de lo que yo había imaginado. Era como si un desconocido poder alienígeno, quizá un agujero negro, lo hubiese succionado hasta convertirlo en una misteriosa dimensión de espacio y tiempo antes de volver a arrojarlo. De hecho, la idea no estaba muy alejada de la verdad. Bajo el fuerte chorro de agua empezó a aflojar el firme envoltorio y, poco a poco, el montoncito de oro fue cobrando su forma original, desenredado y sin daño alguno. Parecía nuevo. No, en realidad estaba mejor que nuevo. Lo llevé adentro para mostrárselo a Jenny, que estaba fascinada por haberlo recuperado, pese al inusual paseo que el objeto había dado. Estábamos asombrados por el brillo radiante que tenía ahora, mucho más radiante que antes de introducirse en el interior de *Marley*, donde los jugos gástricos habían hecho una labor estupenda. Era el oro más brillante que jamás había visto.

—Vaya —dije lanzando un silbido—. Creo que deberíamos abrir una tienda de limpieza de joyas.

—Podríamos forrarnos con las viudas de Palm Beach —añadió Jenny.

—Sí, señoras —dije imitando la voz de los vendedores astutos—. No encontrarán en ninguna tienda nuestro proceso secreto, que desde luego hemos patentado. El patentado Método *Marley* da a

vuestras apreciadas joyas una brillantez que nunca habrían imaginado.

–Tiene posibilidades, Grogan –dijo Jenny, tras lo cual se
marchó para desinfectar su recuperado regalo de cumpleaños.

Usó esa cadena de oro durante años, y cada vez que yo la miraba me venían a la mente ramalazos de mi corta y finalmente
exitosa carrera en la especulación aurífera. La Paloma Escatológica y su inefable Palo de la Mierda habían alcanzado cotas a las
que nadie había llegado aún. Y a las que nadie llegaría nunca más.

12. La bienvenida al pabellón de las indigentes

Como el primer hijo no ha de nacer más que una sola vez, cuando en el hospital de St. Mary nos ofrecieron la posibilidad de ocupar la suite de lujo, pagando una suma extra, no la dejamos pasar. Las suites eran similares a las que tenían los hoteles de lujo, con mucho espacio, soleadas, con muebles de madera auténtica, las paredes recubiertas de papeles con motivos florales, cortinajes, una bañera de hidromasaje y, sólo para el papá, un cómodo sofá que se convertía en una cama. En lugar de la comida de hospital corriente, los ocupantes de estas suites podían escoger de entre una serie de platos de alta cocina. Incluso se podía pedir champán, aunque en realidad se lo bebieran los padres a solas, puesto que a las madres que daban de mamar a sus hijos se les sugería que sólo bebieran un sorbo simbólico.

—¡Vaya..., esto es como estar de vacaciones! —exclamé, dejándome caer en el mullido sofá de papaíto cuando fuimos a ver las suites, varias semanas antes del parto.

Las suites, diseñadas para los *yuppies*, eran una gran fuente de recursos para el hospital, ya que las ocupaban parejas con mucho más dinero para gastar que el destinado corrientemente para los partos. Jenny y yo sabíamos que aquello era una cierta extravagancia, pero ¿por qué no darnos el gusto?

El día del parto, cuando llegamos al hospital con una pequeña maleta, nos dijeron que había un problemita.

–¿Un problemita? –pregunté.

–Debe de ser muy buen día para tener bebés –dijo la recepcionista con una sonrisa–, porque no nos queda libre ninguna de las suites para parturientas.

¿Ninguna? Ése era un día importante en nuestras vidas y ¿en qué había quedado el cómodo sofá y la cena romántica con champán para brindar?

–Espere un momento –dije en tono de queja–. Hicimos la reserva hace varias semanas.

–Lo siento –respondió la mujer con una evidente falta de compasión–. Lo cierto es que no podemos controlar cuándo se ponen de parto las mujeres.

Su argumento era válido, ya que no podía apresurar el proceso de los nacimientos. La mujer nos llevó a otra planta donde nos asignarían una habitación normal y corriente. Pero cuando llegamos a la recepción, nos esperaban más malas noticias. La enfermera de turno nos dijo:

–Aunque cueste creerlo, están todas las habitaciones llenas.

Y nos costó creerlo. Jenny pareció tomarlo bien, pero yo empezaba a sentirme molesto.

–¿Y qué nos sugiere? ¿La zona de aparcamiento? –le espeté.

La enfermera me sonrió con calma. Al parecer estaba familiarizada con las bufonadas de los nerviosos padres en ciernes y se limitó a decirme:

–No se preocupe. Le encontraremos un lugar.

Después de hacer varias llamadas telefónicas, nos dijo que atravesásemos un largo pasillo hasta pasar unas puertas dobles,

donde nos encontramos con una maternidad exactamente igual a
la que habíamos dejado atrás, pero con una evidente diferencia:
los ocupantes no eran decididamente los yuppies atildados, con
buenos ingresos, con los que nosotros habíamos asistido al colegio. Las enfermeras se dirigían a las pacientes en español y, apostados a las puertas de las habitaciones, había hombres morenos
cuyas manos rugosas hacían girar nerviosamente el ala de unos
sombreros de paja. El condado de Palm Beach es famoso por ser
el lugar predilecto de la gente obscenamente rica, pero lo que es
menos conocido es que también es el lugar donde los terrenos de
las gigantescas granjas se extienden por muchos kilómetros a lo
largo de las ciénagas drenadas de Everglades, al oeste de la ciudad, y allí trabajan miles de personas, en su mayoría procedentes
de México y América Central, que se trasladan a la zona sur de
Florida para cada estación de cosechas de pimientos, tomates, le-
chugas y apios, de los que se abastece en gran medida la costa
Este en invierno. Al parecer, Jenny y yo habíamos descubierto
adónde acudían los inmigrantes para tener a sus bebés. De tanto
en tanto se oía el angustiado grito de una mujer, seguido de terribles gemidos e invocaciones como «¡Madre mía...!». El lugar sonaba como la casa de los horrores, y Jenny estaba pálida como un
fantasma.

La enfermera nos condujo hasta un cubículo donde había
una cama, una silla y una serie de monitores electrónicos, y le dio
a Jenny una camisola para que se la pusiera.

–¡Bienvenidos al pabellón de las indigentes! –dijo el doctor
Sherman con buen humor cuando se presentó minutos después–.
Y no se dejen engañar por la sobriedad de la habitación –añadió,
tras lo cual explicó que estaba dotada de los equipos médicos más
complicados del hospital y que las enfermeras eran de las mejor
instruidas. Dado que las mujeres pobres no tenían acceso a los

controles prenatales, sus embarazos eran de los que tenían más riesgos. Mientras rompía la bolsa de aguas de Jenny, el doctor Sherman nos aseguró que estábamos en buenas manos, tras lo cual desapareció tan raudo como había llegado.

Y a medida que transcurría la mañana y Jenny lidiaba con terribles contracciones, descubrimos que era cierto que estábamos en buenas manos. Las enfermeras eran unas profesionales duchas en su materia que exudaban confianza y calidez, examinaban atentamente a Jenny, aleccionándola sobre lo que debía hacer, y controlaban los latidos del corazón del bebé. Yo estaba presente y trataba de brindar mi apoyo, pero me sentía totalmente inútil porque no lo lograba. En un momento dado, Jenny me dijo entre dientes:

–Si me preguntas cómo estoy una vez más, te ¡VOY A ARRANCAR LA PIEL DE LA CARA!

Debí de haberme mostrado herido, porque una de las enfermeras vino hacia mi lado y, sobándome los hombros con simpatía, me dijo:

–¡Bienvenido al parto, papaíto! Todo esto es parte de la experiencia.

Comencé entonces a escabullirme de la habitación para reunirme con los demás padres que estaban en el pasillo. Cada uno de nosotros se apoyaba en la pared junto a la puerta de la habitación donde nuestras respectivas mujeres gritaban y gemían. Me sentí un poco ridículo con mi ropa deportiva de buena calidad, pero los granjeros no parecieron tenerlo en cuenta. Ellos no hablaban inglés y yo no hablaba español, pero todos estábamos en el mismo bote.

O casi. Ese día me enteré de que en Estados Unidos, los calmantes son un lujo, no una necesidad. A quienes podían pagarlos –o cuyos seguros médicos los incluían entre sus coberturas, como el nuestro– el hospital ponía anestesia epidural, con lo que se eliminaba el dolor directamente en el sistema nervioso central. Unas cuatro horas después de haber comenzado Jenny a tener los dolores de parto, llegó un anestesista y le insertó una larga aguja junto a la columna que luego acopló a una bolsa de goteo endovenoso. A los pocos minutos, Jenny no sentía el cuerpo de la cintura para abajo y dormía plácidamente. Las mexicanas no eran tan afortunadas, porque tenían que afrontar el parto a la antigua usanza, lanzando alaridos que punzaban el aire.

Pasaban las horas. Jenny pujaba, y yo dirigía. Cuando anochecía, salí al pasillo con una bolita envuelta en pañales. Levanté a mi flamante hijo por encima de mi cabeza y grité: «¡Es un niño!» Los otros padres se mostraron sonrientes y, recurriendo a la señal internacional de aprobación, levantaron los pulgares. A diferencia de la enconada lucha que habíamos tenido para ponerle un nombre al perro, concordamos casi de inmediato en el nombre de nuestro primer hijo. Se llamaría Patrick, como el primero de los Grogan que llegó a Estados Unidos procedente del condado irlandés de Limerick. En un momento dado llegó a nuestro cubículo una enfermera que dijo que había una suite disponible. Aunque nos pareció inútil cambiar de habitación, la mujer ayudó a Jenny a sentarse en una silla de ruedas, puso al bebé en sus brazos y nos sacó de allí de inmediato. Lo cierto es que la cena de alta cocina no era tan buena como se suponía.

Durante las semanas anteriores al parto, Jenny y yo tuvimos largas charlas sobre la estrategia a seguir para que *Marley* se aclimatase lo mejor posible a la recién llegada personita que lo destronaría ipso facto de su hasta entonces indisputable situación de Dependiente Preferido. Tanto ella como yo queríamos destronarlo de la manera más dulce posible. Habíamos oído contar historias sobre perros que se ponían en extremo celosos de los bebés y actuaban de forma inaceptable –desde mearse en objetos muy apreciados hasta tumbar las cunas, pasando por atacar directamente a las criaturas–, con el resultado general de ir a parar a una residencia canina, sin pasaje de vuelta. A medida que convertíamos la habitación extra en la del bebé, dejamos que *Marley* tuviera acceso a la cuna, las sábanas y mantas y todos los artículos que conformaban el ajuar del bebé. Él lo lamió y lo babeó todo hasta que satisfizo su curiosidad. En las treinta y seis horas que Jenny pasó en el hospital recuperándose del parto, yo hice frecuentes viajes a casa para ver a *Marley*, llevando conmigo mantitas y todo lo que pudiera oler al bebé. En una de esas visitas llevé incluso un pequeño pañal de usar y tirar que *Marley* olió con tanta fuerza que temí que lo succionara con la nariz y acabásemos necesitando una adicional y costosa intervención médica.

Cuando por fin llevé a casa a madre e hijo, *Marley* no tenía conciencia de lo que sucedía. Jenny puso a Patrick, que dormía en su sillita infantil, en medio de nuestra cama, tras lo cual se reunió conmigo y *Marley* en el garaje, donde tuvimos una movida y ruidosa reunión. Cuando *Marley* dejó de estar frenéticamente salvaje para convertirse en un perro desesperadamente feliz, lo dejamos entrar en la casa. Nuestro plan consistía en comportarnos con toda normalidad, sin enseñarle el bebé. Nos mantendríamos cerca de él y le permitiríamos descubrir por sí mismo, poco a poco, la presencia del recién llegado.

En el momento que Jenny fue al dormitorio, *Marley* la siguió y empezó a meter la nariz en la pequeña maleta que Jenny comenzó a desempacar. Era evidente que *Marley* no tenía la menor idea de que había una cosa con vida en medio de nuestra cama. De pronto Patrick se movió y lanzó un sonido parecido al del trino de un pájaro. *Marley* se quedó helado, con las orejas levantadas. *¿De dónde ha venido ese ruido?* Patrick emitió otro trinito y *Marley* levantó una pata, señalando como lo hacen los perros de caza de pájaros. ¡Dios mío...! *Marley señalaba* a nuestro bebé tal como señalaría un perro de caza a su... *presa*. En ese instante recordé el cojín de plumas que había atacado con tanta ferocidad. Pero, no sería tan burro como para confundir al bebé con un faisán, ¿no?

Y entonces *Marley* se abalanzó. No fue uno de esos impulsos feroces «para matar al enemigo», puesto que no mostraba los dientes ni gruñía, pero tampoco fue uno de «bienvenida al nuevo vecinito». *Marley* golpeó con el pecho sobre el colchón con tal fuerza que toda la cama se estremeció. Para entonces, Patrick ya estaba completamente despierto, con los ojos bien abiertos. *Marley* retrocedió y volvió a lanzarse hacia delante, cayendo a pocos centímetros de los pies del bebé. Jenny se abalanzó sobre Patrick y yo sobre *Marley*, cogiéndolo del collar con las dos manos. *Marley* estaba fuera de sí, luchando por llegar a esa nueva criatura que de algún modo se había introducido en nuestro íntimo santuario. Movía la parte trasera con inquietud, pero yo seguía aferrado a su collar; me sentía como el Llanero Solitario con *Silver*. «¡Bueno, todo acabó bien!»

Jenny quitó el cinturón que sujetaba a Patrick a su asiento, mientras yo apresaba a *Marley* entre mis piernas, agarrado con ambas manos de la correa. Incluso Jenny podía ver que *Marley* no suponía peligro alguno, pues jadeaba con esa mirada suya, tan tonta, a la vez que radiante, y movía la cola sin cesar. Mientras yo seguía sujetándolo con fuerza, Jenny fue acercándosele poco a poco hasta que le permitió que oliera los deditos del pie del bebé, luego sus pies y pantorrillas, hasta la cadera. El pobrecillo sólo tenía un día y medio de vida y ya se encontraba sometido a una aspiradora de tienda. Cuando *Marley* llegó al pañal, pareció alcanzar un alterado estado de conciencia, una especie de trance que había logrado inducido por los pañales. Había llegado a la tierra santa y se mostraba decididamente eufórico.

«Un solo paso en falso y te reduzco a cenizas», le advirtió Jenny, dispuesta a poner en práctica la amenaza. Si *Marley* hubiese hecho el más mínimo gesto de agresión contra el bebé, habría marcado su destino. Pero nunca lo hizo. Pronto aprendimos que nuestro problema no era impedir que *Marley* hiciera daño a nuestro precioso bebé, sino que se mantuviera alejado del cesto de los pañales sucios.

Pasado el tiempo, *Marley* llegó a aceptar a Patrick como su mejor amigo. Una noche, cuando apagaba las luces de la casa antes de acostarme, no pude encontrar a *Marley* por ninguna parte. Por fin se me ocurrió mirar en el cuarto del bebé, y allí estaba, echado en el suelo junto a la cuna de Patrick, roncando los dos en un ambiente de bendita fraternidad estereofónica. El salvaje de *Marley* era distinto cuando estaba con Patrick. Parecía comprender que era un ser humano frágil e indefenso, pues entonces se movía con cuidado y le lamía la cara y las orejas con delicadeza. Cuando Patrick empezó a gatear, *Marley* solía echarse sobre el suelo y dejar que Patrick trepase sobre él, como si se tratase de escalar una montaña, le tirase de las orejas, le hurgase los ojos y le arrancase pequeños mechones de pelo. Ninguna de esas cosas lo hacía reaccionar; *Marley* se quedaba quieto como una estatua. Cuando estaba con Patrick se comportaba como un gigante bondadoso y aceptaba con bonhomía y resignado buen humor su condición de segundón.

No todos aprobaban la fe ciega que depositamos en nuestro perro, pues veían en él a una bestia salvaje, impredecible y poderosa –ya pesaba en torno a los cincuenta kilos– y nos creían tontos sin remedio por confiarle un crío indefenso. Mi madre estaba decididamente en ese bando y no se mordía la lengua cuando resolvía que debíamos conocer su opinión. Le dolía ver que *Marley* lamiese a su nieto. «¿Sabéis dónde ha puesto esa lengua?», nos preguntaba haciendo gala de su retórica. Además nos advertía, de manera sombría, que nunca se debe dejar solos en la misma habitación a un crío y un perro, ya que podía despertarse sin aviso alguno su antiguo instinto depredador. Si fuera por ella, Patrick y *Marley* estarían separados por un muro a todas horas.

Un día, cuando mi madre había venido de Michigan a pasar unos días con nosotros, oí que llamaba angustiada.

–¡John, ven rápido! ¡El perro está mordiendo al bebé!

Salí disparado del dormitorio, a medio vestir, y encontré a Patrick moviéndose alegremente en su balancín, con *Marley* debajo. Es cierto que *Marley* lo mordisqueaba, pero no como temía mi espantada madre. *Marley* se había puesto justo donde el culito de Patrick, sujeto por una tira de tela, se detenía momentáneamente en la parte más alta del arco que describía el movimiento de su balancín, justo antes de iniciar el viaje en el sentido contrario. Cada vez que el pañal de Patrick pasaba a una distancia razonable, *Marley* lo mordía de manera juguetona y, de paso, divertía al bebé, que lo expresaba riéndose deleitado.

–¡Oh, mamá, no pasa nada...! –le dije–. Es que *Marley* tiene predilección por los pañales de Patrick.

Jenny y yo establecimos una rutina. De noche, yo me levantaría cada tantas horas para alimentar a Patrick, incluida la toma de las seis de la mañana, para que ella pudiera dormir. Así, medio dormido, lo cogía en mis brazos, le cambiaba el pañal y le preparaba el biberón. Después venía la recompensa: me sentaba en el porche de atrás con ese cuerpecito caliente recostado sobre mi

estómago mientras tomaba su biberón. A veces yo descansaba la
cara sobre la cabecita de él y dormitaba, a la vez que él tomaba su
alimento con gusto. Otras veces escuchaba la emisora de radio de
la red pública y veía cómo el cielo se ponía violáceo, después rosa
y finalmente azul. Cuando Patrick había acabado su comida y
había lanzado un provechoso eructo, lo vestía y me vestía, llamaba a *Marley* con un silbido y salíamos los tres a dar un paseo junto al agua. Habíamos comprado una sillita con tres ruedas grandes de bicicleta que nos permitía el acceso a casi todas partes,
incluido pasar por encima de los bordillos y pasear por la arena.
Debimos de ser todo un espectáculo esas mañanas, con *Marley* al
frente, liderando la comitiva, yo en la última fila, frenando para
salvar nuestras vidas, y Patrick en el medio, moviendo alegremente sus bracitos en el aire como si fuera un agente dirigiendo
el tráfico. Cuando llegábamos a casa, Jenny ya estaba levantada,
preparando el café. Poníamos a Patrick en su sillita alta y sobre la
mesita echábamos cereales que, en cuanto nos descuidásemos,
Marley le robaba poniendo la cabeza de lado y apropiándose de
ellos con la lengua. *Robar la comida a un bebé, ¿es que se puede
llegar más bajo que eso?*, pensábamos. Pero Patrick se mostraba
enormemente entretenido con toda la operación y pronto aprendió a dejar caer los cereales al suelo para ver cómo *Marley* iba de
un lado a otro para recogerlos del suelo con la lengua. También
descubrió que si los dejaba caer en su regazo, *Marley* metía la cabeza debajo de su mesita y, en su búsqueda de los cereales erran-
tes, le rozaba la barriguita, haciéndolo reír a carcajadas.

Jenny y yo descubrimos que la paternidad nos sentaba bien.
Nos amoldamos a su ritmo, celebramos sus simples dichas y descartamos sus frustraciones con una mueca, sabiendo que incluso
los días malos pronto no serían más que preciados recuerdos.
Teníamos todo lo que queríamos: un precioso bebé, un perro

lelo, una casita junto al agua y, desde luego, nos teníamos el uno al otro. En noviembre de ese año, en mi diario me promovieron a columnista, una posición codiciada que me proporcionaba mi propio espacio en la sección principal tres veces a la semana, para escribir sobre lo que quisiera. La vida era magnífica. Cuando Patrick cumplió nueve meses, Jenny empezó a hablar sobre cuándo nos pondríamos a pensar en tener otro hijo.

–Vaya, no lo sé –dije. Siempre habíamos sabido que queríamos tener más de uno, pero lo cierto es que no había calculado cuándo. No me parecía que debiéramos apresurarnos a volver a vivir lo que acabábamos de pasar–. Me parece que sería bueno dejar otra vez los anticonceptivos y ver qué pasa –sugerí.

–Ah... –dijo Jenny–. La vieja escuela de planificación familiar..., la del *Lo que será, será*.

–Venga, no me lo refriegues... –le dije–. Antes funcionó.

Y eso fue lo que hicimos. Pensamos que sería estupendo que concibiéramos en algún momento del año siguiente. Como Jenny se encargó de las matemáticas, dijo:

–Digamos que unos seis meses para quedar encinta y luego nueve meses más hasta el parto. Eso significaría dos años completos entre los dos.

A mí me pareció bien. Dos años era mucho tiempo, casi una eternidad, un lapso casi irreal. Ahora que había demostrado mi capacidad de cumplir la función masculina de la inseminación, me había quitado la presión de encima. Ni preocupaciones, ni estrés. Sucedería lo que tuviera que suceder.

Una semana después, Jenny estaba embarazada.

13. Un grito en medio de la noche

Con otro bebé gestándose en su interior, a Jenny le volvieron los antojos alimentarios a altas horas de la noche. Una noche era zumo de naranjas y, la siguiente, de pomelos. En una ocasión, sobre el filo de la medianoche, preguntó si había galletas bañadas en chocolate, y supe que haría otro viaje al colmado que estaba abierto las veinticuatro horas del día. Llamé a *Marley* con un silbido, le puse la correa y salimos. En el aparcamiento de la tienda nos entretuvimos con una joven de pelo rubio cardado y labios brillantes, con los tacones más altos que yo jamás había visto, que se había dirigido a *Marley* diciéndole: «¡Oh, qué ricura! Hola, cachorrito. ¿Cómo te llamas, bonito?» Por supuesto, *Marley* estaba de lo más contento por haber hecho una nueva amiga, pero yo lo sujeté con fuerza junto a mí para que no le babease la minifalda de color granate y la blusa blanca. «Quieres darme un besito, ¿no es cierto corazoncito?», dijo la chica, haciendo ruido de besos con los labios.

Mientras charlábamos, me pregunté qué hacía esta mujer atractiva, sola a esas horas de la noche, en un aparcamiento junto a la autovía Dixie. No parecía que tuviera coche y tampoco parecía que fuera a algún lado o que acabase de salir de la tienda. Sencillamente estaba allí, como una embajadora del aparcamiento dispuesta a saludar alegremente a los seres extraños y a sus perros que se acercaran, como si fuera la respuesta de nuestro barrio a las recepcionistas de los grandes almacenes Wal-Mart. ¿Y por qué era tan inmensamente amistosa? Las mujeres bonitas nunca eran amistosas, al menos no con hombres extraños en medio de un aparcamiento. De pronto se aproximó un coche y un hombre mayor bajó la ventanilla y preguntó: «¿Eres Heather?» La chica me miró como queriendo decir: *Se hace lo que se puede para pagar el alquiler.* «Tengo que irme –dijo, mientras se subía al coche–. Adiós, cachorrito.»

«No te enamores demasiado de ella, *Marley* –dije–. No puedes permitírtela.»

Pocas semanas después, un domingo a las diez de la mañana fui a la misma tienda con *Marley*, a comprar el *Miami Herald,* y nuevamente fuimos abordados, pero esta vez por dos chicas, de hecho dos adolescentes con aspecto tenso y nervioso. A diferencia de la chica anterior, éstas no eran atractivas y tampoco se habían empeñado en parecerlo. Las dos parecían estar desesperadas por tomar la siguiente dosis de crack. «¿Harold?», preguntó una de ellas. «Nones», respondí, pensando *¿De veras creen que algún tío se va a presentar para darse un anónimo revolcón sexual acompañado de su labrador retriever? ¿Cuán retorcido me creían?* Cuando sacaba el diario del receptáculo que había frente a la tienda, llegó un coche –Harold, supongo– y las chicas se fueron con él.

Yo no era el único testigo de la creciente prostitución que había a lo largo de la autovía. Cuando estuvo de visita mi hermana mayor, que viste con la modestia de las monjas, le hicieron proposiciones desde dos coches que rondaban por el lugar y, en otra ocasión, nos visitó un amigo que nos contó que una mujer acababa de mostrarle los pechos cuando él se aproximaba a casa en su coche, y no lo contó a modo de queja...

En respuesta a las molestias expresadas por los residentes, el alcalde prometió avergonzar públicamente a los hombres arrestados por buscar sexo en la calle y la policía empezó a poner señuelos, apostando agentes femeninas vestidas de civil en la esquina a la espera de que picaran los posibles clientes. Las agentes apostadas como señuelos eran las prostitutas con el aspecto más hogareño que yo haya visto –piensen en J. Edgar Hoover disfrazado de mujer–, pero eso no fue óbice para que los hombres buscaran sus servicios. Uno de los clientes fue cogido en el bordillo frente a casa, con el equipo del noticiero de la televisión filmándolo todo.

Si la cosa se hubiese limitado a las prostitutas y sus clientes, podríamos haber celebrado un tratado de paz, pero la actividad criminal no se detenía allí. Nuestro barrio parecía tornarse más peligroso cada día. En uno de nuestros paseos junto a la orilla, Jenny, que ese día tenía muchas náuseas debido al embarazo, decidió abandonar el paseo que dábamos con Patrick y *Marley*. Mientras iba hacia casa por una calle lateral, se dio cuenta de que la seguía un coche. Pensó que era un vecino que había aminorado la marcha para saludarla o alguien que quería pedir una dirección, pero cuando se giró y miró dentro del coche, se topó con el conductor que, con los genitales a la vista, se masturbaba a placer. Cuando el hombre recibió la respuesta que sólo Jenny podía darle, salió disparado marcha atrás para evitar que ella viera el número de la matrícula.

Cuando Patrick aún no había cumplido un año, el asesinato volvió a visitar nuestro barrio. Al igual que la señora Nedermier, la víctima era una mujer mayor que vivía sola en la primera casa de la calle Churchill, cuando uno entraba en ella desde la autovía Dixie, y estaba emplazada justo detrás de la lavandería que estaba abierta toda la noche. Yo sólo la conocía de saludarla con la mano cuando pasaba delante de ella con el coche. A diferencia del asesinato de la señora Nedermier, éste no nos aportó el consuelo de ser un trabajo hecho por alguien de adentro. La víctima había sido escogida al azar y el criminal era un desconocido que se había metido en la casa mientras ella estaba en el patio de atrás, tendiendo la colada, un sábado por la tarde. Cuando la mujer regresó a la casa, él le ató las muñecas con el cable del teléfono y la metió debajo de un colchón, mientras registraba la casa en busca de dinero. El hombre huyó con su botín, pero mi frágil vecina se asfixió lentamente bajo el peso del colchón. La policía detuvo enseguida a un hombre al que habían visto merodeando por la lavandería y cuando le vaciaron los bolsillos encontraron que lo que había robado en total eran dieciséis dólares y pico. El precio de una vida humana.

El ambiente de crimen que nos rodeaba nos hacía estar agradecidos por tener en casa a *Marley*, con su inmensa presencia. ¿Y qué si era un devoto pacifista cuya estrategia más agresiva era conocida como la Ofensiva de la Baba? ¿A quién le importaba que su reacción inmediata cuando venía alguien desconocido a casa era coger una pelota de tenis con la esperanza de que jugase con él? Los intrusos no lo sabían. Cuando algún desconocido se aproximaba a la puerta de casa, ya no encerrábamos a *Marley* antes de abrirla, así como dejamos de asegurar a todo el mundo lo inofensivo que era *Marley*. En lugar de eso, empezamos a dejar caer aquí y allí advertencias vagamente ominosas, como por ejemplo «*Marley* actúa de manera tan impredecible últimamente» y «No sé cuántas embestidas más aguantará esta puerta mosquitera».

Ahora teníamos un bebé y otro en camino. Ya no éramos tan alegremente despreocupados por la seguridad personal. Jenny y yo solíamos especular con lo que haría *Marley* si alguien tratase de hacernos daño a nosotros o al bebé, si es que hacía algo. Yo era partidario de que simplemente se pondría histérico y ladraría y jadearía sin cesar. Jenny tenía más fe en él y estaba convencida de que la especial lealtad que nos profesaba, especialmente a su tiracereales personal, Patrick, le despertaría el feroz y primitivo instinto de protección dormido en lo más profundo de su ser. «Ni hablar –dije yo–. Refregaría el hocico contra la bragueta del tío malo y se quedaría tan pancho.» Pero de todos modos concordamos ambos en que *Marley* daba miedo a la gente, circunstancia que nos venía muy bien. Su presencia marcaba la diferencia entre sentirnos vulnerables o seguros en nuestro hogar. Aunque siguiéramos debatiendo el tema de su efectividad como protector, dormíamos tranquilos porque él estaba a nuestro lado. Pero una noche, la discusión quedó zanjada para siempre.

Era octubre y el tiempo no había cambiado todavía. Como la noche era muy calurosa, teníamos el aire acondicionado puesto y las ventanas cerradas. Después del noticiero de las once de la noche, dejé salir a *Marley* al jardín del fondo para que hiciera sus necesidades, tras lo cual controlé que Patrick estuviera dormido en su cuna, apagué las luces y me acosté junto a Jenny, que estaba profundamente dormida. *Marley* se dejó caer junto a la cama, del lado de Jenny, como siempre, dejando escapar un largo suspiro. Estaba a punto de quedarme dormido cuando escuché un grito punzante y sostenido. Me despejé de inmediato, y también *Marley*, que se quedó paralizado junto a la cama, con las orejas levantadas. De pronto hubo otro grito que, superando el ruido del acondicionador de aire, atravesó las ventanas cerradas. Era el inequívoco grito de una mujer. Mi primera sospecha fue que había afuera un grupo de adolescentes haciendo el indio, lo cual no era inusual. Pero éste no era un grito alegre, de esos que se usan para rogar que dejen de hacerte cosquillas. El grito estaba teñido de desesperación, de verdadero terror, y comencé a pensar que había alguien metido en un problema terrible.

«Ven, muchacho», susurré a *Marley* mientras me levantaba.

–No salgas –dijo la voz de Jenny en medio de la oscuridad. No me había dado cuenta de que estaba despierta y escuchando.

–Llama a la policía –le dije–. Tendré cuidado.

Cogí a *Marley* de la correa estranguladora y salí al porche de delante en calzoncillos, a tiempo para ver una figura humana que corría en dirección al canal. Del lado opuesto vino un nuevo grito. En el exterior, sin paredes ni cristales que lo amortiguasen, el grito de la mujer atravesó el aire a una velocidad espeluznantemente rápida, como los que sólo había escuchado yo en las películas de terror. De pronto empezaron a encenderse las luces de otros porches. Los dos jóvenes que alquilaban la casa de la acera frente a la nuestra, salieron corriendo hacia el lugar del cual provenían los gritos, vestidos sólo con unos taparrabos. Los seguí a una distancia prudencial, con *Marley* sujeto a mi lado. Los vi entrar en el jardín de una de las casas cercanas y luego, segundos después, salir corriendo hacia mí.

–¡Vaya a ayudar a la chica! –me gritó uno señalando hacia la casa–. La han apuñalado.

–Nosotros vamos tras él –gritó el otro.

Y salieron los dos corriendo por el asfalto, descalzos, hacia donde había desaparecido el hombre. Barry, mi vecina, una intrépida soltera que había comprado y restaurado un bungalow desvencijado junto a la casa de la señora Nedermier, subió a su coche y partió tras el prófugo.

Yo solté el collar de *Marley* y corrí hacia el lugar de donde procedían los gritos. Tres casas más abajo encontré a mi vecina de diecisiete años de pie en el camino de entrada de su casa, doblada en dos, lanzando unos sollozos profundos y entrecortados. Se cogía las costillas, y por debajo de las manos vi que tenía sangre que le iba empapando la blusa. Era un chica delgada y bonita, con cabellos rubios que le caían por encima de los hombros. Vivía en esa casa con su madre, una agradable mujer divorciada que era enfermera y trabajaba de noche. Yo había charlado algunas veces con la madre, pero a la hija sólo la había saludado de lejos. Ni siquiera sabía cómo se llamaba.

–Me dijo que no gritara o me apuñalaría –dijo la chica, sollozando, emitiendo las palabras de forma entrecortada, con hiperventilación–. Pero grité. Grité y él me apuñaló. –Como si yo no le creyera, levantó la blusa y me mostró la herida que le había producido el hombre al clavarle la navaja entre las costillas–. Yo estaba sentada en el coche, con la radio encendida, y él salió de la nada.

Le puse una mano en el brazo, para calmarla, y vi que las rodillas le temblaban y se desplomaba enseguida en mis brazos, con las piernas dobladas como un animalito. La ayudé a sentarse en el suelo y me senté a su lado, acunándola entre mis brazos. Luchó por mantener los ojos abiertos y empezó a pronunciar las palabras con más calma, repitiendo una y otra vez:

–Me puso la mano sobre la boca y me dijo que no gritara.

–Hiciste lo que debías. Lo asustaste y tuvo que huir –le dije.

De pronto se me ocurrió que podía sufrir una conmoción, en cuyo caso yo no tenía ni la menor idea sobre cómo actuar. *Vamos, ambulancia... ¿dónde estás?* La consolé de la única forma que supe, como consolaría a mi propio hijo, es decir, acariciándole el cabello, sujetándole la mejilla con mi mano y secándole las lágrimas. A medida que la chica se debilitaba, yo le pedía que aguantase y le repetía que ya venían en su ayuda.

–No te pasará nada. Te pondrás bien –le dije, pero sin mayor convicción, pues tenía la piel de color ceniza.

Nos quedamos sentados sobre el asfalto durante lo que me pareció una eternidad, aunque de hecho fueron sólo tres minutos, según el informe de la policía. Poco a poco me acordé de *Marley* y empecé a buscarlo con la mirada. Lo vi sentado a unos dos metros de nosotros, con la mirada fija en la calle y agachado como un toro, una postura que nunca le había visto. Era la postura de un atacante. Tenía los músculos del cuello tensados, las mandíbulas apretadas y los pelos de los hombros erizados. Miraba hacia la calle con intensa fijeza y parecía dispuesto a abalanzarse. En ese instante me di cuenta de que Jenny tenía razón. Si el atacante armado volvía, tendría primero que pasar por encima de mi perro, y entonces supe, sin lugar a ninguna duda, que *Marley* pelearía hasta la muerte antes de dejar que nos atacaran. Me sentía emocionalmente afectado mientras sostenía a la chica y me preguntaba si no se estaría muriendo en mis brazos. Viendo a *Marley* protegiéndonos de aquella manera tan poco característica, con una fiereza tan majestuosa, se me llenaron los ojos de lágrimas. ¿Que era el mejor amigo del hombre? ¡Vaya si lo era!

—Estoy aquí –le dije a la chica, pero lo que debí decirle es *estamos* aquí, *Marley* y yo–. Ya viene la policía. Aguanta, por favor, aguanta –le dije.

Antes de cerrar los ojos, murmuró:

—Me llamo Lisa.

—Y yo John –dije.

Me pareció ridículo que estuviéramos presentándonos como si estuviésemos en una reunión social del vecindario. Aunque casi me reí ante lo absurdo de la situación, lo que de hecho hice fue ponerle un mechón de cabello detrás de la oreja y decirle:

—Ahora estás a salvo, Lisa.

De repente se presentó un oficial de policía corriendo desde la acera, como un arcángel bajado del cielo. Silbé a *Marley* y le dije:

«No pasa nada, chaval. Todo va bien.» Y fue como si con el silbido lo hubiera sacado de un trance. El tontarrón y buenazo de mi compañero estaba de vuelta, dando vueltas, jadeando y tratando de olernos. Fuera cual fuese el antiguo instinto que había surgido de las partes recónditas de su psique ancestral, había vuelto a su lugar. De pronto, aparecieron un montón de agentes de la policía y llegó la ambulancia, cuyo equipo desplegó una camilla y grandes rollos de gasas esterilizadas. Yo me hice a un lado, le dije a la policía lo que sabía y me fui a casa, con *Marley* saltando delante.

Jenny me esperaba en la puerta, y nos quedamos mirando por la ventana del frente el drama que tenía lugar en la calle. El barrio entero parecía el plató donde se filmaba un drama policial para la televisión. Había luces rojas que penetraban a través de las ventanas, un helicóptero de la policía que zumbaba por encima de nuestras cabezas, dirigiendo sus luces sobre jardines y callejuelas, agentes de policía que levantaban barricadas en las calles y peinaban el barrio a pie. Pero sus esfuerzos serían en vano, porque nunca se aprehendió a ningún sospechoso y nunca se determinó el motivo del hecho. Los vecinos que se lanzaron tras el delincuente me dijeron más adelante que no lo habían visto ni de lejos. Finalmente, Jenny yo nos fuimos a acostar y nos quedamos despiertos un buen rato.

–Te habrías sentido orgullosa de *Marley* –le dije–. Fue muy raro. No sé cómo, pero supo que aquello era algo serio. Sí, lo supo. Sintió el peligro y se transformó en un perro completamente diferente.

–Te lo dije –comentó Jenny. Y era cierto.

Mientras el helicóptero daba vueltas sobre nuestras cabezas, Jenny se acomodó en su lado de la cama y antes de dormirse dijo:

–Otra noche toledana en el barrio.

Yo estiré la mano en la oscuridad hasta que encontré a *Marley*, que estaba echado junto a mí.

«Te portaste muy bien esta noche, grandullón –le susurré, acariciándole las orejas–. Te has ganado el sustento.» Y con la mano sobre su lomo, me dejé tentar por Morfeo.

Una prueba de la insensibilidad que había en el sur de Florida en torno al crimen en general fue que el apuñalamiento de una adolescente que estaba sentada en su coche, frente a su casa, sólo ocupó seis frases del diario de la mañana siguiente. El relato del crimen en el *Sun-Sentinel* apareció en la página 3B, entre otras noticias breves, con el título de «Un hombre ataca a una chica».

La historia no hacía mención alguna de mí ni de *Marley*, ni de los chicos que salieron corriendo tras el asesino prácticamente desnudos, ni de Barry, que había ido tras él en su coche. Todos los vecinos del barrio, que habían encendido las luces de sus casas, habían llamado al 911, el número de la policía. Pero en el sórdido mundo del crimen violento del sur de Florida, el drama de nuestro barrio era sólo un tímido hipo. No había habido muertos, no había habido rehenes, no había pasado nada.

La cuchilla se había metido en el pulmón de Lisa, por lo que tuvo que estar cinco días en el hospital y varias semanas recuperándose en su casa. La madre mantenía informados a los vecinos de su evolución, pero la chica no salía de la casa. A mí me preocupaba el trauma emocional que pudiera dejarle el ataque. ¿Volvería a sentirse cómoda alguna vez cuando saliera del santuario de su casa? Nuestras vidas se habían cruzado durante tres minutos, pero yo tenía la sensación de haber invertido en ella el afecto que un hermano puede tener por su hermana menor. Quería respetar su intimidad, pero también quería verla, quería saber de primera mano que estaba bien.

Un sábado por la tarde, mientras yo lavaba nuestros coches en el camino de entrada, con *Marley* atado cerca de mí, levanté los ojos y vi que la tenía delante. Estaba más bonita de lo que yo la recordaba. Bronceada, fuerte y atlética, volvía a tener un aspecto estupendo. La chica me sonrió y me preguntó:

—¿Te acuerdas de mí?

—Veamos... —dije, fingiendo extrañeza—. Me resultas vagamente familiar. ¿No eres la que estaba delante mío en el concierto de Tom Petty y no quería sentarse?

Ella se rió, y yo le pregunté cómo estaba.

—Estoy bien. Casi normal —dijo.

—Tienes un aspecto estupendo —le dije—. Un poquito mejor que cuando te vi por última vez.

—Claro —dijo, mirándose los pies—. ¡Qué noche aquélla!

—¡Qué noche aquélla! —repetí, haciéndole eco.

Eso fue todo lo que dijimos sobre el asunto. Después, Lisa me contó lo que le habían hecho en el hospital, me habló de los médicos, del detective que la entrevistó, de las innumerables cestas de frutas que recibió y del aburrimiento de tener que estar sentada en su casa mientras se recuperaba. Pero no volvió a mencionar el ataque en sí. Y tampoco lo hice yo. Es mejor olvidarse de algunas cosas.

Lisa se quedó bastante tiempo esa tarde, siguiéndome mientras yo iba haciendo cosas en el jardín, jugando con *Marley* y hablando de cosas insustanciales. Yo tenía la impresión de que había algo que quería decirme, pero que no se atrevía. La chica sólo tenía diecisiete años, así que yo no esperaba que encontrase las palabras. Nuestras vidas se habían cruzado sin mediar plan alguno, dos seres desconocidos que de improviso se encuentran gracias a un inexplicable acto de violencia. No había habido tiempo entonces para las usuales presentaciones que se estilan entre vecinos, ni tiempo para establecer límites. En un abrir y cerrar de ojos nos habíamos encontrado íntimamente involucrados en una crisis, un papá en calzoncillos y una adolescente con la blusa empapada de sangre, aferrándose el uno al otro y también a la esperanza. Por eso ahora había una cierta intimidad. ¿Cómo podía no haberla? También había una cierta extrañeza, una ligera turbación, porque en ese momento nos habíamos encontrado con las guardias bajas. Las palabras sobraban. Sabía que ella me estaba agradecida por haber tratado de ayudarla, sabía que apreciaba mi esfuerzo por consolarla, por poco que hubiera sido. Sabía que yo la apreciaba mucho y que estaba de su lado. Esa noche habíamos compartido algo –uno de esos momentos instantáneos de claridad que definen todos los demás de una vida– que ninguno de los dos olvidaría así sin más.

–Me alegra mucho que hayas venido a verme –le dije.

–Y yo también estoy feliz de haber venido –respondió Lisa.

Cuando se fue, me dejó un buen sabor de boca. Era una chica fuerte y dura que progresaría. Y así fue. Años después me enteré de que había hecho carrera como presentadora de televisión.

14. Una llegada precipitada

John. –En medio de las tinieblas del sueño, fui cobrando conciencia de que alguien me llamaba–. John, John, despierta... –Era Jenny, que mientras me sacudía, me decía–: John, creo que el bebé está por nacer.

Levantando medio cuerpo, me apoyé sobre un codo y me restregué los ojos. Jenny estaba echada de lado, con las rodillas a la altura del pecho.

–¿El bebé qué...?

–Tengo contracciones muy fuertes –dijo Jenny–. He estado controlando los intervalos, y tenemos que llamar al doctor Sherman.

Para entonces yo ya estaba completamente despierto. *¿Que el bebé estaba por nacer?* Yo estaba ansioso con el nacimiento de nuestro segundo hijo, que, según sabíamos por la ecografía, era otro varón. Pero algo andaba mal, muy mal, con el tiempo. Jenny llevaba veintiuna semanas de embarazo, apenas la mitad de las cuarenta semanas que componen el período total de gestación. Entre los libros de maternidad que Jenny tenía había una colección de fotografías in vitro de alta definición tomadas a fetos en cada una de las semanas de su desarrollo. Pocos días antes habíamos mirado las fotos juntos y estudiado las correspondientes a la semana veintiuno, maravillándonos ante la evolución de nuestro hijo. A las veintiuna semanas, un feto puede caber en la palma de una mano, pesa menos de medio kilo, tiene los ojos cerrados, los dedos frágiles como ramitas y los pulmones aún sin suficiente desarrollo para destilar oxígeno. A las veintiuna semanas, las posibilidades de un bebé de vivir fuera del útero son magras, y las de sobrevivir sin acarrear graves problemas de salud de por vida, más magras aún. Hay razones por las que la naturaleza mantiene a los bebés en el útero materno durante nueve largos meses.

–Lo más probable es que no sea nada –dije.

Sin embargo, mientras marcaba a toda prisa el teléfono del servicio de guardia del médico, sentía que el corazón me latía con rapidez. Dos minutos después llamó el doctor Sherman, con voz de dormido. «Quizá sean sólo gases –dijo–, pero será mejor que le echemos un vistazo», y me ordenó que llevase a Jenny al hospital de inmediato. Corrí por toda la casa, echando ropa de ella en una maletita, preparando biberones y poniendo pañales en su correspondiente bolsa. Jenny llamó por teléfono a su amiga y colega Sandy, otra flamante mamá que vivía a pocas manzanas de nuestra casa, y le preguntó si podía dejar a Patrick en su casa. Para entonces, *Marley* también se había levantado y estaba bostezando, estirando las extremidades y contoneándose. *¡Un inesperado viaje nocturno!* «Lo siento, *Mar*», le dije, mientras lo llevaba al garaje a pesar de la cara compungida que me puso. «Te toca proteger el fuerte.» Cogí a Patrick, lo puse en la sillita infantil del coche, le ajusté el cinturón de seguridad y nos marchamos en medio de la noche.

En la unidad de cuidados intensivos de la maternidad de St. Mary's, las enfermeras pusieron manos a la obra de inmediato. Vistieron a Jenny con una bata de hospital y la enchufaron a un monitor que medía las contracciones y los latidos del corazón del bebé. Jenny tenía contracciones cada seis minutos, lo cual descartaba de plano los gases. «Su bebé quiere nacer –le dijo una de las enfermeras–, pero vamos a emplearnos a fondo para asegurarnos de que no lo haga.»

El doctor Sherman les pidió por teléfono que verificaran si el útero de Jenny se dilataba. Una enfermera introdujo un dedo enguantado en el útero de Jenny e informó al médico que había dilatado un centímetro. Incluso yo sabía que aquello no iba bien. La dilatación completa del cuello del útero se produce a los diez centímetros, punto en el cual la madre empieza a pujar, cuando se trata de un parto normal. Con cada dolorosa contracción, el cuerpo de Jenny la acercaba al punto desde el cual no hay retorno.

El doctor Sherman ordenó un goteo endovenoso de una solución salina y una inyección para inhibir el parto. Las contracciones cedieron, pero dos horas después volvieron con más fuerza, por lo que hubo que dar a Jenny una segunda inyección, y después una tercera.

Jenny estuvo en el hospital los doce días siguientes, hurgada y pinchada por un batallón de especialistas en las artes prenatales y sometida a controles monitorizados y a goteos endovenosos. Tomé unas vacaciones para atender a Patrick en mi temporal condición de padre único, haciendo lo imposible para mantener todo funcionando con normalidad –la colada, las comidas, el pago de cuentas, la limpieza de la casa y el cuidado del jardín–. Ah, sí, y también a atender a la otra criatura viviente que teníamos en casa, el pobre *Marley*, que de repente pasó de ser segundo violín a ni siquiera figurar entre los miembros de la orquesta. Pero aunque yo no le prestara atención, él mantenía vivo el vínculo de nuestra relación y no me perdía de vista un minuto. Me seguía lealmente mientras yo, con Patrick en un brazo, pasaba la aspiradora, metía la ropa en la lavadora o cocinaba con la otra. Si yo entraba en la cocina para poner los platos sucios en el lavavajillas, él me seguía, daba unas vueltas en busca del lugar perfecto y, cuando lo encontraba, se dejaba caer sobre él. No bien se instalaba allí, yo iba a la lavandería a sacar la ropa de la lavadora para ponerla en la secadora, y allí iba él y, poniendo las mantitas a su antojo con una pata, se tumbaba sobre ellas, pero yo ya partía hacia el salón para recoger los diarios. Y así sucesivamente. Con suerte, recibía una caricia si yo me tomaba un descanso entre tantas tareas domésticas.

Una noche, cuando finalmente logré que Patrick se durmiera, me eché en el sofá, agotado. *Marley* se me acercó, dejó caer sobre mi regazo la soga con la que jugábamos y se quedó mirándome con aquellos gigantescos ojos pardos que tenía. «¡Ay, *Marley*...! –dije–. Estoy rendido.» Él puso el hocico debajo de la soga y de un tirón la levantó en el aire, esperando que yo intentara cogerla y dispuesto a ganarme de mano. «Lo siento, amigo. Esta noche, no», le dije. *Marley* levantó una ceja y ladeó la cabeza. Se dio cuenta de que, de pronto, se desvanecía su entretenida rutina diaria. Su ama había desaparecido de forma misteriosa y su amo ya no era un tío divertido; nada era igual que antes. El pobre animal suspiró y vi que estaba tratando de comprender lo que ocurría. *¿Por qué John no juega más? ¿Qué ha pasado con los paseos matinales? ¿Por qué ya no nos tiramos al suelo y luchamos? ¿Y dónde está Jenny? No ha huido con el dálmata de la otra manzana, ¿no?*

La vida era completamente aburrida para *Marley*, aunque tenía su lado bueno, porque pronto adopté el hábito que tenía en mi vida de soltero (léase el desaliño). Dado el poder que me había sido investido en mi condición de único adulto de la casa, anulé la Ley sobre la Domesticidad del Matrimonio y proclamé

las derogadas Reglas del Soltero como leyes del territorio hogareño. Mientras Jenny estuviera en el hospital, las camisas se usa-
ban dos veces, y hasta tres, entre coladas, salvo que las manchas
de mostaza fueran muy evidentes; la leche podía beberse directamente del bote y el asiento de la taza del baño podía quedar levantado, a menos que necesitara bajarlo para sentarme en él.
Para alegría de *Marley*, establecí la política de mantener abierta
la puerta del cuarto de baño veinticuatro horas al día, siete días a
la semana. Después de todo, en casa sólo estábamos nosotros
tres, todos tíos. Esa medida brindó a *Marley* una nueva oportunidad de tener más intimidad en un espacio cerrado. A partir de
allí, lo más sensato fue dejarlo que bebiera agua del grifo de la
bañera. Jenny se habría espantado, pero, a mi juicio, era mejor
eso que el agua de la taza del baño. Ahora que estaba firmemente instaurada la Política del Asiento Levantado (y, en consecuencia, también la Política de la Tapa Levantada), tuve que
ofrecer a *Marley* una alternativa viable a esa atractiva piscina de
porcelana llena de agua que le rogaba que metiera su hocico en
ella y jugase al submarino.

Adquirí entonces el hábito de dejar el grifo de la bañera apenas abierto cuando yo estaba en el baño, para que *Marley* pudiera
beber agua fresca. Y él no podía haber estado más feliz, aunque le
hubiese construido una réplica exacta de la Splash Mountain.
Marley solía ladear la cabeza debajo del grifo y beber el agua que
manaba, azotando el lavamanos con la cola. Su sed no tenía límite,
al punto que llegué a convencerme de que debía de haber sido ca-
mello en una vida anterior. Pronto descubrí que había creado el
monstruo de la bañera, ya que *Marley* tomó la costumbre de ir al
cuarto de baño a solas y quedarse mirando el grifo, con añoranza,
lamiéndolo por si acaso quedase alguna gota por caer y refregan-
do el hocico en la llave del agua, hasta que yo no aguantaba más e

iba a abrírsela. Había resuelto descartar con desdén el agua que tenía en su bol.

El siguiente paso hacia la barbarie se produjo cuando me duchaba. *Marley* supuso que podía pasar la cabeza por debajo de la cortina de la bañera y beber agua de una catarata, más que de un chorrito. Así, mientras me duchaba, él lamía la alcachofa. «No se lo cuentes a mamá», le decía yo.

Traté de hacerle creer a Jenny que yo hacía todas las tareas de la casa sin el menor esfuerzo diciéndole: «Estamos muy bien», tras lo cual dirigiéndome a Patrick añadía: «¿No es cierto, camarada?» Patrick respondía con su acostumbrado «¡Dada!» y después, señalando la lámpara que había en el techo, decía: «¡Luuuuuz!» Pero Jenny no se dejaba engañar. Un día, cuando fui al hospital con Patrick para hacerle nuestra visita diaria, Jenny se quedó atónita mirando a Patrick y preguntó:

–¿Qué diablos le has hecho?

–¿Qué quieres decir con eso de qué le he hecho? El crío está estupendo.

Y mirando a Patrick, añadí:

–¿No es cierto, cariño?

–¡Dadá! ¡Luuuuuz!

–¡La ropa! –exclamó Jenny–. ¿Cómo cuernos...?

Y entonces caí; vi lo que estaba mal con el pelele. Patrick tenía los gordos muslos embutidos en las mangas –tan apretados que debió de haber estado a punto de cortársele la circulación–, el cuello volcado le colgaba como una ubre entre las piernas, la cabeza le asomaba por entre los corchetes de la bragueta abierta y los bracitos se perdían en las abultadas perneras. Aquello era todo un espectáculo.

–¡Cómo la has pifiado...! –dijo Jenny–. Se lo has puesto completamente al revés.

—Eso es lo que tú crees —respondí.

Pero la cosa había tocado fondo. Jenny empezó a llamarme a casa a cada rato, desde el hospital, y dos días después mi dulce y querida tía Anita, una enfermera retirada que había llegado a Estados Unidos desde Irlanda cuando era adolescente y vivía ahora en el otro extremo del estado, se presentó como por arte de magia, maleta en mano, y alegremente comenzó a restaurar el orden en la casa. Las Reglas del Soltero pasaron a la historia.

Cuando finalmente los médicos le dieron el alta a Jenny, lo hicieron con la condición de que siguiera sus órdenes al pie de la letra. Si quería tener un bebé sano, debía guardar cama y, aun así, moverse lo menos posible. Para lo único que podía levantarse era para ir al cuarto de baño, donde podía darse una ducha al día y regresar de inmediato a la cama. No podía hacer nada, ni cocinar, ni cambiar pañales, ni salir hasta el buzón a buscar la correspondencia, ni levantar nada más pesado que el cepillo de dientes, lo cual descartaba coger en brazos a su hijo, una estipulación que casi la mató de pena. Tenía que guardar cama, hacer reposo absoluto, sin excepción alguna. Los médicos habían logrado detener el parto incipiente y su objetivo era mantenerlo así hasta al menos las doce semanas siguientes. Para entonces, el bebé ya tendría treinta y cinco semanas y, aunque diminuto, estaría plenamente formado y podría enfrentarse al mundo en sus propios términos. Todo ello implicaba que había que mantener a Jenny tan quieta como un glaciar. La tía Anita, bendita sea su alma caritativa, se instaló con nosotros para aguantar el chubasco. *Marley* estaba encantado porque tenía alguien más con quien jugar, además de que se encargó de instruir a la tía para que le abriese el grifo del baño.

Un día vino a casa una enfermera del hospital e insertó a Jenny un catéter en el muslo, y sujetó a la pierna la pequeña

bomba que, movida por una batería, filtraba en la corriente san-
guínea unos medicamentos que inhibían el parto. Como si eso
no fuese suficiente, enchufó a Jenny a un sistema de monitoriza-
ción que parecía un artilugio de tortura: una especie de tazón lleno de cables que se metían en el teléfono. El tazón se sujetaba al
vientre de Jenny con una banda elástica y registraba los latidos
del bebé y cualquier contracción que se produjera y los enviaba
vía telefónica tres veces al día a una enfermera que observaba los
datos para percatarse de inmediato de cualquier problema que
pudiera surgir. Fui a la librería y volví con una pequeña fortuna
invertida en material de lectura que Jenny devoró en los tres días
siguientes. Aunque la pobre trataba de mantenerse animada, el
aburrimiento, el tedio, la incertidumbre de cada hora acerca del
estado de su bebé no nato, conspiraban para desanimarla. Pero lo
peor de todo era su condición de flamante mamá que no podía
coger en brazos a su hijito de quince meses, no podía acudir en su
ayuda, ni consolarlo ni besarlo cuando estuviera triste. Yo solía
ponérselo a su lado, sobre la cama, donde Patrick le cogía el cabello y le metía los dedos en la boca, mientras señalaba la lámpara y decía: «Mamá..., ¡luuuuuz!» Eso hacía reír a Jenny, pero no
era lo mismo. Poco a poco, la pobre iba enloqueciendo.

Su constante compañero fue, desde luego, *Marley*. Él se instaló sobre el suelo, junto a ella, y se rodeó de una variada serie de
juguetes y huesos para morder, no fuera cosa que a Jenny se le
ocurriese levantarse y ponerse a jugar con él. Y allí estaba *Marley*, de vigilia día y noche. Cuando yo volvía del trabajo, encontraba a tía Anita en la cocina, preparando la cena, con Patrick
junto a ella, sentado en su balancín, y en el dormitorio, a *Marley*,
de pie junto a la cama, con la quijada sobre el colchón, la cola en
frenético movimiento, y el hocico metido en el cuello de Jenny,
que leía, o dormitaba o miraba al techo, con el brazo apoyado en

el lomo del perro. Yo le marcaba en el calendario cada uno de los días que pasaban con la idea de que ella pudiera seguir el transcurso del tiempo, pero eso sólo sirvió para recordarle la lentitud con que pasaba cada minuto, cada hora. A algunas personas les atrae el hecho de pasar sus días tumbados, sin hacer nada, pero Jenny no era así. Ella había nacido para el ajetreo, y la quietud forzada la deprimía de manera imperceptible, pero un poco más cada día. Era como un marinero en medio de una zona en calma, que espera con creciente desesperación que haya la más mínima brisa para hinchar las velas y poder continuar el viaje. Yo trataba de alentarla, diciéndole cosas como: «Dentro de un año nos acordaremos de estos momentos y nos echaremos a reír», pero me daba cuenta de que una parte de ella se me iba de las manos. Algunos días, Jenny tenía la mirada perdida.

Cuando le faltaba todavía un mes de reposo absoluto, la tía Anita hizo la maleta y se despidió con sendos besos. Se había quedado el máximo posible; en realidad había postergado su partida en varias ocasiones, pero en su casa tenía un marido que, según decía sólo a medias en broma, era posible que se tornase salvaje de tanto alimentarse a base de comidas congeladas y mirar el canal de los deportes. Así las cosas, otra vez tuvimos que bastarnos por nosotros mismos.

Hice lo que pude para mantener el barco a flote, levantándome temprano para bañar y vestir a Patrick, darle de comer avena y puré de zanahorias, y llevarlo, junto con *Marley*, a dar un paseo, aunque fuera corto. Después, de camino al trabajo, dejaba a Patrick en la casa de Sandy y lo recogía por la noche. A mediodía iba a casa a hacerle el almuerzo a Jenny, llevarle la correspondencia –que constituía su momento diario de alegría–, jugar un ratito con *Marley* y recoger la casa, que poco a poco iba adquiriendo una pátina de descuido. El césped estaba sin cortar, la colada sin hacer y la mosquitera del porche de atrás tenía un agujero que había hecho *Marley* cuando lo atravesó al salir disparado tras una ardilla, al más puro estilo de un dibujo animado. El trozo de mosquitera desgarrada, que se movía con la brisa, se convirtió de hecho en una puerta vaivén para perros que permitía que *Marley* saliera y entrara de la casa a sus anchas durante las largas horas que estaba a solas con la postrada Jenny. «Ya lo arreglaré –le prometí a Jenny–. Lo tengo en la lista de tareas.» Pero aun así notaba el desánimo en su mirada. Le implicaba un esfuerzo enorme no saltar de la cama y poner la casa en orden en un abrir y cerrar de ojos. Yo hacía las compras después de acostar a Patrick, por lo que a veces me encontraba recorriendo los pasillos del supermercado a medianoche. Sobrevivimos gracias a las comidas preparadas, los cereales y las latas de pasta. El diario íntimo que yo llevaba años escribiendo con toda fidelidad, quedó repentinamente truncado. No tenía tiempo para escribir y, menos aún, energía. La última anotación leía: «En estos momentos, la vida me resulta un poco sobrecogedora.»

Un día, cuando nos aproximábamos a la semana treinta y siete del embarazo de Jenny, se presentó la enfermera del hospital y dijo: «Felicidades, chica, lo has logrado. Ahora vuelves a ser libre.» Desenchufó el gotero, le quitó el catéter, envolvió el monitor fetal y repasó las órdenes que había escrito el médico. Jenny podía retomar su vida normal con entera libertad; sin restricciones, sin medicamentos, e incluso con sexo. El bebé ya podía nacer cuando quisiera. El parto se produciría cuando tuviera que producirse. «Divertíos –dijo la mujer–. Os lo merecéis.»

Jenny se dedicó a aupar a Patrick y a jugar con *Marley* en el jardín trasero, y, por supuesto, a limpiar la casa de arriba abajo. Esa noche salimos a celebrarlo. Fuimos a cenar a un restaurante hindú y a ver un espectáculo en el club local de comedias. Al día siguiente continuamos las celebraciones comiendo en un restaurante griego, pero antes de que nos sirvieran el primer plato, Jenny estaba de parto. Las contracciones habían comenzado la noche anterior, cuando comía cordero al curry, pero no les había hecho caso; no iba a permitir que unas pocas contracciones le arruinaran una bien ganada noche de fiesta. Sin embargo, las de ahora eran tan fuertes, que Jenny apenas si podía respirar. Nos marchamos a casa de inmediato, donde Sandy cuidaba de Patrick y vigilaba a *Marley*. Jenny se quedó en el coche, jadeando para aliviar el dolor, mientras yo recogía la pequeña maleta con sus cosas. Cuando llegamos a la habitación del hospital, la dilatación del útero rondaba los siete centímetros. Menos de una hora después, yo tenía en brazos a mi segundo hijo. Jenny le contó los dedos de las manos y los pies. El bebé tenía los ojos abiertos, con una mirada alerta, y las mejillas sonrosadas.

–Lo ha logrado –dijo el doctor Sherman a Jenny–. El bebé es perfecto.

Conor Richard Grogan nació con dos kilos seiscientos cincuenta gramos el 10 de octubre de 1993. Yo estaba tan contento que ni siquiera me molestó la cruel ironía de que esta vez que nos habían asignado una de las suites de lujo apenas si tenía tiempo de disfrutarla. Si el parto hubiera sido un poco más rápido, Jenny habría dado a luz en el aparcamiento de la gasolinera Texaco. Yo no tenía ni tiempo de echarme en el sofá destinado al papá.

Teniendo en cuenta lo que habíamos pasado para que nuestro hijo viniera al mundo sano, pensábamos que su nacimiento era un acontecimiento, aunque no tan importante como para que se presentaran los periodistas de los medios locales. Sin embargo, bajo nuestra ventana podía verse en el aparcamiento una serie de camionetas de los equipos de la televisión, con sus antenas parabólicas apuntando al cielo. Podía ver a los periodistas con sus micrófonos haciendo las pruebas delante de las cámaras.

–Han venido los *paparazzi* a verte, ¿sabes cariño? –le dije a Jenny.

Una enfermera que estaba en la habitación atendiendo al bebé dijo:

–¿Han visto qué casualidad? Donald Trump está aquí mismo.

–¿Donald Trump? –pregunté–. No sabía que estuviera embarazado.

Varios años antes, cuando el magnate de los negocios inmobiliarios se había mudado a West Palm Beach, instalándose en la enorme mansión de Marjorie Merriweather Post, la extinta reina de los cereales, había suscitado una gran conmoción. La propiedad se llamaba Mar-a-Lago y, tal como su nombre implicaba, se extendía a lo largo de diecisiete acres desde el océano Atlántico hasta el Intracoastal Waterway, con cancha de golf de nueve hoyos incluida. Desde el final de nuestra calle podíamos ver, al otro lado del canal, la mansión de cincuenta y ocho dormitorios cuyas agujas de estilo morisco se elevaban por encima de las palmeras. Los Trump y los Grogan éramos prácticamente vecinos.

Encendí la televisión y me enteré de que El Donald y su amiga Marla Maples eran los orgullosos padres de una niña, adecuadamente llamada Tiffany, que había nacido poco después de que Jenny diera a luz a Conor.

–Un día tendremos que invitarlos a jugar –dijo Jenny.

Desde la ventana vimos cómo se arracimaban los periodistas para ver a los Trump cuando salieran del hospital con su flamante bebé, de camino a su mansión. Marla sonreía con recato, al tiempo que ponía al bebé frente a las cámaras, mientras Donald saludaba con la mano y guiñaba un ojo. «¡Me siento estupendamente bien!», dijo ante las cámaras, tras lo cual partieron en un coche con chófer.

A la mañana siguiente, cuando nos tocó el turno de marcharnos a casa, una jubilada que hacía trabajos voluntarios en el hospital llevó a Jenny y a Conor en una silla de ruedas hasta la puerta del hospital. No había ni periodistas ni cámaras, ni camionetas con parabólicas, ni contundentes mordacidades, ni entrevistas en vivo. Éramos sólo nosotros y la voluntaria. Pero yo, aunque nadie me lo preguntara, también me sentía estupendamente bien. Donald Trump no era el único que no cabía en sí de orgullo por sus descendientes.

La voluntaria esperó con Jenny y el bebé a que yo regresara con el coche y lo estacionara junto al bordillo. Antes de poner a mi flamante hijito en su asiento infantil y sujetarlo con el cinturón de seguridad, lo levanté por encima de mi cabeza para que todo el mundo pudiera verlo, no fuera cosa que alguien estuviera mirando, y dije:

—Conor Grogan, eres tan especial como Tiffany Trump... Y que nunca se te olvide.

15. Un ultimátum posparto

Éstos deberían de haber sido los días más felices de mi vida y, en ciertos aspectos, lo fueron. Teníamos dos hijos, uno que empezaba a andar y otro recién nacido, que se llevaban diecisiete meses. La dicha que nos aportaron fue profunda, pero las tinieblas que se habían adueñado de Jenny durante los meses de reclusión forzosa en la cama persistían. Unas semanas estaba bien y emprendía con alegría la responsabilidad de tener dos criaturas que dependían de ella por completo, pero otras, sin previo aviso, se tornaba lúgubre y se mostraba derrotada, como si la rodeara una niebla de melancolía que no se disipaba en días. Los dos estábamos agotados y faltos de sueño. Patrick aún nos despertaba al menos una vez cada noche y Conor, muchas más. Rara vez podíamos dormir durante más de dos horas seguidas. Algunas noches, cuando acudíamos con los ojos vidriosos a atender respectivamente a los bebés, parecíamos zombis. Nos levantábamos a medianoche, a las dos de la mañana, luego a las tres y media y por último a la cinco. Después salía el sol y con él nacía otro día, que nos traía renovadas esperanzas y un agotamiento devastador a medida que cumplíamos el ciclo de quehaceres cotidiano. Del pasillo venía la voz dulce y alegre de Patrick que estaba despierto del todo «¡Mamá! ¡Papá! ¡Luuuuuz!» y, por mucho que deseáramos que no fuera así, sabíamos que lo que habíamos dormido, por poco que fuera, era todo lo que íbamos a dormir hasta la noche siguiente. Empecé a hacer el café cada vez más fuerte y a presentarme en el trabajo con las camisas arrugadas y rastros de babas de los chicos en la corbata. Una mañana, en la sala de prensa, vi que me miraba fijamente la joven y atractiva asistente de los artículos editoriales. Halagado, le sonreí. *¡Vaya, podré ser padre de dos niños, pero las mujeres aún me miran!* Y entonces ella dijo:

—¿Sabes que llevas una pegatina de Barney* en el pelo?

Para completar el caos falto de sueño en el que se había convertido nuestra vida, Conor nos tenía muy preocupados, ya que, con menos peso del necesario desde que había nacido, no podía retener el alimento en el estómago. Jenny había emprendido una lucha denodada para amamantarlo hasta que fuera un niño robusto, y él parecía estar igualmente dedicado a desbaratar los planes de su madre. Jenny le ofrecía sus pechos y él los aceptaba con gusto, mamando con apetito, pero de repente, lo devolvía todo en una sola bocanada. Ella volvía a darle de mamar, él volvía a mamar con furia y, poco después, a arrojarlo todo. Los vómitos como proyectiles se convirtieron en un suceso de nuestras vidas que se producía cada hora. El asunto se repetía sin cesar, y Jenny se asustaba cada vez más. Los médicos diagnosticaron que Conor padecía reflujo y nos recomendaron que consultásemos a un especialista. Con el paso del tiempo, Conor superó el problema y ganó peso, pero durante cuatro largos meses estuvimos preocupadísimos por él. A lo largo de ese ciclo de alimentación y vomitadas, Jenny se convirtió en un cúmulo de temor, estrés y frustración exacerbado por la falta de sueño. «Me siento tan inadecuada

---

* Nombre de un muñeco de una serie de televisión. *(N. de la T.)*

–solía decir–. Las madres tienen que ser capaces de proporcionar a sus bebés todo lo que necesitan.» Sus fusibles se tornaron más sensibles que nunca y se quemaban a la menor infracción, como dejar la puerta de un mueble abierta o migas sobre la encimera de la cocina.

El lado bueno del asunto fue que nunca descargó su ansiedad en los niños. De hecho, les alimentaba con un esmero y una paciencia casi obsesivos, entregándose por completo a sus retoños. El lado malo fue que sí lo hizo conmigo y con *Marley*. Jenny perdió por completo la paciencia con *Marley*. Cada trasgresión de éste –y seguían siendo muchas– llevaba a Jenny más cerca del paroxismo. Inconsciente de lo que podría avecinarse, *Marley* continuó haciendo sus payasadas y travesuras, y siguió tan bullicioso como siempre. Compré un arbusto que daba flores y lo planté en el jardín para conmemorar el nacimiento de Conor, pero *Marley* lo arrancó de raíz el mismo día y lo masticó hasta dejarlo reducido a broza. En medio de todo el trajín, yo había logrado reponer la mosquitera de la puerta trasera que *Marley* había roto, pero éste, acostumbrado ya a la puertecita canina que le permitía entrar y salir a sus anchas, volvió a atravesarla de una embestida. Un día, *Marley* se escapó y cuando por fin regresó, traía entre los dientes un panty de mujer. Yo no quería ni enterarme de lo que hacía.

Pese a los tranquilizantes que le habían recetado, y que Jenny le daba cada día con más frecuencia, más por ella que por él, la fobia de *Marley* por la tormentas se hacía más intensa e irracional día tras día, y ya había llegado al colmo de que un simple chaparrón lo ponía frenético. Si estábamos en casa, su reacción se limitaba a pegársenos como una lapa y salivar nervioso sobre nuestra ropa, pero si no estábamos, seguía buscando protección de la misma forma torpe en que lo hacía antes, es decir, intentando abrirse paso a un lugar seguro cavando y mordiendo puertas, yeso y linóleo. Cuanto más reparaba yo, más rompía él, y siempre me llevaba la delantera. Debería de haberme puesto furioso con él, pero como Jenny lo estaba por los dos, empecé a taparle cosas. Si encontraba un zapato, un libro o un cojín masticado por él, ocultaba la evidencia antes de que la descubriera Jenny. Cuando le daba por correr por toda la casa como si huyera del diablo, algo así como un toro en medio de un bazar, yo iba tras él, enderezando las alfombras, poniendo las mesas camilla en sus lugares y secando los escupitajos que lanzaba contra las paredes. Antes de que Jenny lo descubriese, recogía con la aspiradora las astillas del garaje que había producido al roer otra vez la puerta. Me quedaba levantado hasta tarde poniendo parches sobre las mordeduras y los arañazos y lijándolos de manera que al día siguiente, cuando Jenny se levantara, las señales de los últimos daños estuvieran cubiertas. «¡Por Dios, *Marley*...! ¿Es que quieres morir?», le pregunté una noche, mientras reparaba su último destrozo y él, que estaba a mi lado, movía la cola sin cesar y me lamía la oreja. «Tienes que dejar de hacer todo esto», le dije.

Una noche, al llegar a esa casa de ambiente volátil, abrí la puerta y encontré a Jenny pegándole puñetazos a *Marley*. Jenny lloraba de forma incontrolada y lo azotaba salvajemente, más como si estuviese aporreando un timbal que imponiendo un castigo. Le daba sin control en las ancas, los hombros y el cuello mientras le gritaba: «¿Por qué haces esto? ¿Por qué? ¿Por qué lo destrozas todo?» (En ese momento reparé en lo que había hecho. El cojín del sofá estaba totalmente desgarrado, la tela hecha trizas y el relleno fuera de su lugar. *Marley* tenía la cabeza gacha y las patas delanteras estiradas como si estuviera a punto de zambullirse en el ojo de un huracán. No intentaba huir ni eludir los golpes. Estaba quieto, recibiendo los golpes sin queja ni gemido alguno.

–¡Eh! ¡Eh! ¡Eh! –grité, al tiempo que cogía a Jenny de las muñecas–. Venga, para. ¡Para!

Ella sollozaba y jadeaba.

–Para –le repetí.

Me planté entre Jenny y *Marley* y puse la cara directamente delante de la de ella. No reconocí la mirada de sus ojos; fue como si me mirase a una desconocida.

–Sácalo de aquí –dijo en una voz queda, pero teñida de furia–. Sácalo de aquí ahora mismo.

–Vale, lo sacaré, pero tú tienes que calmarte –le dije.

–Sácalo de aquí y mantenlo fuera de mi vista –dijo Jenny en una inquietante cadencia monótona.

Abrí la puerta principal y *Marley* salió. Cuando volví a coger la correa que estaba sobre la mesa, Jenny dijo:

–Y hablo en serio. No quiero verlo. No quiero volver a verlo nunca más.

–Venga..., no lo dirás en serio, ¿no?

–Va en serio –dijo ella–. Estoy harta de ese perro. Encuéntrale un hogar o lo haré yo.

No era posible que hablara en serio. Jenny quería al perro, lo adoraba pese a su larga lista de torpezas. Lo que pasaba era que estaba alterada, estaba a punto de perder por completo los estribos, pero lo reconsideraría. De momento, pensé que lo mejor era dejar que se calmase. Salí por la puerta principal, sin decir una palabra más. *Marley* empezó a correr por todo el jardín delantero, saltando en el aire con las fauces abiertas en un intento de quitarme la correa que yo tenía en la mano. Volvía a ser el mismo de siempre, sin que al parecer la paliza lo hubiera afectado. Yo sabía que Jenny no le había hecho daño. A decir verdad, yo lo vapuleaba con mucha más fuerza cuando jugaba duro con él y parecía encantarle, pues siempre buscaba prolongar el juego. Y es que era característico de los de su raza ser inmunes al dolor, como si fueran unas máquinas compuestas de músculos y energía en constante movimiento. En una ocasión en que yo lavaba el coche en la entrada de la casa, *Marley* metió la cabeza en el cubo de agua y detergente y galopó a ciegas por los jardines de las casas vecinas, con el cubo encasquetado firmemente en la cabeza, hasta que se dio de lleno contra un muro, algo que no pareció afectarlo en absoluto. Sin embargo, si se le daba una palmada con furia en el lomo o se le hablaba con firmeza y seriedad, actuaba como si lo hubieran herido en lo más profundo de su ser. Pese a ser un tocho en materia de aprendizaje, *Marley* tenía una veta de extraordinaria sensibilidad. Jenny no le había hecho ningún daño físico, pero sí le había herido los sentimientos, al menos, de momento. Jenny era todo para él, una de sus mejores compañeras en el mundo entero, y sin embargo se había vuelto contra él. Era su ama y su fiel compañera. Si a ella le parecía justo pegarle, a él le parecía adecuado no decir nada y aguantarse. En comparación con otros perros, *Marley* no se lucía casi en nada, pero no cabía duda de que era leal. Ahora me tocaba a mí reparar el daño y enderezar las cosas.

Cuando salimos a la calle, le puse la correa y le ordené: «¡Siéntate!» *Marley* se sentó. A fin de hacer nuestro paseo en calma, le ajusté el collar estrangulador. Antes de ponerme en marcha, le acaricié la cabeza y la nuca. *Marley* levantó la cabeza y me miró, con la lengua colgándole hasta medio camino del cuello. Al parecer, había olvidado el incidente con Jenny, y yo esperaba que también ella lo olvidase. «¿Qué voy a hacer contigo, tontarrón del diablo?», le pregunté. Él pegó un salto, como detonado por un resorte, y me pegó un lametazo en la boca.

Esa noche, *Marley* y yo anduvimos una pila de kilómetros. Cuando por fin llegamos de vuelta a casa y abrí la puerta, él estaba agotado y listo para echarse en un rincón. Jenny, que parecía haber recuperado la calma, estaba dándole de comer a Patrick un potito, mientras acunaba a Conor, a quien tenía sobre su regazo. Le quité la correa a *Marley,* que fue derechito a beber agua a borbotones, salpicando los alrededores del bol. Cuando *Marley* acabó de beber, sequé el suelo y eché una mirada de soslayo a Jenny y vi que seguía imperturbable. Quizá había pasado ya el terrible momento, tal vez había recapacitado, acaso se sentía mal por el arranque que había tenido y estaba buscando las palabras para disculparse. Cuando pasé junto a ella, con *Marley* pisándome los talones, Jenny, sin mirarme, dijo con calma y en voz queda:

—Hablo muy en serio. No lo quiero en casa.

En los días siguientes Jenny repitió tantas veces el ultimátum que tuve que reconocer que no era una amenaza carente de intención. No lo decía por desfogarse y tampoco dejaba de reiterar el asunto. El tema me tenía preocupado. Por patético que parezca, *Marley* se había convertido en mi álter ego canino, en mi casi constante compañero, en mi amigo. Él era el espíritu libre, indisciplinado, recalcitrante, inconformista y políticamente incorrecto que yo siempre había querido ser, si hubiera tenido la suficiente valentía, por lo cual yo disfrutaba indirectamente de su ánimo indómito. Por complicada que resultara la vida, él me hacía recordar que también brindaba sencillas satisfacciones. Por muchas que fueran las exigencias que se me presentaran, él nunca dejó de recordarme que a veces vale la pena pagar el precio de la desobediencia voluntaria. En un mundo lleno de amos, él era su propio amo. La idea de deshacerme de él me encogía el corazón, pero tenía dos hijitos que atender y una esposa a la que los tres necesitábamos. Nuestro hogar colgaba del más delgado de los hilos. Si perder a *Marley* era convertir el desquicio en estabilidad, ¿cómo podía no acceder a los deseos de Jenny?

Empecé a sondear el ambiente, preguntando con suma discreción a amigos y colegas si alguno tendría interés en adoptar un encantador y animoso labrador retriever de dos años. Así me enteré de que había un vecino que adoraba a los perros y que no podía rechazar a ninguno, pero incluso él rechazó la oferta. Por desgracia, a *Marley* lo precedía su reputación.

Todas las mañanas abría el diario en la sección de los anuncios clasificados como si esperase encontrar un mensaje milagroso, por el estilo de: «Se busca un labrador retriever salvajemente energético, indómito y con múltiples fobias. Se apreciará su capacidad destructiva. Pago el mejor precio del mercado.» Pero lo que encontraba en lugar de eso era un floreciente negocio de perros cuya relación, por una razón u otra, no había funcionado. Muchos de ellos eran de pura raza, perros por los que los dueños habían pagado miles de dólares sólo unos meses antes y que eran ofrecidos por una bicoca o, incluso, gratis. Una cantidad alarmante de esos perros no queridos eran labradores machos.

Los anuncios salían todos los días y eran, a la vez, enternecedores e hilarantes. Gracias a mi experiencia, reconocía los intentos de disimular las verdaderas razones por las que estos perros volvían a estar en el mercado. Los anuncios estaban llenos de brillantes eufemismos por los tipos de conducta que yo conocía tan bien. «Animoso... adora a la gente... necesita un jardín grande... necesita espacio para correr... lleno de energía... de gran espíritu... pleno de fuerza... único.» En resumen: un perro que su amo no puede controlar. Un perro que se había convertido en una molestia. Un perro ante el cual su amo se había rendido.

Una parte de mí se reía gracias a los conocimientos que había adquirido, ya que algunos anuncios eran cómicamente desilusionantes. Cuando leía «fieramente leal» sabía que el dueño quería decir «de tanto en tanto, muerde», «compañero constante» significaba «padece de ansiedad cuando se lo aparta» y «buen perro guardián» se traducía en «ladra sin cesar». Y cuando en el anuncio se decía que se dejaría el perro al «mejor postor», sabía que lo que el desesperado propietario del animal quería decir en realidad era: «¿Cuánto tengo que pagar para que me saquen esta cosa de encima?» Pero así como una parte de mí se reía, la otra se consumía de tristeza. Yo no cejaba en un empeño así como así, y tampoco Jenny. No éramos la clase de personas que dejábamos los problemas en manos de unos anuncios. No cabía duda alguna de que *Marley* tenía muchos problemas. No se parecía en nada a los perros con los que nos habíamos criado, ya que tenía una serie de malos hábitos y comportamientos. Era culpable de cuanto se lo acusaba. Pero tampoco cabía duda alguna de que había dejado de ser el cachorro espástico que habíamos comprado hacía dos años. A su manera, llena de baches, *Marley* intentaba portarse bien. Parte de nuestro compromiso como dueños del animal era moldearlo a nuestras necesidades, pero también aceptarlo como era. Y no sólo aceptarlo, sino celebrarlo, tanto a él como a su indómito espíritu canino. Lo habíamos llevado a nuestra casa como un ser viviente, no como un accesorio de moda para poner en un rincón. Para bien o para mal, era nuestro perro, era parte de la familia y, pese a sus taras, nos había devuelto con creces el cariño que le dábamos. No se podía comprar a ningún precio semejante devoción.

Yo no estaba dispuesto a deshacerme de él.

Aunque no dejé de inquirir con timidez y tibieza si en algún hogar querían a *Marley*, me dediqué con alma y vida a adiestrarlo. Mi íntima Misión Imposible consistía en rehabilitar a *Marley* y demostrar a Jenny que era digno de amor y respeto. Maldiciendo el sueño interrumpido, me levantaba al amanecer, sentaba a Patrick en su sillita y partíamos hacia el canal, junto al cual me ponía a trabajar con *Marley*, dándole las pertinentes órdenes una y otra vez: siéntate, quieto, ven, échate. Mi misión estaba teñida de desesperación y, al parecer, *Marley* lo sentía. Lo que ahora nos jugábamos era diferente, era algo de verdad. En caso de que él no lo hubiera comprendido del todo, volví a repetírselo sin emplear términos melindrosos: «No estamos de juerga, *Marley*. Esto no es broma. Venga.» Y lo hacía practicar toda la tanda de órdenes una y otra vez, con la ayuda de Patrick que daba palmas con las manos y pronunciaba el nombre de su gran amigo amarillo.

Cuando lo matriculé en la escuela de adiestramiento, *Marley* distaba ya mucho de ser el delincuente juvenil que era la vez anterior. Aunque seguía siendo tan salvaje como un jabato, por fin sabía que yo era el amo y él, el subordinado. Esta vez no se abalanzaría sobre otros perros (o, al menos, no sobre muchos), no atravesaría la pista corriendo como un loco ni se estamparía en las braguetas de hombres desconocidos. A lo largo de ocho sesiones a la semana, lo hice practicar las órdenes mientras lo sujetaba firmemente de la correa, y él cooperó con alegría o, mejor dicho, con júbilo. En la última sesión, la adiestradora –una mujer tranquila, que era la antítesis de doña Mandona– nos hizo dar un paso al frente y nos dijo: «Mostradnos lo que habéis logrado.»

Ordené a *Marley* que se sentase, y él obedeció de inmediato. Le ajusté el collar de adiestramiento en la parte más alta del cuello y, dándole un suave pero firme tironcito, le ordené que se pusiera a la par mía. Así trotamos a lo largo del aparcamiento y regresamos a nuestro lugar, *Marley* a mi lado, con sus hombros rozando mi pantorrilla, tal como decía el libro que debía ser. Volví a ordenarle que se sentara, me situé delante suyo y, señalándole la frente con el dedo de una mano, le di con voz calma la orden de que se quedase quieto y dejé caer la correa de la otra mano. Retrocedí varios pasos. *Marley* tenía fijos en mí sus ojos marrones, esperando la más ínfima señal de mi parte para poder moverse, pero se quedó quieto. Yo tracé andando un círculo de 360º a su alrededor. Él se contoneaba de pura excitación e intentaba girar la cabeza para observarme, pero no se movió. Cuando hube completado el círculo y me encontré nuevamente frente a él, por divertirme chasqueé los dedos y grité: «¡Un intruso!», tras lo cual *Marley* hizo un cuerpo a tierra de novela. La adiestradora se echó a reír, lo que era una buena señal. Le volví la espalda a *Marley* y me alejé unos metros. Podía sentir que los ojos de *Marley* me atravesaban la espalda, pero se mantuvo firme. Cuando me volví para enfrentarlo, *Marley* temblaba violentamente. El volcán estaba a punto de erupcionar. Entonces, abrí las piernas como hacen los pugilistas cuando anticipan un ataque y dije, tomándome mi tiempo entre palabra y palabra: «*Marley*... ¡ven!» Él se abalanzó hacia mí con toda su fuerza, y me preparé para el encontronazo, pero en el último momento eludí el impacto con un ágil movimiento. *Marley* pasó junto a mí como una bala, luego se giró y me atacó desde atrás con la nariz en alto.

Al terminar la sesión, la instructora nos llamó y nos entregó el diploma. *Marley* había aprobado el curso de obediencia básica con el puesto número siete de la clase. ¿Y qué si eran sólo ocho alumnos y el octavo era un bulldog psicópata que parecía decidido a no dejar pasar la primera oportunidad para liquidar a un ser humano? Para mí era válido. *Marley*, mi incorregible, indómito e indisciplinado perro había aprobado el curso. Me sentía tan orgulloso que me hubiera gustado gritar y lo cierto es que lo habría hecho si no fuese porque de repente *Marley* pegó un salto y se comió el diploma.

De camino a casa yo iba cantando «Somos los campeones» a voz en cuello. *Marley*, presintiendo mi dicha y mi orgullo, me metió la lengua en la oreja. Y por primera vez decidí que no me importaba que lo hiciera.

Pero aún quedaba una cuenta pendiente entre *Marley* y yo. Era indispensable que le quitase el peor de todos los hábitos: saltar encima de la gente. Y no le importaba si era un amigo o un desconocido, una criatura o un adulto, el que venía a leer el contador de la luz o el mensajero que traía paquetes. *Marley* los saludaba a todos de la misma manera: se lanzaba a todo tren, resbalaba por el suelo y cuando se aproximaba a la víctima, se ponía de pie, le apoyaba las patas delanteras en los hombros y le lamía la cara. Lo que había sido gracioso cuando era un cachorrito, era detestable e incluso terrorífico para quienes eran objeto de sus no incitadas manifestaciones de aprecio. Así había tirado al suelo a niños y a sorprendidos invitados, había ensuciado los vestidos y las camisas de varios amigos nuestros y casi había derribado a mi débil madre. Y a nadie le había gustado aquello. Yo había intentado infructuosamente quitarle el hábito utilizando técnicas corrientes de obediencia, pero él no entendía el mensaje, y entonces un experimentado propietario de perros a quien yo respetaba me dijo:

—Si quieres quitarle ese hábito, recíbelo con la rodilla en el pecho cada vez que te salta.

—No quiero hacerle daño —dije.

—No se lo harás. Unos buenos golpes con tu rodilla y te garantizo que dejará de saltar sobre ti.

Había llegado la hora del amor furioso. *Marley* tenía que reformarse o buscarse otro hogar. A la noche siguiente, cuando llegué del trabajo a casa, grité: «¡Estoy aquí!» Como de costumbre, *Marley* vino corriendo a recibirme. Patinó los últimos tres metros sobre el suelo de madera y luego levantó las patas para apoyarlas sobre mi pecho y lamerme la cara, pero cuando sentí sus pezuñas sobre mí, le di un toque con mi rodilla justo debajo de las costillas. Se quedó un instante sin aliento y cayó al suelo, desde donde me dirigió una mirada recriminatoria, a la vez que trataba de comprender qué podía haberme ocurrido. Se había pasado la vida saltando sobre mí, de modo que ¿a qué venía ese súbito ataque traicionero?

Repetí el castigo la noche siguiente. *Marley* saltó, lo detuve con la rodilla y él cayó al suelo tosiendo. Me sentí un poco cruel, pero si había de salvarlo de los anuncios clasificados, sabía que tenía que quitarle ese mal hábito. «Lo siento, tío», le dije, agachándome para que pudiera lamerme con las cuatro patas apoyadas sobre el suelo. «Es por tu bien.»

La tercera noche apareció cuando salía de una habitación y, a medida que se aproximaba, cogió la velocidad de siempre, pero al fin alteró su costumbre. En lugar de saltar sobre mí, mantuvo las patas sobre el suelo y se estrelló de cabeza contra mis rodillas, por lo que casi me tiró al suelo. Lo tomé como una victoria. «¡Lo has logrado, *Marley*! ¡Lo has hecho bien! ¡Buen chico! No saltaste...» Y me arrodillé para que pudiera lamerme sin arriesgarse a recibir otro golpe. El asunto me dejó impresionado. *Marley* había cedido ante la fuerza de la persuasión.

Así y todo, el problema no estaba solucionado por completo, ya que aunque dejara de saltar sobre mí, no había dejado de saltar sobre los demás. El perro era lo bastante inteligente para deducir que sólo yo constituía una amenaza y que podía seguir saltándole al resto de la humanidad con total impunidad. Era preciso que yo ampliara mi ofensiva y para hacerlo recurrí a un buen amigo mío del trabajo, un periodista llamado Jim Tolpin. Jim era un hombre cuya constitución sugería una cierta fragilidad, tenía modales delicados, una calva incipiente y llevaba gafas; su aspecto general recordaba al de una rata de biblioteca. Si había alguien que pudiera hacerle pensar a *Marley* que podía saltarle encima, ése era Jim. Un día le expuse el plan en la oficina. Él iría a mi casa al salir del trabajo, tocaría el timbre y entraría. Cuando *Marley* le saltara encima para darle la bienvenida, Jim tendría que darle con fuerza. «No te andes con remilgos –le aconsejé–. *Marley* no entiende de sutilezas.»

La noche señalada, Jim tocó el timbre y abrió la puerta. *Marley* mordió el anzuelo, desde luego, y se lanzó hacia él corriendo, con las orejas echadas hacia atrás. Cuando pegó el salto para ponerse encima de Jim, éste tomó mi consejo al pie de la letra. Preocupado, al parecer, por mostrarse demasiado tímido, le dio un bestial rodillazo a *Marley* en el plexo solar, dejándolo sin respiración. El ruido del golpe se pudo oír en toda la habitación. *Marley* soltó un gemido, entornó los ojos y cayó al suelo.

–¡Por Dios, Jim! ¿Has estado estudiando kung fu? –dije.

–Me dijiste que se lo hiciera sentir –me respondió.

Y lo había logrado. *Marley* se puso de pie, recuperó la respiración y saludó a Jim como deben hacerlo los perros, con las cuatro patas sobre el suelo. Si *Marley* hubiese podido hablar, estoy seguro de que habría mandado a Jim a paseo. Lo cierto es que *Marley* nunca más saltó sobre nadie, al menos en mi presencia, y nadie volvió nunca más a darle un rodillazo en el pecho, ni en ninguna otra parte del cuerpo.

Una mañana, poco después de que *Marley* abandonase su hábito de saltar sobre la gente, me desperté y noté que había recuperado a mi mujer. Mi Jenny, la mujer que yo amaba y que había desaparecido en medio de una persistente neblina de melancolía, había regresado. La depresión posparto se esfumó con la misma rapidez con que había aparecido. Era como si le hubieran quitado los demonios por exorcismo. Sus demonios habían desaparecido, ¡y bendita era su desaparición! Jenny era fuerte, era optimista y no sólo lidiaba con todo como una joven madre de dos retoños, sino que estaba floreciente. *Marley* volvió a gozar de su preferencia y se encontró otra vez pisando tierra firme. Jenny, con un niño en cada brazo, se inclinaba para besar a *Marley*, jugaba con él arrojándole palos, le hacía salsa de carne con los sobrantes de las hamburguesas y bailaba por la habitación con él cuando en la radio ponían una canción que le gustaba. A veces, de noche, cuando *Marley* estaba tranquilo, solía encontrarla echada en el suelo, junto a él, con la cabeza apoyada en el cuello de *Marley*. Jenny había vuelto. ¡Gracias a Dios, había vuelto!

16. La audición

En la vida, algunas cosas son tan ridículas que no pueden ser más que verdaderas, así que cuando Jenny me llamó al trabajo para decirme que a *Marley* le hacían una audición para una película, supe que no podía estar inventándoselo. Pero aun así me costó creerlo.

–¿Una qué? –le pregunté.

–Una audición para un filme –me respondió.

–¿Quieres decir un filme, como ..., una película?

–Sí, tonto, para una película. Y una película normal, no un corto –aclaró Jenny.

–¿*Marley*? ¿Un largometraje?

Y así seguimos un rato, mientras yo trataba de conciliar la imagen de nuestro cabezotas roedor de tablas de planchar con la imagen de un orgulloso sucesor de *Rintintín* en la pantalla, salvando niños de edificios en llamas.

–¿Nuestro *Marley*? –pregunté una vez más, a fin de estar completamente seguro.

Y era cierto. Una semana antes, el supervisor de Jenny en el *Palm Beach Post* la había llamado por teléfono y le había dicho que tenía una amiga que necesitaba que nosotros le hiciéramos un favor. La amiga era una fotógrafa local, llamada Colleen Mc-Garr, que había sido contratada por una productora cinematográfica de Nueva York, la Shooting Gallery, para que los ayudara en una película que iban a rodar en Lake Worth, un pueblo cercano. El trabajo de Colleen consistía en encontrar una «familia típica del sur de Florida» y fotografiar a sus miembros de pies a cabeza y su casa, desde los estantes de libros hasta los armarios, pasando por los imanes de la nevera y lo que se le ocurriera, a fin de ayudar a los directores de la película a dotarla de realismo.

–Todos los del equipo son homosexuales –le dijo el supervisor a Jenny– y lo que hacen es tratar de imaginarse cómo viven por aquí los matrimonios con hijos.

–Una especie de estudio antropológico –dijo Jenny.

–Exacto.

–Bien –le dijo Jenny–. Con la condición de que no tenga que limpiar nada antes.

Colleen vino a casa y empezó a sacar fotos, y no sólo de nuestras posesiones, sino también de nosotros, a fin de registrar la forma de vestirnos, cómo nos peinábamos y cómo nos tumbábamos en el sofá. Fotografió los cepillos de dientes del cuarto de baño y los niños en sus respectivas cunas. También sacó fotos del perro eunuco del matrimonio típicamente heterosexual, o al menos lo intentó, ya que como ella misma observó, «el perro saldrá fuera de foco».

Marley estaba encantado por participar en la sesión fotográfica. Desde que los niños habían invadido su terreno, el pobre buscaba afecto donde pudiera encontrarlo. Colleen podría haberlo manejado con un cayado y a él no le habría importado, mientras fuera objeto de atención. Como a Colleen le encantaban los animales grandes y no la intimidaban las lluvias de saliva, le brindó mucha atención, al extremo de echarse al suelo para luchar con él.

Mientras Colleen sacaba fotos por todas partes, yo no podía dejar de pensar en las posibilidades. No sólo nosotros aportábamos datos puros, de carácter antropológico, a los productores de la película, sino que también ellos nos brindaban la oportunidad de mostrar nuestras dotes artísticas. Yo me había enterado de que la mayoría de los actores secundarios y todos los extras serían contratados localmente. ¿Y qué pasaría si el director descubría a un actor nato entre los imanes de la nevera y los pósters de arte? En la vida sucedían cosas mucho más extrañas...

Podía imaginarme al director, que en mi fantasía se parecía mucho a Steven Spielberg, inclinado sobre una mesa cubierta por cientos de fotografías, mirando una tras otra y diciendo: «¡Basura, pura basura! Esto no sirve para nada», para de pronto detenerse en seco ante la foto de un tosco, pero sensible, típico macho heterosexual que desempeña sus funciones de padre de familia. El director pone el dedo sobre la foto y grita a su asistente: «¡Tráeme a este hombre! ¡Lo necesito para mi película!» Cuando por fin me encuentran, al principio yo me muestro humildemente tímido, pero acabo aceptando hacer el papel protagonista. Después de todo, el espectáculo debe continuar.

Al acabar su trabajo, Colleen nos agradeció que hubiéramos puesto nuestra casa a su disposición y se marchó, sin darnos razón alguna para que creyéramos que alguien relacionado con la película volviera a ponerse en contacto con nosotros. Habíamos cumplido con nuestro deber. Sin embargo, unos días después Jenny me llamó al trabajo y me dijo: «Acabo de hablar con Colleen McGarr, y NO te lo vas a creer...» No cabía duda alguna de que habían descubierto mi veta artística, por lo cual sentí que el corazón me palpitaba con fuerza.

–Dime –le dije.

–Me ha dicho que el director quiere hacerle una prueba a *Marley*.

–¿A *Marley*? –pregunté, seguro de haber entendido mal.

Al parecer, Jenny no percibió el desencanto que había en mi voz.

–Por lo visto busca un perro grande, tonto y turulato para el papel de mascota familiar, y *Marley* le llamó la atención.

–¿Turulato? –pregunté.

–Eso es lo que dijo Colleen. Grande, tonto y turulato.

No cabía duda de que, si eso era lo que necesitaba, había caído en el lugar señalado.

–¿Mencionó Colleen si el hombre dijo algo de mí?

–No –dijo Jenny–. ¿Y por qué habría de decir algo sobre ti?

Al día siguiente, Colleen vino a buscar a *Marley*. Sabiendo la importancia que tiene una buena presentación, *Marley* atravesó el salón a la carrera, cogiendo al vuelo, de paso, el cojín más próximo que encontró, porque nunca se sabe cuándo un atareado director cinematográfico puede querer echar una siesta y, si éste lo deseaba, *Marley* quería estar listo para la ocasión.

Cuando *Marley* llegó al suelo de madera, resbaló y fue a dar contra la mesa camilla, saltó por el aire hasta caer de espaldas sobre un sillón, se enderezó y siguió viaje hasta chocar con las piernas de Colleen. Al menos no saltó sobre la fotógrafa, pensé yo.

–¿Estás segura de que no quieres que lo sedemos? –preguntó Jenny.

Colleen hizo hincapié en que el director querría verlo al natural, sin medicamentos de por medio, y se marchó con nuestro *Marley*, que estaba echo unas pascuas, sentado a su lado en la camioneta roja.

Dos horas después, Colleen regresó con *Marley* y anunció que *Marley* había pasado la prueba. «¡Oh, no me digas! ¡No puede ser...!», gritó Jenny. Nuestra dicha no disminuyó cuando nos enteramos de que *Marley* había sido el único perro que habían sometido a la prueba, y tampoco cuando se anunció que el papel de *Marley* era el único que no era de pago.

Pregunté a Colleen cómo había ido todo.

–Puse a *Marley* en el coche y fue como conducir en un jacuzzi –dijo–. Lo babeó todo. Cuando llegamos, estaba empapada.

Al llegar al hotel GulfStream, un deslucido hito turístico de la era anterior emplazado junto al Intracoastal Waterway donde se alojaba el equipo de filmación, *Marley* impresionó de inmediato a todos porque se largó de la camioneta y se puso a correr por todas partes como si tratase de evitar que le cayesen encima los proyectiles de un inminente bombardeo.

–Se puso como loco –dijo Colleen–. Totalmente chalado.

–Sí. Suele excitarse un poquito –dije.

Después contó Colleen que, en un momento dado, *Marley* cogió la chequera que uno de los miembros del equipo tenía en la mano y salió disparado con ella en la boca, haciendo una serie de ochos a toda carrera, al parecer decidido a que así garantizaría su paga.

–Lo hemos apodado nuestro labrador evasor —contó Colleen con una sonrisa apologética que sólo una madre orgullosa es capaz de expresar.

Pasado un rato, *Marley* se calmó lo bastante para convencer a todos de que podía desempeñar su papel, que básicamente era el de hacer de sí mismo. La película se llamaba *The Last Home Run*, una fantasía en torno al béisbol en la que un hombre de setenta y nueve años, que se aloja en una residencia de ancianos, se convierte en un crío de doce años durante cinco días para vivir el sueño de su vida: jugar en la liga juvenil de béisbol. *Marley* debía hacer el papel del hiperactivo perro de la familia del entrenador, que protagonizaba un receptor de la liga de béisbol de primera división, Gary Carter.

–¿De veras quieren que *Marley* tome parte en esta película? –pregunté, todavía incrédulo.

–Se ganó a todo el mundo. Estuvo perfecto –dijo Colleen.

En los días previos al comienzo del rodaje notamos un sutil cambio en el comportamiento de *Marley*. Era como si una cierta calma se hubiese apoderado de él, como si pasar la prueba le hubiera dado más confianza en sí mismo. Se movía con aires de realeza.

–Tal vez lo que necesitaba era que alguien creyese en él –le dije a Jenny.

Y si había alguien que creía en él, ésa era precisamente Jenny, la Extraordinaria Madre Escénica. Cuando ya estaba próximo el primer día de rodaje, Jenny lo bañó, lo cepilló, le cortó las uñas y le limpió las orejas.

La mañana que debía iniciarse la filmación, me encontré con Jenny y *Marley* que, enzarzados en lo que parecía una lucha romana, iban de un lado a otro de la habitación. De pronto, ella lo sujetó entre sus piernas y se aferró con una mano a las costillas de *Marley* y, con la otra, al collar estrangulador, mientras él se retorcía y comenzaba a rendirse. Era como presenciar un rodeo en medio del salón.

–¡Por Dios! ¿Qué haces? –le pregunté.

–¿Qué crees que hago? ¡Pues cepillarle los dientes...! –espetó Jenny.

Y así era. Jenny hacía lo indecible por pasarle el cepillo que tenía en la mano entre los dientes de *Marley* que, a su vez, echando una cantidad prodigiosa de espuma por la boca, intentaba comerse el cepillo. *Marley* tenía un aspecto realmente rabioso.

–¿Le has puesto pasta dentífrica? –pregunté, lo que dio pie a una segunda pregunta–: ¿Y quieres decirme cómo piensas lograr que la escupa toda?

–Es bicarbonato –dijo.

–Entonces *no* es la rabia, ¿no? ¡Gracias a Dios...!

Una hora después partimos hacia el hotel GulfStream, cada uno de los niños en su sillita infantil con *Marley* sentado entre ambos, jadeando con un aliento inusualmente fresco. Nos habían dicho que debíamos presentarnos a las nueve, pero cuando estábamos a una manzana de nuestro destino, el tráfico se detuvo. Más adelante había una barricada, levantada por la policía, y un agente desviaba el tráfico, alejándolo de la entrada del hotel. Los diarios habían hablado mucho sobre la película –el mayor acontecimiento que ocurría en la tranquila localidad de Lake Worth desde que trece años antes se filmase allí *Fuego en el cuerpo*– y un montón de gente había acudido al lugar, aunque la policía la mantenía a raya para que no pudiese llegar al hotel. Avanzamos poquito a poco y, cuando llegamos junto al oficial de policía que desviaba el tráfico me asomé por la ventanilla y le dije:

–Tenemos que pasar.

–Aquí no pasa nadie, así que andando –dijo el hombre.

–Pero es que somos del elenco –comenté yo.

Nos miró con escepticismo, y lo que vio fue una pareja en una camioneta, con dos críos pequeños y un perro.

–¡He dicho que andando...! –ladró el agente.

–Nuestro perro participa en la película –dije.

De pronto, el hombre me miró con respeto.

–¿Tienen el perro? –preguntó.

El perro estaba en la lista de los que podía dejar pasar.

–Tengo el perro –dije–. *Marley*, el perro.

–Que se interpreta a sí mismo –añadió Jenny.

El hombre se giró y, con gran aspaviento, hizo sonar el silbato.

–¡Tienen el perro! –gritó a otro agente que estaba apostado a mitad de la manzana–. ¡*Marley*, el perro!

Y el otro agente chilló a su vez, para que se enterase un tercero:

–¡El hombre tiene el perro! ¡*Marley*, el perro, está aquí!

–¡Dejadlos pasar! –gritó el tercer agente desde lejos.

–¡Dejadlos pasar! –gritó el segundo, haciéndole eco.

El agente que estaba cerca de nosotros movió una valla y nos hizo señas de que pasásemos.

–Es por allí –nos indicó amablemente.

Me sentí como un miembro de la realeza. Arrancamos y, cuando pasamos junto a él, repitió como si no pudiese creerlo:

–Tiene el perro.

El equipo, reunido en el aparcamiento del hotel, estaba listo para empezar a rodar. Por todas partes había cables que cruzaban el pavimento, trípodes para cámaras y micrófonos, y de unos andamios colgaban focos. También había caravanas con perchas portátiles llenas de ropa en su interior, y sobre dos largas mesas, alimentos y bebidas para los miembros del elenco y del equipo de filmación. Merodeaban por los alrededores personas de aspecto importante, con gafas de sol. El director, Bob Gosse, nos dio la bienvenida y nos explicó a grandes rasgos la escena que iban a filmar, que era bastante simple. Se acerca al bordillo una camioneta que conduce la supuesta propietaria de *Marley*, papel que interpreta la actriz Liza Harris. La hija de ésta, cuyo papel desempeña una bonita adolescente llamada Danielle, alumna de la escuela de arte dramático del lugar, y el hijo, otro actor incipiente que no tiene más de nueve años, están sentados atrás con el perro de la familia, interpretado por *Marley*. La hija abre la puerta corredera y salta al exterior, y tras ella sale su hermano llevando a *Marley* de la correa. Se ponen a andar y desaparecen del campo de visión que abarca la cámara. Fin de la escena.

–Es muy fácil –dije al director–. *Marley* podrá hacerla sin problema.

Me hice a un lado con *Marley* para esperar la señal de que subiera a la camioneta.

–¡Escuchad todos! –gritó Gosse al equipo–. El perro es medio loco, ¿vale? Pero a menos que robe la escena, seguiremos rodando.

Y pasó a explicar lo que pensaba. *Marley* era el objetivo –un típico perro familiar– y lo que había que hacer era captarlo mientras se comportaba como cualquier perro familiar cuando sale con la familia. No habría ni actuación ni dirección, sería puro cine de verdad.

–Dejad que el perro haga lo que quiera y seguidlo con la cámara –ordenó.

Cuando todo el mundo estaba listo para empezar a rodar, subí a *Marley* a la camioneta y di la correa de plástico al niño, que lo miraba aterrorizado.

–Es muy cariñoso. Lo único que hará será lamerte. ¿Ves? –le dije, poniendo mi muñeca en la boca de *Marley* a modo de demostración.

PRIMERA TOMA: la camioneta se aproxima al bordillo. En el instante mismo en que la niña abre la puerta del vehículo, una enorme bola cubierta de pelo amarillo sale disparada como si la hubiera proyectado un cañón y pasa corriendo frente a las cámaras con la correa roja colgando tras de sí.

–¡Corten!

Perseguí a *Marley* por el aparcamiento y lo llevé de vuelta al lugar de la escena.

–Vale, muchachos, vamos a intentarlo de nuevo –dijo Gosse. Y dirigiéndose al niño, le dijo con dulzura–: El perro es bastante salvaje. Trata de agarrarlo con más fuerza esta vez.

SEGUNDA TOMA: La camioneta se aproxima al bordillo. Se abre la puerta. La niña comienza a bajarse, pero le gana de mano *Marley*, que se lanza a toda carrera, arrastrando al niño pálido y con los nudillos blancos por el esfuerzo que hacía.

–¡Corten!

TERCERA TOMA: Se detiene la camioneta. Se abre la puerta. Sale la chica. Sale el niño, sosteniendo la correa. Cuando éste empieza a andar, la correa se tensa, pero no sale ningún perro de la camioneta. El niño comienza a tirar de la correa, haciendo toda la fuerza posible, pero nada. La toma se convierte en una escena larga y vacía. El niño hace muecas y mira hacia la cámara.

–¡Corten!

Meto la cabeza en la camioneta y veo a *Marley* inclinado sobre sí mismo, lamiéndose donde ningún hombre está destinado a imitarlo en su propio cuerpo. *Marley* levantó la cabeza y me miró como diciendo: *¿No ves que estoy ocupado?*

CUARTA TOMA: Pongo a *Marley* otra vez en la camioneta, junto al niño, y cierro la puerta. Antes de gritar «¡Acción!», Gosse consulta con su asistente durante unos minutos. Por último, empieza el rodaje. La camioneta se acerca al bordillo. Se abre la puerta. Sale la chica, sale el niño, con una extraña expresión. Mira directamente a la cámara y levanta una mano. De ella cuelga media correa, con un extremo mordisqueado y mojado de saliva.

–¡Corten! ¡Corten! ¡Corten!

El niño explicó que mientras esperaban en la camioneta, *Marley* empezó a roer la correa y no había podido pararlo. Los miembros del equipo y del elenco miraban la correa sin creer lo que veían, con una expresión entre asombro y terror en sus caras, como si acabasen de presenciar una muestra grandiosa y misteriosa de la fuerza de la naturaleza. Por mi parte, no me sorprendí ni un ápice. *Marley* había liquidado más correas y sogas de las que podía contar. Incluso había logrado partir con los dientes un cable de acero recubierto de goma que se anunciaba como «los que se utilizan en la industria aeronáutica». Poco después de nacer Conor, Jenny trajo a casa un producto nuevo, un arnés para perros que permitía que lo atáramos a uno de los cinturones de seguridad, para impedirle que estuviera yendo y viniendo con el vehículo en marcha. En los primeros noventa segundos del nuevo artilugio, *Marley* se las ingenió para morderlo hasta romperlo, y no sólo el duro arnés, sino también el cinturón de seguridad de nuestra flamante camioneta.

–¡Vale, chicos, descansemos un rato! –gritó Gosse. Luego, dirigiéndose a mí, me preguntó con una voz increíblemente serena–: ¿Cuánto puede tardar en comprar una correa nueva?

No hacía falta que me dijera lo que le costaba cada minuto que su equipo y el elenco estuviesen de brazos cruzados.

–Hay una tienda de perros a unos setecientos metros de aquí. Puedo estar de vuelta en quince minutos –dije.

–Y esta vez cómprele algo que no pueda romper mordiéndolo –dijo Gosse.

Regresé con una pesada correa de metal que parecía apta para un domador de leones, y el rodaje continuó, fiasco tras fiasco. Cada nueva escena era peor que la anterior. En un momento dado, Danielle, la joven actriz, dejó escapar un chillido de desesperación en medio de la escena y gritó con la voz teñida de terror:

–¡Dios mío, tiene la cosa afuera!

–¡Corten!

En otra escena, *Marley* estaba a los pies de Danielle y jadeaba con tanta fuerza que, mientras ella hablaba por teléfono con su amorcito, el encargado del sonido se quitó los audífonos y, disgustado, se quejó diciendo:

–No puedo oír ni una palabra de lo que ella dice. Lo único que oigo es una respiración fuerte. Parece una película porno.

–¡Corten!

Y así pasó el primer día de filmación. *Marley* era un desastre rematado y sin salvación posible. Yo, por una parte, me puse a la defensiva –*Bueno, ¿y qué esperan si es gratis?*–, y, por otra, me sentí mortificado. Miraba de soslayo a los miembros del equipo y del elenco de la película y podía ver con claridad lo que expresaban sus rostros: *¿De dónde habrá salido este animal, y cómo podemos deshacernos de él?* A final del día, uno de los asistentes se nos acercó, carpeta en mano, y nos dijo que todavía no se había decidido qué escenas se filmarían al día siguiente. «No vengáis mañana –dijo–. Os llamaremos si necesitamos a *Marley*.» Y para asegurarse de que no pudiera haber ninguna confusión, repitió: «A menos que os llamemos, no hace falta que vengáis. ¿Vale?» Sí, vale, lo he entendido a la perfección. Gosse había enviado a su subalterno a hacer el trabajo sucio. La fulgurante carrera artística de *Marley* se había acabado. Y no podía culparlos. Con la posible excepción de esa escena en *Los diez mandamientos*, en la que Charlton Heston parte en dos el mar Rojo, *Marley* había provocado la mayor pesadilla logística en la historia del cine, había causado un gasto de quién sabe cuántos miles de dólares en demoras innecesarias y en rollos de película desperdiciados, había baboseado incontables disfraces, devorado las tapas que había sobre la mesa y casi tumbado una cámara de treinta mil dólares. Prescindiendo de nosotros, reducían costes. Era la vieja historia del descartado: «No me llames, yo te llamaré.»

«*Marley* –le dije cuando llegamos a casa–, tuviste tu gran oportunidad, y la echaste a perder.»

Al día siguiente por la mañana, cuando yo aún lamentaba que los sueños del estrellato se hubieran hecho añicos, sonó el teléfono. Era el asistente de Gosse para pedirnos que llevásemos a *Marley* al hotel lo antes posible.

–¿Quieres decir que contáis con él otra vez? –pregunté con incredulidad.

–Y ya mismo. Bob lo quiere para la próxima escena –me respondió el hombre.

Llegué media hora tarde, sin creer aún del todo que habían vuelto a invitarnos. Gosse estaba que no cabía en sí. Había visto lo que había rodado el día anterior, y no podía estar más contento.

–¡El perro estaba histérico! –dijo hablando con rapidez–. Pero hilarante. ¡Es un loco genial!

Yo sentí que me crecía, que sacaba pecho de pura satisfacción.

–Siempre supimos que era un actor nato –dijo Jenny.

La filmación se prolongó durante unos cuantos días más en Lake Worth, y *Marley* siguió estando a la altura de las circunstancias. Jenny y yo íbamos y veníamos por el entorno de lugar de filmación junto con otros padres de actores y curiosos, charlando, cambiando impresiones y callando precipitadamente cuando oíamos gritar: «¡Preparado el plató!», y retomando la charla cuando se oía el acostumbrado «¡Corten!». Jenny incluso se las ingenió para que Gary Carter y Dave Winfield, las estrellas de béisbol que hacían una corta aparición en la película, firmaran una pelota de béisbol para cada uno de nuestros hijos.

Marley ya daba lengüetadas al estrellato. Los miembros del equipo, en especial las mujeres, se derretían con él. Hacía un calor de los demonios, y a uno de los asistentes le asignaron la tarea exclusiva de seguir a *Marley* con un bol y una botella de agua fresca para hacerle beber cuanta quisiera. Al parecer, todos le daban comida de la que había en la mesa. En una ocasión, lo dejé con la gente del equipo por un par de horas, mientras iba hasta mi oficina, y cuando regresé lo encontré tirado boca arriba, con las cuatro patas en el aire, dejando que una maquilladora rabiosamente bonita le acariciase la barriga. «¡Es tan amoroso...!», dijo la chica en tono de arrullo.

El estrellato también se me estaba subiendo a la cabeza. Empecé a presentarme como el «entrenador de *Marley*, el perro» y a dejar caer comentarios por el estilo de: «Para su próxima película, esperamos que le asignen un papel en el que ladre.» Durante un descanso del rodaje, fui al vestíbulo del hotel para hablar por teléfono. *Marley* no llevaba la correa puesta y andaba por ahí cerca, oliendo los muebles. Un conserje, que al parecer confundió a mi estrella con un perro de la calle, lo interceptó y trató de sacarlo por la puerta principal.

–¡Vete a casa! –le decía regañándolo–. Venga, vete...

–¿Se puede saber qué hace? –le pregunté, tapando el auricular con una mano y mirando al conserje con la mayor dureza posible–. ¿Acaso no sabe con quién habla?

Pasamos cuatro días seguidos en el plató y cuando llegó el momento en que nos dijeron que ya habían rodado todas las escenas en las que debía aparecer *Marley* y ya no necesitaban sus servicios, Jenny y yo nos sentíamos miembros de la familia de la Shooting Gallery. Sí, ya lo sé: éramos los únicos que trabajaban gratis, pero de todas maneras éramos miembros de ella.

–¡Os queremos, chicos! –gritó Jenny a todo el que quisiera oírlo, mientras subíamos a *Marley* a la camioneta–. Nos costará esperar a que acabéis de filmarlo todo.

¡Y vaya si esperamos! Uno de los productores nos dijo que dejásemos pasar unos ocho meses y que entonces los llamásemos para que nos enviasen una copia de la película. Pero ocho meses después, cuando llamé, me atendió una recepcionista que me pidió que esperase y cuando volvió al teléfono, varios minutos más tarde, me sugirió que llamase dentro de dos meses. Dejé pasar el tiempo sugerido y volví a llamar, pero tuve que volver a hacerlo más adelante –y así varias veces–, porque siempre posponían el asunto. Empecé a sentirme como un acosador y pude imaginarme que la recepcionista, cada vez que yo llamaba, cubría el auricular con una mano y decía a Gosse: «Es otra vez el dueño del perro loco. ¿Qué quieres que le diga esta vez?»

Pasado un tiempo, dejé de llamar. Me resigné a que nunca veríamos la película, convencido de que tampoco la vería nadie más, de que habían abandonado el proyecto en la sala de edición debido al enorme desafío que constituía desmontar o modificar las escena donde aparecía ese maldito perro. Pasaron dos años antes de tener la oportunidad de ver las habilidades interpretativas de *Marley*.

Me encontraba en una de las tiendas de Blockbuster cuando por pura casualidad le pregunté a un empleado si sabía algo de una película titulada *The Last Home Run*, y descubrí que no sólo sabía algo, sino que la tenía. De hecho, como por arte del destino, nadie se había llevado nunca ni una sola copia.

Mucho tiempo después me enteré de la triste historia. Como la Shooting Gallery fue incapaz de conseguir un distribuidor nacional para la película, el filme tuvo el más innoble de los destinos cinematográficos: estrenarse directamente en vídeo. Pero a mí eso me importó un rábano. Corrí a casa y llamé a Jenny y a los chicos para que se pusieran frente a la pantalla del televisor. En suma, *Marley* aparecía durante menos de dos minutos, pero debo decir que esos dos minutos fueron los más animados de toda la película. ¡Cómo nos reímos! ¡Cómo gritamos! ¡Cómo lo aclamamos!

–¡*Waddy*! ¡Ése tú! –chillaba Conor.

–¡Somos famosos! –gritaba Patrick.

Marley, que nunca fue dado a alardear, se mostró imperturbable. Bostezó varias veces y se deslizó por el suelo hasta quedar debajo de la mesa camilla. Al final, cuando pasaron la ficha técnica de la película, *Marley* dormía como un ceporro.

Conteniendo el aliento, veíamos pasar los nombres de todos los actores bípedos y, por un momento, pensamos que nuestro perro no sería merecedor de figurar en la lista, pero no fue así. Allí estaba su nombre, escrito en letras grandes para que lo viera todo el mundo: «*Marley*, el perro... interpretándose a sí mismo.»

17. En la tierra de Bocahontas

Un mes después de acabarse el rodaje de *The Last Home Run*, nos despedimos de West Palm Beach y todos los recuerdos que encerraba. Aunque había habido dos asesinatos más a dos manzanas de casa, no fue el crimen lo que nos alejó de nuestra casita de la calle Churchill, sino el hacinamiento. Con dos críos y todos los pertrechos que necesitan, apenas quedaba lugar libre en la casa, cuyo aspecto tenía ya un cierto aire de filial de Toys "R" Us. *Marley* pesaba unos cuarenta y cinco kilos y no podía girar el cuerpo sin tirar algo en su entorno. Como la casa tenía dos dormitorios, pensamos, muy tontamente, que los chicos podían compartir uno de ellos, pero cuando descubrimos que lo único que hacían era despertarse uno al otro, duplicando nuestras excursiones nocturnas, pusimos a Conor en una espacio angosto que había entre el garaje y la cocina. El lugar era oficialmente «mi despacho», donde yo tocaba la guitarra y me dedicaba a controlar y pagar las cuentas, pero para quien lo viera no había manera de disimularlo: habíamos puesto a nuestro bebé en un pasadizo cubierto. Y sonaba terrible. Un pasadizo es algo un poco mejor que un garaje, que a su vez es casi un sinónimo de granero, pero ¿qué clase de padres criarían a su hijo en un granero? Además, un pasadizo es abierto, por lo cual está expuesto a cuanto elemento traiga consigo el viento, como polvo, alergenos, insectos y murciélagos, y también criminales y pervertidos. El pasadizo era el lugar donde uno esperaba encontrar los cubos de la basura y las zapatillas de tenis mojadas. De hecho, era el sitio donde poníamos la comida de *Marley* y sus cubos de agua y donde siguieron estando, pese a que se convirtió en la residencia de Conor, y no porque el lugar fuera sólo apto para animales, sino porque sencillamente *Marley* contaba con que allí estuviesen su comida y su agua.

El pasadizo convertido en guardería tenía visos de haber sido diseñado por Dickens, pero en realidad no sólo no era tan malo, sino que incluso era mono. Originalmente había sido construido como un pasillo abierto para unir la casa con el garaje, pero los propietarios anteriores a nosotros lo habían cerrado. Antes de convertir el lugar en un cuarto de niños, le di una mano de pintura y puse persianas y ventanas nuevas. Jenny distribuyó por el suelo mullidas alfombritas y colgó unos dibujos divertidos en las paredes y unos juguetes movibles del techo. Pero así y todo ¿qué estábamos haciendo? Mientras nuestro hijo dormía en un pasadizo, nuestro perro tenía el dormitorio principal –el nuestro– a su entera disposición.

Además, Jenny trabajaba medio día para la sección de crónicas especiales del *Post* y lo hacía mayormente desde casa, en un intento de conjugar hijos y carrera. Era una cuestión de sentido común que yo estuviese más cerca de mi trabajo, así que resolvimos mudarnos.

La vida está llena de pequeñas ironías y una de ellas consistió en que, después de buscar casa durante meses, encontramos una que nos gustó precisamente en la ciudad del sur de Florida que yo había escogido para ridiculizar en público. El lugar era Boca

Ratón, un rico bastión republicano habitado en su mayoría por gente recién llegada de Nueva Jersey y Nueva York. La mayor parte del dinero que había en la ciudad pertenecía a fortunas recién hechas y sus dueños no sabían disfrutar del dinero sin hacer el ridículo. Boca Ratón era la tierra de los automóviles lujosos, los coches deportivos de color rojo, las mansiones de color rosa hacinadas en lotes del tamaño de sellos postales y barrios protegidos por altos muros y por guardias apostados a sus entradas. Los hombres, que preferían llevar pantalones de hilo y mocasines sin calcetines, pasaban una enorme cantidad de tiempo haciendo llamadas de móvil a móvil con aire de importancia. Las mujeres lucían un tono bronceado a juego con la piel de los bolsos de Gucci, que eran sus predilectos, pero la piel parecía más bronceada por el contraste que hacía con unos cabellos teñidos de alarmantes tonos de plata y platino.

La ciudad estaba llena de cirujanos plásticos, que eran quienes tenían las mansiones más grandes y las sonrisas más radiantes. Para las mujeres bien conservadas de Boca Ratón, los implantes de pecho eran un requerimiento virtual de residencia. Gracias a la cirugía estética, las más jóvenes lucían unos senos espléndidos y las de más edad, unos senos magníficos y estiramientos faciales. Las nalgas esculturales, las narices corregidas, las tripitas desaparecidas y el maquillaje tatuado se añadían a la serie de trabajos cosméticos, lo que daba a la población femenina de la ciudad la extraña apariencia de soldados rasos de un ejército de muñecas hinchables anatómicamente correctas. Como canté una vez en una canción que escribí para un número periodístico satírico:«La silicona y la liposucción, son las mejores amigas en Boca Ratón.»

En mi columna, me había burlado del estilo de vida que se llevaba en Boca Ratón, empezando por el propio nombre. Los residentes nunca llamaban Boca Ratón a su ciudad, sino que preferían decirle Boca, a secas, pero no la pronunciaban como debían, sino que decían «Bouca», dándole una inflexión de distinción sajona.

Por entonces, pasaban en los cines la película *Pocahontas*, de la Disney, y yo inicié una broma con el tema de la princesa indígena, llamándola «Bocahontas». Mi protagonista envuelta en oro era una princesa indígena suburbana que conducía un BMW rosa y que, gracias a la cirugía estética, lo hacía con unas tetas protuberantes y duras como piedras que llegaban al volante, lo que le permitía tener las manos libres para hablar por el móvil y arreglarse el cabello rubio platino mirándose al espejito retrovisor, mientras iba a todo tren hacia el salón de rayos uva. Bocahontas vivía en una tienda india de color pastel, diseñada especialmente, hacía ejercicios en el gimnasio de la tribu todos los días –aunque sólo si encontraba estacionamiento a menos de dos metros de la entrada– y pasaba las tardes buscando pieles salvajes tarjeta de crédito en mano, en el coto de caza ceremonial que se conocía con el nombre de Town Center Mall, es decir, el centro comercial más importante del lugar.

«Entierra mi Visa en Mizner Park», entona Bocahontas con solemnidad en una de mis columnas, en referencia al lugar donde se arraciman las tiendas más de moda de la ciudad. En otra columna, Bocahontas se abrocha el sostén Wonderbra y hace campaña para que la cirugía plástica pueda deducirse de los impuestos.

Mi caracterización era cruel, nada caritativa, pero apenas exagerada. Las Bocahontas verdaderas de Boca Ratón eran las mejores aficionadas de esas columnas y cada una de ellas trataba de descubrir cuál había inspirado mi heroína de ficción (nunca lo desvelaré). Me invitaban con frecuencia a dar charlas ante sus grupos sociales y comunales, y siempre había quien me preguntaba: «¿Por qué detesta tanto a Bouca...?» A lo que yo respondía que no se trataba de que yo detestara Boca Ratón, sino de que me gustaba mucho la gran farsa y no había en todo el mundo un lugar mejor para ello que la bonita Boca Ratón.

Así las cosas, sólo fue por una cuestión de sentido común que Jenny y yo acabásemos viviendo en una casa situada en el centro mismo de Boca Ratón, a medio camino entre las mansiones del Este que se levantan al borde del agua y las presumidas comunidades protegidas que hay al Oeste (terreno que, como me deleitaba señalar a los residentes conscientes de los códigos postales, quedaba fuera de los límites de la ciudad perteneciente al condado libre de Palm Beach). Nuestro barrio estaba emplazado en una de las pocas zonas de clase media de la ciudad y a sus residentes les gustaba gastar bromas, no exentas de un cierto esnobismo, acerca de que estábamos situados en el lado equivocado de las dos vías del ferrocarril, una de las cuales definía el límite oriental y, la otra, el occidental. De noche, oíamos desde la cama el paso de los trenes de carga que iban y venían de Miami.

–¿Tú estás loca? –dije a Jenny–. ¡No podemos mudarnos a Boca! Me sacarán de allí en un abrir y cerrar de ojos. Pondrán mi cabeza sobre una bandeja cubierta de verduras orgánicas.

–¡Venga ya...! Otra vez exagerando... –comentó Jenny.

Mi diario, el *Sun-Sentinel*, era el que más se vendía en Boca Ratón, mucho más que el *Miami Herald* y el *Palm Beach Post*, e incluso que el *Boca Raton News*, de circulación local. Mis artículos se leían mucho en la ciudad y sus barrios occidentales y, debido a que mi foto aparecía al comienzo de mi columna, me reconocían con frecuencia. Por eso no creí que exagerase.

–Me despellejarán vivo y colgarán mi esqueleto delante de Tiffany's –añadí.

Pero llevábamos meses buscando casa y aquélla era la que

cumplía todos nuestros requisitos. Tenía el tamaño adecuado, el precio adecuado y estaba estratégicamente situada en el lugar adecuado: equidistante de las dos oficinas entre las cuales yo repartía mi tiempo. Las escuelas públicas era tan buenas como las de cualquier otra zona del sur de Florida y, gracias a su superficialidad, Boca Ratón tenía un excelente sistema de parques, algunos de los cuales incluían las playas más prístinas sobre el océano de toda la zona metropolitana de Miami-Palm Beach. Con algo más que una ligera trepidación, di mi visto bueno a la compra de la casa. Me sentía como un agente no demasiado secreto que se infiltraba en el campamento enemigo. El bárbaro estaba a punto de pasar al otro lado del portal, el denostador de Boca que se dejaba caer para aguar la fiesta de Boca. ¿Quién podía culparlos porque no me quisieran?

Al poco tiempo de instalarnos allí, recorrí la ciudad con timidez, convencido de que todas las miradas recaían sobre mí. Me ardían las orejas porque me imaginaba que la gente murmuraba a mi paso. Tras escribir una columna en la que yo mismo me daba la bienvenida al barrio (mientras reconocía mi error) recibí varias cartas en las que me decían cosas por el estilo de «¿Primero criticas a nuestra ciudad y ahora vienes a vivir aquí? ¡Qué hipócrita sinvergüenza!» Tuve que admitir que tenían razón. Un fervoroso devoto de la ciudad que yo conocía del trabajo se sintió ansioso por enfrentarse conmigo, y lo hizo diciéndome: «Así que después de todo has decidido que Boca no es un lugar tan malo, ¿no? Los parques, las tasas de impuestos, las escuelas, las playas y la zonificación no son tan malos a la hora de decidirte a comprar una casa, ¿no es cierto?» Lo único que pude hacer fue bajar la cabeza y rendirme.

Sin embargo, pronto descubrí que a la mayoría de los vecinos, que al igual que yo vivían en el lado equivocado de las vías, les gustaban mis asaltos escritos sobre lo que uno de ellos llamó «los torpes y vulgares que hay entre nosotros». Pasó muy poco tiempo antes de que me sintiera como en casa en aquel lugar.

La casa que compramos había sido construida en los años setenta. Era de una sola planta, con cuatro dormitorios y el doble de espacio de la anterior, pero sin el menor encanto. No obstante, el potencial estaba allí y poco a poco fuimos dejando en ella nuestra impronta. Hicimos quitar la alfombra de pared a pared e instalar suelos de roble en el salón y de baldosas italianas en el resto de la casa. Sustituimos las desagradables puertas correderas de vidrio y en su lugar hicimos poner puertas de madera con vidrios pequeños, y en poco tiempo convertí el desangelado jardín delantero en un jardín tropical lleno de jengibres, plantas musáceas y flores de la pasión, de las que bebían tanto las mariposas como quienes pasaban por delante.

Las dos mejores características de nuestra casa nueva no tenían nada que ver con la casa en sí. La primera consistía en que en el frente, desde la ventana del salón podía verse el parquecito público en el que bajo unos pinos de gran altura había una zona destinada a juegos infantiles, un lugar que nuestros niños adoraban. La segunda, es que en el jardín trasero, justo al pasar por las nuevas puertas de madera y cristalitos, había una piscina. No habíamos querido tener una piscina, pues nos preocupaba la seguridad de nuestros hijitos, tanto que Jenny sugirió que la rellenasen de tierra, ante el estupor del agente inmobiliario que nos vendió la casa. Lo primero que hicimos el día que nos mudamos fue vallarla con una cerca de un metro veinte de altura, que bien podía haberse empleado en una prisión de máxima seguridad. Patrick y Conor, que por entonces tenían tres años y uno y medio, respectivamente, empezaron a moverse en el agua como si fuesen delfines. El parque se convirtió en una prolongación de nuestro jardín trasero y la piscina, en una prolongación de la estación suave que tanto nos gustaba. Pronto descubrimos que tener una piscina en el sur de Florida era lo que marcaba la diferencia entre soportar los meses de calor y disfrutarlos de verdad.

A nadie fascinaba tanto nuestro jardín trasero como a nuestro perro de aguas, ese orgulloso descendiente de los retrievers de los pescadores que hollaban las aguas costeras de Terranova. Si la puerta de la valla estaba abierta, *Marley* arrancaba a correr desde el cuarto de estar, tocaba con las patas sobre el patio de ladrillos que había al salir por la puerta de cristales y de allí volaba hasta caer de panza en el agua de la piscina, con lo que producía un géiser que lanzaba agua por encima del seto vivo. Nadar con *Marley* era un aventura peligrosa, algo similar a nadar junto a un barco de pasajeros. Solía presentarse de golpe, volando con las cuatro patas listas para acuatizar. Al verlo venir, uno esperaba que cambiase de rumbo en el último momento, pero él hacía caso omiso de eso. Sencillamente caía sobre uno y además pugnaba por treparse encima. Si por casualidad uno sólo tenía la cabeza fuera del agua, él la pisaba hasta sumergirla. «¿Es que me parezco a un muelle?», solía decirle yo mientras lo acunaba en mis brazos para permitirle que recobrase el aliento, mientras él movía las patas, como si tuviese puesto el piloto automático, y me lamía la cara.

Lo que no tenía nuestra casa nueva era un búnker a prueba de *Marley*. En nuestra casa anterior, el garaje de cemento para un coche era prácticamente indestructible y, además, tenía dos ventanas, lo que lo mantenía a una temperatura tolerable incluso en pleno verano, pero aunque la casa de Boca tenía un garaje para dos coches, no era adecuado para que *Marley* o ninguna otra criatura sobreviviese cuando la temperatura superaba con creces los cuarenta grados. El garaje no tenía ventanas y el calor que hacía en él era insoportable. Además, no era de cemento, sino de madera tratada, material que *Marley* ya había demostrado que podía pulverizar cuando quisiera, y más entonces, cuando sus ataques de pánico empeoraban a pesar de los tranquilizantes.

La primera vez que lo dejamos solo en casa lo pusimos en el lavadero, junto a la cocina, con una manta y un gran bol de agua. Horas después, cuando regresamos encontramos que había roído la puerta. El daño no era gran cosa, pero acabábamos de hipotecar nuestras vidas por los treinta años siguientes para comprar esa casa, y yo sabía que eso no sentaría bien. A modo de comentario sugerí:

–Quizá se esté habituando a su nuevo entorno.

–No hay una sola nube en el cielo –observó Jenny con escepticismo–. ¿Qué pasará cuando tengamos la primera tormenta?

Lo descubrimos la siguiente vez que lo dejamos solo. Cuando oímos la descarga eléctrica, decidimos regresar de inmediato a casa, pero ya era demasiado tarde. Jenny iba unos cuantos pasos por delante y cuando abrió la puerta del lavadero se detuvo en seco y murmuró:

–¡Oh, Dios mío...! –Lo dijo tal como lo diría alguien que encontrase un cadáver colgando de una araña–. ¡Oh..., Dios... mío –repitió.

Yo miré por encima de su hombro, y lo que vi era más feo de lo que esperaba. *Marley* estaba de pie, jadeando como un loco, y le sangraban las patas y la boca. Había mechones de pelo de *Marley* por todas partes, como si el susto por los truenos le hubiese hecho perder trozos de pelambre. El daño era mucho mayor que el que nunca había hecho, lo cual ya era mucho decir. Había hecho un agujero en la pared a mordisco pelado, dejando el montante al descubierto, trozos de yeso y astillas de madera por todos lados, junto con clavos torcidos. Además, había cables eléctricos al aire y restos de sangre sobre el suelo y las paredes. Parecía el escenario de un asesinato con pistola.

–¡Oh, Dios mío! –dijo Jenny por tercera vez.

–¡Oh, Dios mío! –repetí yo. Eso era todo lo que podíamos decir.

Tras pasar varios minutos mirando los destrozos en medio de un profundo silencio, dije:

–Puedo arreglar todo esto. Todo tiene arreglo. –Jenny me lanzó una mirada feroz; ya conocía los arreglos que yo hacía–. Llamaré a un especialista y lo haré arreglar –dije–. Ni siquiera intentaré arreglar esto por mi cuenta.

Di a *Marley* una de las pastillas tranquilizantes y, para mis adentros, me puse a pensar con preocupación si este último ataque no volvería a poner a Jenny en la misma tesitura que había tenido después de que naciera Conor, aunque al parecer hacía tiempo que había superado esa depresión. Respecto de este nuevo percance se mostró sorprendentemente filosófica.

–Unos cuantos cientos de dólares y la cosa quedará como nueva –dijo con voz alegre.

–Eso es lo mismo que yo pensaba –dije–. Daré unas conferencias más para ganar el dinero extra. Con eso pagaremos esto.

Minutos después, *Marley* empezaba a aflojarse. Los párpados le pesaban y se le veían los ojos enrojecidos, como le pasaba cuando le hacían efecto los tranquilizantes. El pobre daba la impresión de que debía asistir a un concierto de los Grateful Dead. Yo detestaba verlo así, siempre lo detesté, por eso me resistía a sedarlo, pero las pastillas lo ayudaban a pasar mejor los momentos de terror, de ese miedo mortal que sólo existía en su mente. Si *Marley* hubiese sido humano, lo habría declarado un psicópata redomado, pues tenía delirios, era paranoico y estaba convencido de que una oscura fuerza malévola bajaba del cielo para llevárselo. Mientras la pastilla iba haciéndole efecto, se echó sobre la alfombrita que había frente al fregadero de la cocina y, enroscándose, lanzó un suspiro profundo. Me arrodillé junto a él y, acariciándole el pelo ensangrentado, le dije: «Vaya, perrito mío. ¿Qué voy a hacer contigo?» Sin levantar la cabeza, me miró con esos ojos inyectados en sangre, los ojos más tristes que yo haya visto en mi vida, y se quedó mirándome. Fue como si tratara de decirme algo, algo importante que necesitaba que yo entendiera. «Lo sé. Sé que no puedes evitarlo», le dije.

Al día siguiente, fuimos con Jenny y los chicos a la tienda de animales y compramos una jaula gigantesca. Las tenían de todos los tamaños y cuando describí a *Marley*, el empleado nos condujo hasta donde tenían la más grande de todas. Estaba hecha de una reja de acero pesado y tenía dos cerraduras de bloqueo que mantenían la puerta cerrada por completo y el suelo también era de metal pesado. Ésa era nuestra respuesta al problema de *Marley*: un Alcatraz portátil propio. Conor y Patrick se metieron dentro y yo eché los dos cerrojos, encerrándolos durante un momento.

–¿Qué os parece, chicos? ¿Será suficiente para contener a nuestro Superperro? –les pregunté.

Conor jugueteó con la puerta de la jaula y luego se aferró a las rejas, como un preso veterano, y dijo:

–Yo preso.

–¡*Waddy* va a ser nuestro prisionero! –aclaró Patrick, encantado con la idea.

Cuando volvimos a casa, pusimos la jaula junto a la lavadora. El Alcatraz portátil ocupaba casi la mitad del lavadero. «¡Ven, *Marley*!», dije cuando acabé de montar la jaula. Eché un bizcocho para perros dentro y él se abalanzó gustoso para cogerlo. Cerré la puerta y eché los cerrojos mientras él comía su bizcocho, sin soñar siquiera con la nueva experiencia que estaba a punto de vivir, la que en los círculos de la salud mental se conoce como «encierro involuntario.»

«Éste será tu nuevo hogar cuando nosotros no estemos en casa», le dije con alegría. *Marley* se mostraba contento, sin la más ínfima señal de preocupación en su cara y, de pronto, se acostó y lanzó un suspiro.

–Una buena señal –le dije a Jenny–. Una señal muy buena.

Esa noche decidimos probar la unidad de máxima seguridad de nuestro perro. Esta vez ni siquiera tuve que atraer a *Marley* ofreciéndole un bizcocho. Sencillamente abrí la puerta de la jaula, lo llamé con un silbido y *Marley* se metió en la jaula, golpeando los barrotes con la cola.

–Sé un buen chico, *Marley* –dije.

Mientras ayudábamos a los niños a subir a la camioneta para ir a cenar afuera, Jenny dijo:

–¿Sabes qué?

–¿Qué?

–Desde que tenemos a *Marley*, ésta es la primera vez que no me voy con un malestar en el estómago por dejarlo solo en casa. Hasta hoy no me di cuenta de lo mucho que eso me pesaba.

–Sé lo que se siente –dije–. Era como un juego de adivinanzas: «¿Qué destruirá nuestro perro hoy?»

–Algo así como: «¿Cuánto nos costará ir al cine esta noche?»

–Era como la ruleta rusa –dije.

–Creo que la compra de esa jaula va a ser la mejor inversión que hayamos hecho –dijo Jenny.

–Debimos de haberlo hecho hace mucho tiempo –comenté yo–. La tranquilidad mental no tiene precio.

Cenamos muy bien y luego fuimos a dar un paseo por la playa, mientras se ponía el sol. Los chicos jugaban al borde del agua, salpicándose, corrían tras las gaviotas y echaban manojos de arena al mar. Jenny estaba relajada de forma poco característica en ella. Saber que *Marley* estaba seguro, dentro de Alcatraz, incapaz de destrozar nada ni de hacerse daño a sí mismo, era un bálsamo.

–¡Qué bien lo hemos pasado! –exclamó Jenny cuando íbamos andando hacia la puerta principal de nuestra casa.

Yo estaba a punto de convenir con ella cuando, de reojo, noté algo que no iba del todo bien. Miré la ventana que había junto a la puerta de entrada. Las persianas venecianas estaban cerradas, como siempre que salíamos, pero a unos quince centímetros del borde inferior de la ventana las tiras de metal estaban separadas por algo que asomaba entre ellas, algo negro, y húmedo, y pegado al vidrio.

–¿Qué diablos ha...? –dije–. ¿Cómo pudo... *Marley*...?

Cuando abrí la puerta vi al comité de recepción constituido por nuestro perro, que se contoneaba por todo el recibidor, más feliz que nunca por tenernos de vuelta en casa. Recorrimos toda la casa, registrando todas las habitaciones y los armarios empotrados en busca de algo que delatara la aventura de *Marley* durante nuestra ausencia. La casa estaba bien, sin destrozos a la vista. Jenny y yo llegamos juntos a la lavandería. La puerta de la jaula estaba abierta, tanto como la piedra de acceso a la tumba de Jesús en la mañana del día de Pascua. Era como si un cómplice secreto hubiese entrado en la casa y liberado a nuestro prisionero. Me hinqué junto a la jaula, para mirar con mayor detenimiento. Las barras de los dos cerrojos estaban corridas, dejando la puerta de la jaula abierta, y tenían trozos cubiertos de saliva –una pista significativa.

–Parece ser un trabajo de alguien de dentro –dije–. De alguna manera, el Houdini este salió de la Casa Grande a lametazo limpio.

–No puedo creerlo –dijo Jenny, tras lo cual soltó una palabrota.

Yo me alegré de que los chicos no estuvieran lo bastante cerca para oírla.

Siempre nos imaginamos que *Marley* era tan tonto como un alga, pero había sido lo bastante inteligente para utilizar su larga y fuerte lengua a través de los barrotes y mover las barras por sus carriles. Se había ganado la libertad a lametazos, y en las semanas siguientes repitió con facilidad el truco cuantas veces quiso. Nuestra prisión de máxima seguridad se había convertido en una casa de transición. Cuando salíamos, al volver a veces lo encontrábamos descansando plácidamente en la jaula y otras, esperándonos junto a la puerta principal. El encierro involuntario no era un concepto que *Marley* fuera a aceptar de patas cruzadas.

Lo que hicimos fue sujetar los cerrojos con gruesos cables eléctricos. La idea funcionó durante un tiempo, pero un día que amenazaba tormenta, cuando llegamos a casa encontramos abierta una esquina de la puerta de la jaula, como si lo hubieran hecho con un abrelatas, y a *Marley* aterrorizado, otra vez con las patas ensangrentadas, cogido por la parte de las costillas en el agujero, con la mitad del cuerpo dentro de la jaula y la otra mitad, fuera. Tras ese incidente, volví a cerrar el agujero como mejor pude y empezamos a sujetar con cables no sólo los cerrojos, sino también las cuatro esquinas de la puerta. Pronto tuve que reforzar con cables adicionales las cuatro esquinas de la jaula misma, ya que *Marley* seguía empleando toda su fuerza muscular para librarse del encierro. A los tres meses, la brillante e inexpugnable jaula de acero que habíamos comprado parecía haber sido blanco de un obús. Los barrotes estaban vencidos y torcidos, el armazón, roto, la puerta, desencajada, y los costados, abultados hacia fuera. Yo seguí reforzándola como mejor pude, y *Marley* siguió embistiéndola con impertérrita decisión. La sensación de seguridad que el adminículo nos había ofrecido, aunque falsa, había desaparecido por completo. Cada vez que salíamos, por corto que fuera el tiempo pasado fuera, nos preguntábamos si esa vez sería la que nuestro maniático prisionero saldría de su encierro y se dedicaría a destrozar un sofá, arrancar trozos de paredes y mordisquear puertas. Así acabó nuestra tranquilidad mental.

18. Una comida al aire libre

Así como yo no encajaba en el ambiente de Boca Ratón, tampoco *Marley* encajaba en él. En Boca había (y con seguridad, aún hay) una desproporcionada cantidad de los perros más pequeños, más chillones y más mimados del mundo entero, la clase de perros que el grupo de Bocahontas prefería como accesorios de moda. Eran unas preciosuras diminutas, adornadas a veces con lacitos entre el pelo, colonia en las nucas e incluso con las uñas pintadas, que se veían por los lugares más improbables: asomando el morro por un bolso de diseño, dormitando sobre la toalla de su ama en la playa y abriéndose paso para entrar en una cara casa de antigüedades, luciendo una correa tachonada de diamantes falsos. Pero donde mayormente se los veía era en coches como Lexus, Mercedes Benz y Jaguar, sentados en las faldas de sus amas, delante del volante. Esos perritos se parecían tanto a *Marley* como Grace Kelly a Gomer Pyle. Eran pequeñitos, sofisticados y de gustos especiales, mientras que *Marley* era grande, torpe y se dedicaba a oler genitales. Los mismos deseos que manifestaba él en integrarse en el círculo de ellos, los manifestaban ellos en no dejarlo entrar a formar parte de él.

Gracias a su reciente certificado de obediencia, a *Marley* podía manejárselo con bastante facilidad cuando salíamos a andar, pero si veía algo que le gustaba, no dudaba en lanzarse tras ello y mandar al diablo el peligro de estrangularse. Cuando salíamos a pasear por la ciudad, a su juicio valía la pena estrangularse por perseguir a los perros finos y ricos que encontrábamos. Cada vez que veía a uno, se lanzaba al galope en pos de un posible amigo, arrastrando a Jenny o a mí, cogidos del otro extremo de la correa, con lo cual ajustaba más la correa alrededor de su cuello y acababa jadeando y tosiendo. Y *Marley* siempre era rechazado, no sólo por los diminutos perros de Boca, sino por los propietarios de perros de Boca, que cogían en brazos a su *Fifi*, o *Suzi* o *Cheri* como si fueran a protegerlos de las fauces de un cocodrilo. Pero a *Marley* parecía no importarle esa actitud, ya que cuando aparecía otro miniperro, volvía a lanzarse hacia él como si nada. Yo, por ser un tipo que nunca supo encajar muy bien el rechazo de una posible cita, admiré la perseverancia de *Marley*.

Cenar fuera era una de las actividades importantes en la vida de Boca, y eran muchos los restaurantes en los que se podía comer al aire libre, sentados bajo palmeras cuyos troncos y hojas estaban salpicados de largos cables de lucecitas blancas. Eran lugares donde ver gente y ser visto, donde tomarse un *caffè latte* y charlar por los móviles, mientras los acompañantes se ponían de cara al cielo con miradas vacías. Los miniperros eran una parte importante del ambiente al aire libre. Los matrimonios los llevaban con ellos y ataban las correítas a las patas de las mesas de hierro, bajo las cuales los perritos se acurrucaban alegremente. Y también había los que incluso se sentaban a la mesa, junto a sus amos, con la cabeza en alto, con gesto autoritario, como molestos por la falta de atención por parte de los camareros.

Un domingo por la tarde, Jenny y yo pensamos que sería agradable ir a uno de esos lugares a cenar con los chicos y *Mar-*

ley. «Cuando estés en Boca, haz lo que hacen los bocalitas», dije. Subimos todos a la camioneta y partimos hacia Mizner Park, el centro comercial construido al estilo de una *piazza* italiana, con amplias aceras e infinitas posibilidades de comer algo. Aparqué el coche y nos dirigimos a una de las aceras, donde subimos paseando a lo largo de unas tres manzanas y bajamos por la acera opuesta, viendo a todo el mundo y dejándonos ver por todos. Y debimos de haber sido todo un espectáculo. Jenny había puesto a los niños en el cochecito doble, que podía haberse confundido con un carrito de mantenimiento, puesto que llevaba en la parte de atrás una parafernalia de las cosas que necesitan los niños pequeños, desde puré de manzanas hasta toallitas húmedas. Yo iba andando entre Jenny y *Marley*, a quien apenas podía contener, puesto que iba con las antenas desplegadas para localizar perros diminutos. *Marley* se mostraba más salvaje que de costumbre, como desbordado ante la posibilidad de acercarse a uno de esos miniperritos de pura raza que saltaban por allí, así que yo sujetaba con más fuerza que nunca la correa, y él llevaba la lengua afuera y jadeaba como una locomotora.

Por fin nos decidimos por un restaurante que, desde el punto de vista económico, tenía una de las cartas más accesibles del lugar. Deambulamos por el entorno hasta que quedó libre una mesa de la terraza; era perfecta, pues estaba a la sombra y tenía vistas a la fuente principal de la piazza, y además estábamos seguros de que era lo suficientemente pesada para sujetar a un excitable labrador de casi cincuenta kilos. Até el extremo de la correa de *Marley* a una de las patas y pedimos la bebida: dos cervezas y dos zumos de manzana.

–Por un día hermoso con mi hermosa familia –dijo Jenny, levantando el vaso a modo de brindis.

Estábamos haciendo sonar nuestras botellas de cerveza, mientras los chicos aplastaban sus vasos de cartón, cuando sucedió. De hecho, sucedió con tanta rapidez que no tuvimos tiempo de darnos cuenta de lo que estaba ocurriendo. Lo único que sé es que estábamos sentados a una mesa, en un bonito lugar al aire libre, cuando la mesa salió disparada, abriéndose paso por entre otras mesas, chocando contra testigos inocentes y haciendo un horrible ruido de enrejado industrial que perforaba los tímpanos al rozar las lozas de cemento que formaban el suelo. Durante menos de un segundo, antes de que ninguno de los dos nos diéramos cuenta de lo que de verdad sucedía, nos pareció posible que la mesa tuviera vida propia y estuviera posesa, y que quisiera proteger a nuestra familia de invasores de Boca que no se limpiaban la boca y que, por supuesto, no pertenecían a ese ambiente. Pasado ese instante, vi que no era la mesa la que estaba posesa, sino nuestro perro. *Marley* ya estaba enfrente, lanzado hacia delante con toda su fuerza, con la correa tiesa como una cuerda de piano.

Un instante después, supe adónde se dirigía *Marley*, con mesa y todo. A unos ciento cincuenta metros, había en la acera un delicado caniche que, junto a su ama, olía el aire. Recuerdo que pensé: *¡Maldita sea! ¿Qué es lo que tiene con los caniches?* Jenny y yo permanecimos sentados, con los niños en sus sillitas, un minuto más en lo que podría haber sido nuestra tarde dominical perfecta e inmaculada, si no fuera porque nuestra mesa se había marchado por entre el gentío. Instantes después los dos salimos disparados en pos de *Marley*, disculpándonos con los clientes a medida que pasábamos junto a ellos. Fui el primero en llegar junto a la mesa que corría rozando el suelo de la piazza. Me agarré a la mesa, planté los pies con firmeza y me eché hacia atrás con toda mi fuerza. Pronto Jenny estuvo junto a mí, tirando también hacia atrás. Me sentí como los héroes de un acto en una película del Oeste, tirando del freno de un tren desbocado antes de que se saliera de las vías y se precipitara por un acantilado. En medio del caos, Jenny tuvo la entereza de girar la cabeza y gritar: «¡Enseguida regreso, chicos!» *¿Enseguida regreso?* Lo decía como si lo que nos pasaba fuera normal, como si lo hubiésemos esperado o planeado, como si hiciéramos cosas semejantes con frecuencia, como si de repente decidiésemos divertirnos dejando que *Marley* nos llevase, arrastrando una mesa, a dar una vuelta por toda la ciudad, para mirar los escaparates y regresar al punto de partida a tiempo para tomar el aperitivo.

Cuando por fin logramos sujetar la mesa y, de paso, a *Marley*, a menos de medio metro de distancia del caniche y de su mortificada propietaria, volví la cabeza para ver si los niños estaban bien, y fue entonces cuando vi las caras de mis colegas de cenas al aire libre. Era como una de esas escenas de los anuncios de la empresa financiera E. F. Hutton en que el bullicio de toda una muchedumbre se convierte en silencio para poder escuchar alguna palabra del consejo financiero. Los hombres, móviles en mano, habían interrumpido sus charlas telefónicas. Las mujeres nos miraban boquiabiertas. Los bocalitas no se lo podían creer. Fue Conor quien, deleitado, rompió por fin el silencio al gritar:

—¡*Waddy* ir paseo!

Se acercó rápidamente un camarero y me ayudó a llevar la mesa de vuelta a su lugar, mientras Jenny sujetaba con fuerza a *Marley*, todavía obsesionado con el objeto de sus deseos.

—Permítanme que les ponga la mesa de nuevo —dijo el camarero.

—No será necesario —dijo Jenny, como quien no quiere la cosa—. Tráiganos la cuenta, nos marchamos.

No fue mucho después de la excursión que habíamos hecho al lugar donde se acostumbra a cenar al aire libre en Boca, cuando encontré en la biblioteca un libro titulado *No hay perros malos*, escrito por la afamada entrenadora de perros Barbara Woodhouse. Como el título del libro implica, la autora compartía la creencia expresada con fervor por la primera instructora de *Marley*, doña Mandona: que el único obstáculo que había entre un perro incorregible y un perro grandioso era un amo, confundido, indeciso y sin voluntad. Woodhouse sostenía que el problema no radicaba en los perros, sino en la gente. Dicho eso, se describían en el libro, capítulo tras capítulo, algunos de los comportamientos caninos más insignes imaginables. Había perros que aullaban sin cesar, cavaban sin cesar, peleaban sin cesar, montaban perros sin cesar y mordían sin cesar. Había perros que odiaban a los hombres y perros que odiaban a las mujeres; perros que robaban a sus amos y perros que por celos atacaban a criaturas indefensas. Incluso había perros que comían sus propias heces. *Gracias a Dios, por lo menos Marley no se come sus propias heces*, pensé.

Mientras leía el libro, empecé a sentirme mejor respecto de nuestro retriever con taras. Nosotros habíamos llegado a la firme conclusión de que *Marley* era, sin duda alguna, el peor perro del mundo, pero me enteraba con alegría de que había una suerte de conductas horrorosas que él *no* tenía. *Marley* carecía de toda maldad, no ladraba mucho, no mordía, no montaba a otros perros, excepto cuando andaba tras alguna hembra que despertaba su instinto amoroso. Además, consideraba que todo el mundo era amigo suyo y, mejor aún, no comía nada escatológico ni se restregaba sobre eso. Y por encima de todo, me dije que no había perros malos, sino amos ineptos y despistados como Jenny y yo. Era culpa nuestra que *Marley* acabase siendo como era.

Cuando llegué al capítulo 24, titulado «Vivir con un perro mentalmente inestable», tragué saliva con frecuencia. Woodhouse describía a *Marley* con una comprensión tan íntima, que yo hubiera jurado que había pasado ratos enteros con él en la jaula destrozada. La autora hablaba de los comportamientos maníacos y extraños, la destrucción cuando el perro se halla solo, los suelos astillados con los dientes y las alfombras mordidas. Describía los intentos de los dueños de ese tipo de bestias por «tener algún lugar en la casa o en el jardín a prueba de perros». Incluso se refería al uso de tranquilizantes como una última medida desesperada (y mayormente ineficaz) por tratar de que los perros mentalmente alterados recobrasen la salud mental.

«Algunos nacen inestables y otros se tornan inestables por las condiciones de vida, pero el resultado es el mismo: los perros, en lugar de ser una dicha para sus dueños, son una preocupación, un gasto y a menudo suelen desesperar a una familia entera», escribía Woodhouse. Miré a *Marley*, que dormía junto a mis pies, y dije: «¿No te resulta familiar todo esto?»

En un capítulo posterior, titulado «Perros anormales», Woodhouse decía con una cierta resignación: «No puedo dejar de hacer hincapié en que si deseáis quedaros con un perro que no es normal, debéis prepararos para llevar una existencia un poco restringida.» *¿Quiere decir vivir con un miedo mortal al ir a comprar una botella de leche?* «Aunque podéis querer mucho a un perro anormal –proseguía la autora–, no se debe molestar por eso a otra gente.» *¿Como, hablando teóricamente, la que estaba el domingo dispuesta a cenar en la terraza del café de Boca Ratón, Florida?*

Woodhouse había dado de pleno en la diana, en cuanto se refería a la patética y dependiente existencia que llevábamos nosotros y nuestro perro. Lo teníamos todo: unos dueños desventurados y débiles de carácter, un perro inestable y descontrolado, una serie de posesiones y artículos destrozados y unos desconocidos y vecinos enfadados y molestos. Éramos un caso de estudio. «Felicitaciones, *Marley* –le dije–. Te califican como subnormal.» *Marley* abrió los ojos al oír su nombre, se desperezó y, poniéndose boca arriba, levantó las cuatro patas al aire.

Esperaba que Woodhouse ofreciera una alegre solución a los dueños de esa clase de mercadería con taras, unos consejos que, ejecutados de forma apropiada, convirtiera a los perros más maniáticos en animales dignos de participar en las exhibiciones caninas de Westminster, pero la autora acaba el libro con un comentario más tenebroso aún: «Sólo los dueños de perros desequilibrados pueden saber a conciencia dónde trazar la línea entre un perro cuerdo y uno mentalmente desequilibrado. Y nadie, salvo el dueño del animal, puede decidir qué hacer con esta última clase. En calidad de gran amante de los perros, creo que es más bondadoso sacrificarlos.»

¿*Sacrificarlos?* Casi me atraganté con la saliva. Y por si acaso no se hubiera expresado con entera claridad, la autora añadía: «No cabe duda de que, cuando se ha agotado toda la clase de ayuda que pueden prestar entrenadores y veterinarios y no queda esperanza de que el perro pueda llevar una existencia razonablemente normal, es mejor, tanto para el dueño como para el perro, sacrificarlo.»

Incluso Barbara Woodhouse, amante de los animales y exitosa entrenadora de miles de perros cuyos dueños habían considerado casos irremediables, reconocía que era imposible ayudar a algunos perros. Si hubiera sido por ella, los habrían despachado humanamente a ese gran frenopático canino que hay en el cielo.

«No te preocupes, muchacho –dije, inclinándome para acariciar a *Marley* en la barriga–. El único sueño que dormirás tú en esta casa es aquel del que puedes despertarte.»

Marley suspiró de forma dramática y volvió al interrumpido sueño de bonitas caniches en celo.

Fue por aquella época cuando nos enteramos de que no todos los labradores son iguales, que la raza tiene dos diferentes subgrupos: el inglés y el estadounidense. Los de la rama inglesa tienden a ser más pequeños y robustos, con cabezas grandes y un carácter amable y tranquilo. Ellos son los preferidos para las exhibiciones. Los de la estadounidense son mucho más grandes y más fuertes, y tienen facciones más delgadas, menos rectangulares. Son famosos por su infinita energía y su ánimo, y se los prefiere como perros deportivos y de caza. Y son precisamente las cualidades que los hacen impagables para moverse por los bosques las que los convierten en un desafío para tener en una casa. Todo lo escrito sobre ellos advierte que no debe subestimarse su exuberante nivel de energía.

Según se explica en el folleto de un criador de retrievers de Pensilvania, titulado «Endless Mountain Labradors»: «Mucha gente nos pregunta cuál es la diferencia entre el labrador inglés y el estadounidense (de campo), y la diferencia es tan grande que la AKC está considerando dividir la raza. Hay diferencias en los cuerpos y también en el temperamento. Si usted busca un perro de campo que sirva exclusivamente para competiciones rurales, adquiera un estadounidense, pues son perros atléticos, altos, largos y delgados, pero tienen personalidades MUY hiperactivas, muy tensas, que no se prestan para que sean los mejores "perros familiares". Por otra parte, los labradores ingleses son cuadradotes, robustos y de cuerpo menos largo. Son unos perros hermosos, dulces, tranquilos y tiernos.»

No tardé mucho en figurarme a qué rama pertenecía *Marley*. Todo empezaba a adquirir sentido. Habíamos escogido a ciegas un tipo de labrador mejor dotado para correr todo el día por el campo y, como si eso fuera poco, nuestro ejemplar era mentalmente desequilibrado, descontrolado e inmune al adiestramiento, a los tranquilizantes y a la psiquiatría canina. En suma, era la clase de espécimen subnormal que una experimentada criadora de perros como Barbara Woodhouse quizá considerase que mejor sería que estuviera muerto. *¡Fantástico!* –pensé–. *¡Y nos enteramos de todo eso ahora!*

Poco después de que el libro de Woodhouse nos hiciera comprender la locura de *Marley*, un vecino nos preguntó si podíamos cuidar de su gato una semana, mientras se iba de vacaciones con su familia. Le dijimos que sí, que lo trajera, ya que comparado con los perros, los gatos son fáciles de atender. Los gatos van siempre con el piloto automático encendido y, en particular, éste era tímido y retraído, especialmente cuando *Marley* rondaba por el lugar. Lo más seguro es que se escondiera debajo del sofá todo el día y sólo saliera después de que todos estuviéramos durmiendo para comer, mantenerse alejado de *Marley* y hacer sus necesidades en la caja de arena, que pusimos en un discreto rincón del patio cercado que había junto a la piscina. Todo iría bien, pues *Marley* ni se enteraría de que había un gato en la casa.

Cuando hacía ya media semana que el gato estaba en nuestra casa, me despertó al amanecer el sonido de un fuerte y repetido golpe contra el colchón. Era *Marley* que, excitado, se contoneaba junto a la cama, golpeando el colchón con la cola. *¡Pum! ¡Pum! ¡Pum!* Tendí el brazo para hacerle unas caricias, pero él me eludió y se puso a hacer maniobras evasivas y a saltar y bailar junto a la cama. Otra vez el Mambo de *Marley*. «Vale... ¿qué pasa?», pregunté con los ojos aún cerrados. A modo de respuesta, *Marley* dejó caer con orgullo su presa sobre la prístina sábana, a escasos centímetros de mi cara. En mi estado de ensueño, me llevó un minuto comprender qué era aquello. Era algo pequeño, oscuro, de forma indefinible y recubierto de arena gruesa, burda. Y en-

tonces me llegó el olor a la nariz, un olor ácido, punzante y pútri-
do. Me senté de golpe en la cama y me eché hacia atrás, desper-
tando a Jenny, a quien le señalé el regalo de *Marley* que brillaba
sobre la sábana.

–No me digas que eso es... –empezó a decir Jenny en una voz
teñida de asco.

–Sí que lo es –dije–. *Marley* ha estado escarbando en la caja
de arena del gato.

Marley se sentía tan orgulloso de su regalo como si se tratase
del diamante Hope. Tal como tan sabiamente lo había predicho
Barbara Woodhouse, nuestro perro inestable y anormal había
iniciado la etapa de su vida en que le tocaba comer heces.

19. La descarga de rayos

Después de nacer Conor, todos nuestros conocidos –salvo mis muy católicos padres, que rezaban por tener docenas de pequeños Grogan– supusieron que no tendríamos más hijos. Entre las familias de profesionales con dos sueldos, como la nuestra, tener un hijo era la norma, tener dos se consideraba un poco extravagante y tener tres, un imposible. Dado el difícil embarazo que habíamos vivido con Conor, nadie comprendía que pudiéramos someternos otra vez a tan complicado proceso, pero habíamos aprendido mucho desde los tiempos de recién casados, cuando nos dedicábamos a matar plantas con insecticidas. Nos gustaba ser padres. Nuestros niños nos causaban más dicha de la que nadie ni nada podía imaginar. De momento, nuestros hijos determinaban la vida que llevábamos y, aunque parte de nosotros echaba de menos las vacaciones tranquilas, los sábados en que leíamos novelas y las cenas románticas que se prolongaban hasta entrada la noche, habíamos encontrado placeres en otras cosas..., en el puré de manzana derramado, por ejemplo, en los vidrios de las ventanas ornados por las improntas que dejaban unas naricitas o en la dulce sinfonía de unos piececillos descalzos que corrían por el pasillo al amanecer. Incluso en los peores días descubríamos algo de que sonreírnos, sabiendo ya entonces lo que todo padre y madre llega a imaginarse, tarde o temprano: que los maravillosos días de la más tierna infancia –con culitos cubiertos de pañales, primeras denticiones y jergas incomprensibles– no son más que relámpagos brillantes y breves en la vastedad de lo que sin duda es una vida corriente.

Ambos escuchamos con escepticismo a mi anticuada madre cuando dijo: «Disfrutad de vuestros hijos mientras podáis, porque antes de que os deis cuenta ya serán mayores.» Incluso ahora, cuando todavía no habían llegado a mayores, nos dimos cuenta de que mi madre tenía razón. Aunque sus palabras eran bien conocidas, sabíamos ya que encerraban una profunda verdad. Si en una semana dada Patrick se chupaba el pulgar, a la siguiente había dejado el hábito para siempre. Y si Conor era en un momento dado el bebé que teníamos en la cuna, a la semana siguiente era quien utilizaba la cuna como trampolín. Patrick no podía pronunciar la letra ese, así que cuando las mujeres le hacían gracias, lo cual sucedía a menudo, él ponía los puños sobre las caderas y, sacando el labio inferior, decía: «Eta eñora e ríe de mí.» Siempre pensé filmarlo haciendo eso, pero un buen día empezó a pronunciar las eses con entera corrección, y allí se acabó la cosa. A Conor no pudimos quitarle su pijama de Superman durante meses. Corría por la casa dejando flotar la capa detrás de él y gritando: «¡Soy Supe Man!» Y de pronto dejó de hacerlo. Y otra vez me perdí la oportunidad de filmar el momento.

Los hijos sirven de desenfadados relojes, imposibles de ignorar, que marcan el progreso incesante de la vida de uno a lo largo de lo que de otra manera podría ser un mar infinito de minutos, horas, días y años. Nuestros bebés crecían con mucha más celeridad de la que nosotros deseábamos, lo cual en parte explica por qué, al año de mudarnos a nuestra nueva casa de Boca Ratón, empezamos a tratar de encargar el tercero. Como le dije a Jenny: «Oye, tenemos cuatro dormitorios, así que ¿por qué no?» Todo lo que tuvimos que hacer fue intentarlo dos veces. Ninguno de los dos quería reconocer que lo que deseábamos era una niña, pese a que por supuesto era así, y de forma desesperada, y a que durante el embarazo no dejábamos de repetir que sería estupendo tener tres hijos varones. Cuando finalmente la ecografía confirmó nuestras íntimas esperanzas, Jenny me abrazó y susurró: «Estoy tan feliz que podría regalarte una niña.» Yo también estaba feliz.

No todos nuestros amigos compartían nuestro entusiasmo. Al recibir la noticia, la mayoría de ellos nos preguntó a bocajarro: «¿Lo buscasteis?» No podían creer que un tercer embarazo no fuera un accidente y, de no serlo, como Jenny y yo insistíamos, tampoco podían dejar de juzgar nuestro criterio. Una conocida llegó al colmo de castigar a Jenny por permitirme que la dejara otra vez embarazada y, en un tono más apropiado para utilizar con alguien que acabase de dejar todas sus posesiones terrenales a un culto de la Guayana, le dijo: «¿En qué *diablos* estabas pensando?»

Pero a nosotros dos, los comentarios no nos importaban. El 9 de enero de 1997, Jenny me hizo con cierto retraso un regalo de Navidad: una niña de mejillas rosadas, que pesaba 3,200 kilos y a quien llamamos Colleen. Sólo entonces sentimos que nuestra familia estaba completa. Si el embarazo de Conor había sido una letanía de estrés y preocupaciones, el embarazo de Colleen fue de libro de texto, y dar a luz en el hospital de la comunidad de Boca Ratón nos puso en contacto con un nuevo nivel de satisfacción de clientes mimados. Al final del pasillo había una sala de estar donde podían tomarse gratuitamente todos los capuchinos que uno quisiera, un detalle típico de Boca. Cuando por fin nació

Colleen, había ingerido tanta cafeína espumosa que apenas pude conseguir que la mano dejara de temblarme para cortar su cordón umbilical.

Cuando Colleen tenía una semana, Jenny la sacó por primera vez al exterior. El día era fresco y hermoso, y los chicos y yo estábamos en el jardín del frente, plantando flores. *Marley* estaba atado a un árbol próximo, echado felizmente a la sombra mientras miraba pasar la vida. Jenny se sentó junto a él y puso el cuco portátil en el que dormía Colleen entre ella y el perro. Pasados unos minutos, los chicos insistieron en que su mamá se acercara para ver cómo trabajaban, y condujeron a su madre, y también a mí, de un parterre a otro, mientras Colleen dormía a la sombra, junto a *Marley*. Cuando pasábamos por detrás de unos arbustos desde donde podíamos ver a *Marley*, pero quien pasara por la calle no podía vernos, hice señas a Jenny para que mirase por entre las ramas. Un matrimonio mayor que pasaba por la calle se había detenido y miraba con expresión de gran asombro la escena que se les ofrecía en el jardín. Al principio, no estaba seguro de lo que los había hecho detenerse a mirar, pero de pronto me di cuenta que, desde su punto de mira, lo único que podían ver era un frágil bebé, recién nacido, a solas con un gran perro amarillo, que parecía ejercer de canguro en solitario.

Nos quedamos observándolos y conteniendo la risa. Allí estaba *Marley*, como una esfinge egipcia, echado con las patas delanteras cruzadas, la cabeza erguida, jadeando alegremente y acercando la nariz de forma repetida a la cabecita de Colleen. El pobre matrimonio debía de creer que se había topado con un claro caso de negligencia infantil, un delito punible. Sin duda los padres estaban bebiendo en algún bar, mientras el bebé se hallaba en manos de un labrador retriever que en cualquier momento podría intentar alimentarlo. *Marley*, como si formara parte del ardid, cambió de posición y acabó por apoyar sobre la barriguita de Colleen el mentón, que era más grande que la niña misma, y exhalar un profundo suspiro. Parecía proteger a la niña. Y acaso lo hacía, aunque estoy casi seguro de que sólo se dedicaba a inhalar el aroma que despedía el pañal.

Jenny y yo nos quedamos entre los arbustos, intercambiando sonrisas. La sola idea de *Marley* como cuidador de niños era demasiado buena para dejar de aprovecharla. Me inclinaba por esperar a ver qué sucedía, pero entonces pensé que una de las acciones podía ser una llamada a la policía. Habíamos logrado alojar a Conor en un pasadizo, pero ¿cómo explicaríamos esto? («Sí, ya sé lo que debe parecer, señor agente, pero lo cierto es que el perro es sorprendentemente responsable...») Salimos de detrás de los arbustos, saludamos con la mano al matrimonio y pudimos ver el alivio que asomaba a sus rostros. Así se enteraron de que, gracias a Dios, ese bebé no había sido abandonado a los perros.

–Deben de confiar mucho en su perro –dijo la mujer, no sin una cierta cautela con la que manifestó su creencia de que los perros eran unos animales feroces e impredecibles que no debían estar junto a un indefenso recién nacido.

–Todavía no se ha comido a nadie –dije.

Dos meses después de llegar Colleen a nuestro hogar, cumplí cuarenta años, y lo festejé de la manera menos auspiciosa posible: a solas. Se supone que «Los Cuarenta» son un punto de inflexión de importancia, el momento de la vida en que uno se despide de la inquieta juventud y opta por las predecibles comodidades de la mediana edad. Si hay un cumpleaños que merece ser festejado a lo grande es el de los cuarenta, pero no fue así en mi caso. Por entonces ya éramos padres responsables de tres hijos. Jenny tenía a la menor prendida de su pecho y había cosas más importantes por las cuales preocuparse. Ese día, cuando llegué del trabajo, Jenny estaba cansadísima. Cenamos las sobras de una comida anterior, bañé a los chicos y los acosté, mientras Jenny daba de mamar a Colleen. A las ocho y media de la noche, los tres niños dormían, y también mi mujer. Me serví una cerveza y fui a tomarla en el patio, mirando el agua azul iridiscente de la piscina iluminada. *Marley*, fiel como siempre, estaba junto a mí, y mientras le acariciaba las orejas se me ocurrió pensar que él también atravesaba en su vida el mismo momento de inflexión que yo. Lo habíamos traído a casa hacía seis años, así que, calculando su edad perruna, rondaba ya los cuarenta. Había alcanzado esa edad de forma inadvertida y aún actuaba como un cachorro. Además, gozaba de muy buena salud, salvo por una serie de pertinaces infecciones de oído que requerían de un repetido tratamiento. No daba muestra alguna de estar envejeciendo y tampoco de estar perdiendo energía. Nunca tuve a *Marley* como modelo de nada, pero mientras bebía mi cerveza pensé que tal vez él conocía el secreto de la buena vida: no dejar de moverse, no mirar hacia atrás, vivir cada día con el brío, las agallas, la curiosidad y la alegría de un adolescente. Si uno cree que aún es un cachorro, quizá lo sea, sin perjuicio de lo que diga el calendario. Ésa no es una mala filosofía de vida, aunque yo preferiría pasar por alto los episodios de sofás y lavaderos destrozados.

«Bueno, chico –le dije, apoyando mi botella de cerveza sobre su mejilla, a modo de brindis entre diferentes especies–. Esta noche estamos vivos sólo tú y yo. Brindo por los cuarenta. Brindo por la mediana edad. Brindo por correr hasta el final con perros grandes.» Y entonces también *Marley* se acurrucó y se quedó dormido.

Unos días después de mi cumpleaños, cuando aún rumiaba lo solo que lo había pasado, me llamó Jim Tolpin, el colega que me había ayudado a que *Marley* dejara de saltar sobre la gente, para preguntarme si no me gustaría salir con él la noche siguiente, que era sábado, a tomar una copa. Jim se había ido del diario para estudiar Derecho casi al mismo tiempo que nosotros nos habíamos mudado a Boca Ratón, así que hacía meses que no nos veíamos. «Por supuesto», le dije, no sin preguntarme a qué se debía el encuentro. Jim me recogió a las seis y me llevó a un pub inglés, donde bebimos cerveza ligera Bass mientras nos poníamos al día acerca de nuestras vidas. Lo estábamos pasando en grande, cuando el barman dijo en voz alta:

–¿Hay algún John Grogan aquí? ¡Teléfono para John Grogan!

Era Jenny, cuya voz sonaba muy nerviosa y estresada.

–¡La niña llora, no hay quien domine a los chicos y acabo de aplastar las lentes de contacto...! –rugió por teléfono–. ¿Puedes venir enseguida?

–Trata de calmarte –le dije–. Tranquilízate. Iré a casa enseguida.

Colgué y el barman, haciendo un gesto de conmiseración y mirándome como si yo fuera un pobre tío encarcelado, me dijo:

–Lo siento, amigo.

–Vamos –dijo Jim–. Te llevaré a casa.

Cuando giramos en mi calle vimos que había coches a ambos lados.

–Alguien da una fiesta –comenté yo.

–Eso parece –dijo Jim.

–¡Vaya por Dios...! –exclamé cuando llegamos a mi casa–. Mira eso. Alguien ha aparcado en mi entrada. ¡Hay que tener cara...!

Estacionamos de manera que el otro no pudiera salir, e invité a Jim a que entrase en casa conmigo. Yo aún me quejaba del desconsiderado que había aparcado en mi entrada cuando de pronto se abrió la puerta principal. Era Jenny, con Colleen en brazos. No parecía estar alterada en absoluto. De hecho, una franca sonrisa le invadía la cara. Y detrás de ella estaba el gaitero, con su correspondiente atuendo. *¡Madre mía! ¿En qué me he metido?* Después miré detrás del gaitero y vi que alguien había sacado la cerca de la piscina y había puesto velas que flotaban en el agua. El patio estaba lleno de amigos, vecinos y colegas del trabajo. Justo cuando caía en la cuenta de que todos esos coches que había en la calle pertenecían a toda la gente que había en mi casa, gritaron al unísono: «¡FELIZ CUMPLEAÑOS, AMIGO!»

Mi mujer no se había olvidado de mi cumpleaños.

Cuando por fin pude cerrar la mandíbula, abracé a Jenny, le di un beso en la mejilla y le susurré al oído: «Más tarde me las pagarás.»

Alguien abrió la puerta del lavadero en busca del cubo de la basura, y *Marley* lo aprovechó para salir disparado, luciendo su mejor y más festivo humor. Atravesó la casa por entre las piernas de los asistentes, robó de una bandeja una tapa de mozzarella y albahaca, levantó la falda de algunas damas con el hocico y se lanzó derechito hacia la piscina. Lo cogí justo cuando estaba a punto de zambullirse de panza en el agua y volví a llevarlo al lavadero. «No te preocupes –le dije–. Te guardaré las sobras.»

No fue mucho después de esa fiesta sorpresa –una fiesta cuyo éxito se consolidó con la llegada de la policía a medianoche para pedirnos que bajáramos el tono de todo– cuando *Marley* pudo por fin validar su intenso temor a los truenos. Un domingo por la tarde, yo estaba en el jardín del fondo preparando un rectángulo de tierra para tener un huerto más, bajo un cielo amenazadoramente oscuro. Trabajar en el jardín se estaba convirtiendo en una verdadera afición para mí, y cuanto mejor me salía todo, más deseaba cultivar y poco a poco iba invadiendo todo el jardín trasero. Mientras yo trabajaba la tierra, *Marley* iba y venía a mi alrededor, nervioso porque su barómetro interior ya había detectado la tormenta que se avecinaba. Yo también la sentía, pero quería dejar acabada la parcela y supuse que podría trabajar hasta que empezaran a caer las primeras gotas. Mientras cavaba, miraba al cielo y observaba la negra y ominosa tormenta que se formaba a varios kilómetros hacia el Este, aún sobre el océano. *Marley* se quejaba queda pero insistentemente, rogándome así que dejase la pala y me fuera adentro. «Cálmate –le dije–. Está a muchos kilómetros de distancia.»

Apenas había pronunciado esas palabras cuando tuve una sensación que nunca había sentido, una especie de cosquilleo en la nuca. El cielo había adquirido un extraño color verde grisáceo y el aire parecía haberse detenido, como si alguna fuerza celestial se hubiese apoderado de los vientos y los hubiese congelado en sus puños. *¡Qué extraño!*, pensé, mientras hacía una pausa, apoyado en mi pala, para estudiar el cielo. Fue entonces cuando la oí: una sibilante y crepitante oleada de desbordante energía, similar a la que se siente a veces cuando se está debajo de cables de alta tensión. Una especie de zumbido llenó el aire en mi entorno, seguido de un breve instante de un absoluto silencio. En ese momento me di cuenta de que algo estaba a punto de suceder, pero no supe reaccionar a tiempo. En una fracción de segundo, el cielo adquirió un color blanco enceguecedor y sentí una explosión como nunca había sentido, ni en una tormenta, ni en fuegos artificiales, ni durante una demolición. Un muro de energía me dio en el pecho, como si me hubiese dado de pleno un defensa en el juego de fútbol estadounidense. Cuando abrí los ojos, quién sabe cuántos segundos después, me encontré boca abajo, con arena en la boca, la pala a unos tres metros de distancia y una lluvia torrencial que me calaba hasta los huesos. *Marley* también estaba tumbado boca abajo sobre el patio y, cuando vio que yo levantaba la cabeza, se aproximó arrastrando la panza por el suelo, como un soldado tratando de pasar por debajo de una alambrada de púas. Cuando llegó junto a mí, se subió a mi espalda y enterró el hocico en mi nuca, lamiéndome con frenesí. En un intento de situarme y reconocer lo que sucedía, miré a mi alrededor durante un instante y vi en qué lugar del poste de la electricidad había caído el rayo y seguido el cable que iba a la casa, a unos seis metros de donde yo había estado. El contador de la electricidad que había en la pared estaba totalmente chamuscado.

«¡Vamos!», grité. Y entonces tanto *Marley* como yo nos pusimos de pie y salimos disparados hacia la puerta trasera de la casa, mientras a nuestro alrededor seguían cayendo rayos. No nos detuvimos hasta que estuvimos bajo techo. Entonces me quedé de cuclillas en el suelo, calado hasta los huesos, recuperando el aliento, con *Marley* trepado encima, lamiéndome la cara, mordisqueándome las orejas, repartiendo saliva y mechones de pelo por todas partes. *Marley* no cabía en sí de terror, por lo que temblaba de forma descontrolada y echaba babas por la boca. Lo abracé, tratando de calmarlo. «¡Dios, ese sí que casi nos cogió!», dije, dándome cuenta de que yo también temblaba. *Marley* me miró con aquellos ojos suyos, grandes y llenos de empatía, que yo juraba que casi podían hablar. Estaba seguro de lo que quería decirme. *Hace años que intento decirte que esas cosas pueden matarte, pero nadie me hacía caso. ¿Ahora me tomarás en serio?*

Al perro no le faltaba razón. Después de todo, quizá su temor a los truenos no fuese tan irracional. Tal vez sus ataques de pánico ante los primeros truenos distantes habían sido su forma de decirnos que las violentas tormentas de Florida, las más letales de todo el país, no eran algo que debiera tomarse a la ligera. Acaso todas la paredes, las puertas y las alfombras destrozadas habían sido su manera de construir una cueva a prueba de rayos en la que pudiéramos cobijarnos todos los miembros de la familia. ¿Y cómo se lo habíamos agradecido? Regañándolo y dándole tranquilizantes.

Nuestra casa estaba a oscuras, y se habían quemado el aire acondicionado, los ventiladores de los techos, los televisores y todos los aparatos eléctricos. El interruptor del circuito estaba fundido. Estábamos a punto de hacer feliz a un electricista. Pero yo estaba con vida, y también mi compañero eterno. Jenny y los niños, a salvo en la sala de estar, ni siquiera se habían dado cuenta de que la casa había recibido el impacto de un rayo. Estábamos todos vivos, así que ¿por qué preocuparse de otras cosas? Cogí a *Marley* y, levantando sus cuarenta y cuatro kilos de sólida y enérgica carne, lo puse sobre mi regazo y le hice una promesa: Nunca más desoiría su temor a la fuerza letal de la naturaleza.

20. La playa de los perros

Como columnista, yo andaba siempre a la pesca de historias interesantes y raras. Redactaba tres columnas por semana, lo que significaba que uno de los retos más importantes era encontrar un número constante de temas nuevos. Todas las mañanas leía los cuatro diarios del sur de Florida, marcando y cortando todo aquello que pudiera ofrecer algún interés. Después, lo único que debía hacer era dar con un prisma o un enfoque que fuera exclusivamente mío. Mi primer artículo había surgido del titular de un diario. Un coche que iba a gran velocidad y llevaba ocho adolescentes había caído a un canal que bordeaba los Everglades. Sólo la conductora, una chica de dieciséis años, su hermana gemela y otra chica habían podido escapar del coche hundido. Era una historia importante sobre la cual quería escribir, pero ¿cuál era la óptica nueva que pudiera decir que fuera mía? Me dirigí al lugar del accidente con la esperanza de encontrar inspiración y la encontré incluso antes de aparcar el coche. Los condiscípulos de los cinco chicos muertos habían transformado el pavimento en un tapiz de elegías escritas y pintadas con pulverizadores. Había más de medio kilómetro de asfalto cubierto de lado a lado con ellas y era palpable la emoción que contenían las frases. Cuaderno en mano, empecé a copiar algunas de ellas. «Juventud desperdiciada», decía una acompañada de una flecha que, partiendo de ella, llegaba hasta el borde del agua, donde había caído el coche. Y entonces, en medio de esa catarsis de toda la comunidad, encontré lo que buscaba: una disculpa pública de la joven que conducía el coche, una tal Jamie Bardol. Escrita en letras grandes con bucles, de carácter infantil, ponía: «Ojalá hubiera sido yo. Lo siento.» Había encontrado mi columna.

Pero no todos los temas eran tan lúgubres. Cuando a una jubilada le comunicaron que sería desalojada de su piso porque su perro pesaba más de lo permitido por los reglamentos, intervine para defender al delincuente peso pesado. Cuando una confusa señora mayor estrelló su coche contra una tienda mientras trataba de aparcarlo, afortunadamente no haciendo daño a nadie, yo estaba a pocos pasos, hablando con los testigos oculares. Mi trabajo podía llevarme un día a un campamento de inmigrantes, al día siguiente a la mansión de un millonario y, al otro, a la esquina de un barrio bajo. Me encantaba la variedad, me encantaba la gente que conocía y, más que nada, me encantaba la casi total libertad que tenía para ir donde quisiera en busca de algo que despertara mi curiosidad.

Lo que mis jefes no sabían era que detrás de mis vagabundeos periodísticos había un agenda secreta: usar mi cargo de columnista para pergeñar el mayor número posible de «vacaciones de trabajo», desvergonzadamente transparentes, que pudiera. Mi lema era «Cuando el columnista se divierte, el lector se divierte». ¿Por qué acudir a una agobiante audiencia sobre ajustes de impuestos en busca de material sobre el que escribir, cuando podía estar sentado en, digamos, la terraza de un bar de Key West, pertrechado de un vaso grande, lleno de una bebida alcohólica? Alguien tenía que escribir la historia de los saleros desaparecidos en

Villa Margarita, y ése bien podía ser yo. Siempre procuraba pasar el día vagando, de preferencia vestido con pantalones cortos y camisetas, probando los diversos lugares recreativos y de ocio que estaba convencido que el público necesitaba que alguien investigara. Cada profesión tiene sus herramientas, y las mías eran un cuaderno de notas, unos cuantos lápices y una toalla de playa. Además, adquirí el hábito de tener siempre en el coche una loción de protección solar y un traje de baño.

Podía pasar un día recorriendo los Everglades en un *airboat* o caminando por la orilla del lago Okeechobee, o montando en bicicleta durante todo un día por la carretera estatal A1A, junto al océano Atlántico, para poder escribir de primera mano sobre la peligrosa proposición de compartir el asfalto con confusas señoras con el pelo teñido de azul y turistas despistados. En una ocasión, pasé todo un día buceando en las aguas que cubren los peligrosos acantilados que hay junto a Callo Largo y otro tirando al blanco con un arma ligera junto a una víctima de dos robos seguidos que juraba que no volvería a dejarse robar. En otra ocasión, pasé un día vagando en un barco de pesca comercial y, otro, tocando en una banda de envejecidos músicos de rock. Un día trepé a un árbol y allí estuve sentado durante horas, disfrutando de la soledad; un promotor inmobiliario planeaba arrancar de cuajo la arboleda para comenzar a construir un barrio de casas de lujo y pensé que lo menos que podía hacer yo con lo poco que quedaba de naturaleza entre la jungla de asfalto era brindarle un funeral apropiado. Pero mi mayor golpe se produjo cuando convencí a mi editor de que me enviara a Bahamas para poder dar testimonio de un incipiente huracán que se enfilaba hacia el sur de Florida. El huracán cambió el rumbo mar adentro y yo pasé tres días en la playa de un lujoso hotel, tomando piñas coladas bajo un cielo increíblemente azul.

Fue con este espíritu de investigación periodística que se me ocurrió llevar a *Marley* conmigo a pasar un día en la playa. A lo largo de casi toda la costa del sur de Florida había varios ayuntamientos que habían prohibido el acceso a los animales de compañía, y por muy buenas razones. Lo último que desea el usuario de una playa es sentir cómo le cae sobre la piel untada para broncearse la arena que se sacude un perro mojado, que además hace sus necesidades a la vista de todos. Por tanto, en casi todas las playas se encontraba el cartel de PROHIBIDAS LAS MASCOTAS.

No obstante, había una playita desconocida donde no había carteles, ni restricciones ni prohibiciones para los de cuatro patas amantes del agua. La playa, escondida en una pequeña bahía no regulada del condado de Palm Beach, a medio camino entre West Palm Beach y Boca Ratón, de unos pocos cientos de largo, quedaba oculta a la vista por una duna cubierta de hierba que había al final de una calle sin salida. En esa playa no había aparcamiento, ni lavabos, ni socorristas; sólo había ese trecho de arena blanca junto al mar infinito. A lo largo de los años, la reputación del lugar había aumentado gracias al boca a boca entre los propietarios de perros como uno de los paraísos del sur de Florida donde los perros podían acudir y disfrutar sin arriesgarse a ser multados. El sitio, que carecía de nombre oficial, era conocido como la Playa de los Perros.

Con el tiempo había surgido una serie de reglas no escritas que regían la conducta en la Playa de los Perros. Las habían establecido por consenso los propietarios de perros que la frecuentaban, y se cumplían merced a la presión del grupo y a un mudo código moral. Los propietarios de perros se vigilaban entre sí, para evitar que lo hicieran otros, y regañaban a quienes violaran las reglas con duras miradas y, de ser necesario, con unas escasas pero escogidas palabras. Las reglas era pocas y sencillas: los perros agresivos debían estar siempre con el bozal puesto; todos los demás podían correr a sus anchas con entera libertad. Los propietarios debían llevar bolsas de plástico a fin de recoger lo que hicieran sus pupilos. Toda la basura, incluida la producida por los perros en sí, debía ser retirada del lugar. Cada perro debía contar con la necesaria dosis de agua fresca para beber y, en cuanto a eso, no se toleraba que se hiciesen trampas. Según las reglas, al llegar a la playa, cada propietario debía pasear a su perro por las dunas, lejos de la orilla del mar, hasta que hiciese sus necesidades. Una vez cumplido este trámite, podían recoger lo hecho por su perro y dejar que el animal se dirigiera al agua.

Yo había oído hablar de la Playa de los Perros, aunque nunca había estado en ella, pero quiso la suerte que se me presentara la oportunidad de visitarla. Este olvidado vestigio de la vieja Florida que desaparecía a toda celeridad, el que existía antes de que se levantaran esos altos edificios de apartamentos en primera línea de mar, los aparcamientos de pago en las playas y los valores cada vez más altos de las propiedades, era una de las noticias del día. Una mujer, miembro del Alto Comisionado, había empezado a hablar sobre ese trozo de playa no regulado y a preguntar por qué no se aplicaban allí las mismas normas que en las demás playas, y acabó dejando clara su intención: desterrar a los chuchos peludos, mejorar el acceso a la playa y ponerla a disposición de las masas.

No dejé pasar la oportunidad que me brindaba la noticia y la cogí por lo que de verdad era: una excusa perfecta para pasar un día en la playa en horas de trabajo. Una espléndida mañana de junio, cambié la corbata y el maletín por un traje de baño y unas zapatillas de goma y crucé el puente sobre el Intracoastal Waterway con *Marley*. Puse en el coche cuanta toalla de playa encontré, y sólo para el viaje de ida. Como siempre, *Marley* tenía la lengua colgando y la saliva volaba por todos lados. Lamenté de veras que el coche no tuviera limpiaparabrisas en las ventanas de los costados.

Respetando las reglas de la Playa de los Perros, aparqué a varias manzanas de allí, donde no me pondrían una multa, y eché a andar por un barrio adormecido de casitas construidas en los años sesenta, con *Marley* a la cabeza. Cuando estaba a medio camino oí que una voz ronca me decía: «¡Eh, usted, el del perro!» Me quedé helado, pensando que estaba a punto de ser atacado por un vecino enfadado que quería que mantuviera alejado a mi perro de la playa. Pero la voz pertenecía a otro propietario de perros que, aproximándose con un enorme perro que llevaba con una correa, me tendió la mano en la que llevaba una petición y me pidió que la firmara, para solicitar al Alto Comisionado del condado que dejara en paz la Playa de los Perros. Podríamos habernos detenido y hablado sobre el asunto, pero por la forma en que *Marley* y el perro del hombre se movían, dibujando círculos en torno a nosotros, supe que sólo faltaban unos segundos para que los dos animales (a) se enzarzaran en una pelea mortal o (b) engendraran una familia. Tiré de la correa y eché a andar, con *Marley* siguiéndome los pasos. Cuando llegamos al sendero que conduce a la playa, Marley se metió entre los arbustos y movió el vientre. Perfecto. Al menos ese trámite social estaba cumplido. Puse la evidencia en una bolsa y le dije: «¡A la playa!»

Cuando llegamos a la parte más alta de la duna me sorprendió ver a varias personas a la orilla del agua, con los perros sujetos por correas. ¿Qué era aquello? Yo había esperado encontrar a los perros corriendo a sus anchas, sin correas y en franca armonía comunitaria. «Acaba de pasar un subcomisario –me explicó el propietario de un perro–. Nos dijo que de ahora en adelante tenemos que cumplir la ordenanza de llevar los perros sujetos por las correas y que si los dejamos sueltos, nos multarán.» Al parecer yo había llegado demasiado tarde a la Playa de los Perros para disfrutar de sus sencillos placeres. La policía, instada sin duda por las fuerzas políticas relacionadas con la lucha contra los perros en las playas, ajustaba el cerco. Obedeciendo, caminé por la orilla llevando a *Marley* de la correa, al igual que los demás dueños de perros, y sintiendo que aquello se parecía más a hacer un ejercicio en el patio de una prisión que a pasear por una playa no regulada del sur de Florida.

Me dirigí con *Marley* hacia mi toalla y estaba echando agua de una cantimplora en un bol para que *Marley* bebiera cuando por las dunas apareció un hombre con el pecho descubierto, tatuado, que vestía tejanos cortados a tijeretazos y botas de trabajo y llevaba atado a una cadena gruesa un pit bull terrier musculoso y de aspecto feroz. Los pit bull son famosos por su agresividad, algo especialmente notorio durante esa época en el sur de Florida. Eran los perros preferidos de los miembros de bandas, gamberros y chicos duros, y a menudo los adiestraban para que fueran verdaderamente feroces. Los diarios estaban llenos de historias sobre ataques no provocados de pit bulls, algunos fatales, tanto a otros animales como a seres humanos. El dueño del pit bull debió de haber notado mi temor porque me gritó:

—¡No se preocupe! *Killer* es amistoso. Nunca se pelea con otros perros. —Yo estaba a punto de exhalar un suspiro de alivio cuando añadió, con evidente orgullo—: ¡Pero si lo viera destripar a un jabalí...! Créame, lo abate y le raja la panza en unos quince segundos.

Marley y *Killer*, el Matajabalíes, tiraban de sus respectivas correas, se acercaban y se olían furiosamente. *Marley* nunca había tenido una pelea en toda su vida y era tanto más grande que la mayoría de los demás perros, que nunca se había visto intimidado por ninguno. Además, era tan pacífico que ni siquiera se enteraba cuando un perro intentaba iniciar una pelea y sólo reacciona-ba saltando de manera juguetona, levantando la parte posterior y moviendo la cola y luciendo esa mueca tonta y feliz en la cara. Pero nunca lo había confrontado con un perro adiestrado para matar, un rajador de panzas de animales salvajes. Me imaginé a *Killer* lan-zándose sin advertencia alguna al cuello de *Marley* y sin soltarlo. Pero el dueño de *Killer* no tenía la menor preocupación.

—A menos que sea un jabalí, lo único que hará es matarlo a uno a lametazos —dijo el hombre.

Le conté que había pasado la policía y que multarían al due-ño del perro que desobedeciera la ordenanza de la correa.

—Supongo que han empezado a presionarnos —dije.

—¡A la mierda con eso! —gritó el hombre y echó un escupitajo sobre la arena—. Hace años que traigo a mis perros a esta playa. En la Playa de los Perros no hacen falta correas. ¡A la mierda con eso!

Y habiendo dicho eso, le quitó la cadena a *Killer*, que salió disparado hacia el agua. *Marley* empezó a dar vueltas, sentándo-se ocasionalmente, y a mirar a *Killer* y luego a mí. Después volvía a mirar a *Killer* y otra vez a mí. Sus patas, nerviosas, golpeaban sobre la arena y suspiraba dejando oír un suave quejido. Yo sabía lo que me habría preguntado. Miré hacia las dunas y comprobé que no había ningún agente a la vista. Miré a *Marley*. *¡Por favor! ¡Porfa! ¡Vamos! Me portaré bien. Lo prometo.*

—Venga, déjelo ir —dijo el dueño de *Killer*—. Los perros no es-tán hechos para pasarse la vida atados a una soga.

—Al diablo con todo —dije, y solté a *Marley*, que partió hacia el agua con la rapidez de un rayo, esparciendo arena a su paso.

Marley cayó en el agua justo cuando rompía una gran ola que lo hundió. Un segundo después apareció su cabeza y en el mismo instante en que pudo ponerse de pie se abalanzó contra *Killer* el

Matajabalíes. Juntos rodaron bajo la nueva ola y contuve el aliento, preguntándome si *Marley* no se habría propasado y *Killer* sería presa de un ataque de furia homicida contra los labradores retrievers. Pero cuando salieron del agua, movían las colas con alegría y hacían muecas con la boca. *Killer* se echó sobre el lomo de *Marley*, y éste sobre el de aquél, mordisqueándose juguetonamente los cuellos. Después se persiguieron por toda la playa, corriendo como locos al borde del agua y despidiendo chorros de agua hacia ambos lados. Saltaron, jugaron, bailaron, lucharon y se zambulleron en el agua. No creo haber visto ni antes ni después tanta dicha, y tan genuina.

Los demás propietarios siguieron nuestros pasos y pronto hubo cerca de una docena de perros corriendo libremente por la playa. Todos los perros se entendían de maravilla, y los dueños respetábamos las reglas. Era la Playa de los Perros, tal como debía ser. Ésa era la verdadera Florida, prístina y libre, la Florida de una época y un lugar olvidados, más sencillos, inmunes a la marcha del progreso.

Sólo hubo un problema. A medida que avanzaba la mañana, *Marley* seguía lamiendo agua salada. Lo seguí con el bol de agua dulce y fresca, pero él estaba demasiado distraído para beberla. Varias veces lo llevé junto al bol y le metí la nariz en medio del agua, pero él se sacudía el agua del morro como si se tratase de vinagre, y no pensaba más que en volver adonde estaban *Killer* y sus otros amigos.

De pronto vi a lo lejos que se detenía para beber aun más agua salada. «¡Deja de hacer eso, tonto! –le grité–. ¿No ves que vas a acabar....», y pasó lo que tenía que pasar antes de que yo pudiese acabar la frase. Se le enturbiaron los ojos y se oyó un terrible rugido que le subía desde las vísceras. Arqueó el cuerpo y abrió y cerró varias veces la boca, como si quisiera aclararse la garganta, y de pronto encogió los hombros, contrajo el estómago y yo me apresuré a acabar la frase: «... vomitando?»

No bien pronuncié la última palabra, *Marley* cumplió la profecía, cumpliendo así la máxima herejía en la Playa de los Perros. ¡GUAAAAC.... AAAAJJJJ!

Corrí hacia él, para sacarlo del agua, pero llegué tarde, pues había empezado a largarlo todo. Vi que la comida que había ingerido la noche anterior flotaba ya sobre la superficie del agua, con casi el mismo aspecto que tenía antes de que se la comiera. Entre las bolitas de la comida de perro había granos de maíz que había robado de los platos de los chicos, la tapa de un bote de leche y la cabeza de un pequeño soldadito de plástico. El vómito no le llevó más de tres segundos y cuando sintió que tenía el estómago libre, recobró su alegría, como si no fuese a tener más síntomas, como si quisiese decir: *ahora que me he librado de eso, ¿quién quiere volver a revolcarse entre las olas?* Preocupado, miré a mi alrededor, pero nadie parecía haber notado nada. Los demás dueños de perros estaban ocupados vigilando sus propios animales, una mujer mostraba con ahínco a su hijito cómo hacer un castillo de arena y los pocos que tomaban el sol, estaban tumbados boca arriba, con los ojos cerrados. *¡Gracias a Dios!* Pensé, mientras me dirigía al lugar donde flotaban las evidencias del accidente y trataba de dispersarlas suavemente con los pies. *¡Qué embarazoso habría sido que lo vieran...!* Pero me dije que, después de todo, aunque habíamos violado técnicamente la regla número 1 de la Playa de los Perros, no le habíamos hecho mal a nadie. Sólo se trataba de un poco de comida mal digerida, que los peces agradecerían, ¿no? Incluso llegué a recoger la tapa de la botella y la cabeza del soldadito y me las metí en el bolsillo, para no dejar basura en el agua.

«Oye –le dije con seriedad a *Marley*, cogiéndolo del cuello y obligándolo a que me mirase a los ojos–. Tienes que dejar de beber agua salada. ¿Quieres decirme qué perro no sabe que no debe beber agua salada?» Pensé en sacarlo de la playa y abandonar así la aventura, pero al parecer *Marley* ya estaba bien. Además, no podía quedarle nada en el estómago. El daño ya estaba hecho y habíamos logrado que nadie lo notase, así que lo solté. *Marley* salió corriendo para reunirse con *Killer*.

Lo que olvidé considerar fue que, aunque su estómago estuviera vacío, podían no estarlo sus intestinos. El resol era muy fuerte, pero entrecerrando los ojos vi que *Marley* jugaba animadamente con otros perros. Mientras lo miraba noté que de repente se apartaba de los demás y empezaba a girar en el borde del agua. Yo conocía muy bien ese movimiento giratorio, pues era lo que hacía todos los días en el jardín del fondo cuando se preparaba para defecar. Era un ritual para él, como si no todos los lugares merecieran recibir el regalo que él estaba a punto de ofrecer al mundo. Y *Marley* giraba y giraba con las patas metidas en el agua de la Playa de los Perros, esa feroz frontera donde ningún perro se había animado nunca a hacer caca. De pronto se puso en posición de empezar a evacuar el vientre, y esta vez tenía público. El padre de *Killer* y otros propietarios de perros se encontraban de pie a pocos metros de *Marley*, la madre y su hijito habían dejado de mirar el castillo y observaban el mar y del otro lado se aproximaban un hombre y una mujer, cogidos de la mano, que paseaban junto al borde del agua. «Por favor, Dios, no permitas que ocurra», susurré yo.

—¡Eh! —gritó alguien—. ¡Ven a buscar a tu perro!

—¡Detenlo! —gritó otro.

Las voces despertaron una cierta alarma, por lo cual todos acudieron al lugar a ver qué pasaba.

Salí disparado para llegar junto a *Marley* a tiempo. Si pudiera llegar junto a él y llevármelo antes de que empezara a mover los intestinos, podría interrumpir la terrible humillación que estaba a punto de sufrir, al menos hasta que pudiera llevarlo a las dunas. Cuando corría hacia él tuve lo que sólo podría describirse como una experiencia extracorporal. A la vez que corría, lo veía todo desde las alturas, cada escena convertida en un cuadro congelado, cada paso en una eternidad. Los pies hacían un ruido sordo al pisar la arena, los brazos se movían en el aire sin control alguno y mi cara se contorsionaba en una suerte de mueca agonizante. Mientras corría podía ver a cámara lenta las escenas que me rodeaban: una joven que sujetaba la parte superior de su traje de baño con una mano y con la otra se tapaba la boca; la madre que tomaba a su hijo en brazos y se alejaba de la orilla; los dueños de los perros que señalaban con caras de disgusto; el padre de *Killer* con las venas del cuello resaltadas por los gritos que pegaba. *Marley* había dejado de girar y estaba en posición de defecar, mirando al cielo como si orase. Y yo oí mi propia voz que se elevaba por encima del estrépito y acababa en un único grito extrañamente gutural, distorsionado e interminable: «*¡Noooooooooooooooo!*»

Ya estaba casi junto a él, apenas a unos centímetros, y grité: «*¡Marley*, no! ¡No, *Marley*, no! ¡No! ¡No!» Pero fue inútil. Justo cuando podía tocarlo tuvo una explosión de diarrea. Todo el mundo se echó hacia atrás y buscó un lugar más alto donde posar los pies. Los propietarios de los perros cogieron a sus pupilos y los bañistas levantaron sus toallas de la arena. Y de pronto todo había acabado. *Marley* salió del agua, se sacudió con placer y me buscó con la mirada, jadeando con felicidad. Saqué un bolsa de plástico de mi bolsillo y me quedé con ella en la mano, ya que enseguida me di cuenta de que no me serviría para nada. Las olas que rompían distribuían la diarrea de *Marley* por el agua hasta depositarla en la arena.

–¡Qué elegante! –dijo el padre de *Killer* en una voz que me hizo apreciar cómo debían de sentirse los jabalíes en el momento de ser atacados por *Killer*–. Eso no es ninguna gracia.

Y no era ninguna gracia. *Marley* y yo habíamos violado las sagradas reglas de la Playa de los Perros. Habíamos ensuciado el agua, y no una vez, sino dos, y arruinado la mañana a todos los presentes. Había llegado la hora de retirarnos lo más rápidamente posible.

–Lo siento –balbuceé al propietario de *Killer*, mientras le ponía la correa a *Marley*–. Es que bebió demasiada agua salada.

Cuando llegamos al coche cogí una toalla y sequé a *Marley*. Cuanto más lo secaba yo, más se sacudía él, así que no tardé en estar cubierto de arena, baba y pelos. Quería enfadarme con él, estrangularlo, pero era demasiado tarde. Además ¿quién no se habría descompuesto después de beber cuatro litros de agua salada? Tal como ocurría con la mayoría de sus fechorías, ésta no había sido malintencionada ni premeditada. No era como si hubiera desobedecido una orden o hubiera dispuesto humillarme adrede. Tuvo la necesidad de hacerlo, y lo hizo, aunque es cierto que en el lugar indebido, en el momento indebido y delante de la gente que no debía verlo. Yo sabía que el pobre era víctima de su propia facultad mental disminuida. Era el único perro en toda la playa lo bastante tonto para beber agua de mar. El pobre tenía un tornillo flojo. ¿Cómo podía culparlo de nada?

«No tienes por qué tener ese aspecto tan ufano», le dije mientras lo ayudaba a subir al asiento de atrás. Pero lo cierto es que estaba ufano. No se habría puesto más feliz si le hubiese comprado su propia isla en el Caribe. Lo que *Marley* no sabía es que aquélla sería la última vez que pondría sus patas en agua salada. Sus días –o mejor dicho, sus horas– de vagabundo playero se habían acabado. De camino a casa le dije: «Bien, Perro Salado. Esta vez sí que la hiciste. Si prohíben que los perros sigan yendo a esa playa, sabremos por qué.» Y eso fue exactamente lo que por fin sucedió, aunque unos años más tarde.

21. Un vuelo hacia el Norte

Poco después de que Colleen cumpliera dos años, sin quererlo di pie a que se produjera una serie de acontecimientos que nos llevaría a abandonar Florida. Y lo hice presionando el ratón de mi ordenador. Había terminado mi columna diaria antes de tiempo, y disponía de una media hora antes de que la viera el editor. Decidí entonces, y por pura casualidad, visitar el sitio en la red de una revista a la que me había suscrito no mucho después de comprar nuestra casa de West Palm Beach. La revista, *Organic Gardening*, que había iniciado su andadura en 1942 de la mano de J. I. Rodale, llegó a convertirse en la Biblia del movimiento, que floreció en las décadas de 1960 y 1970, que propiciaba volver al uso natural de la tierra.

Rodale era un comerciante de Nueva York especializado en interruptores eléctricos cuando su salud se resintió. En lugar de recurrir a la medicina moderna para resolver sus problemas, se mudó a una pequeña granja de los alrededores del distrito de Emmaus, en Pensilvania, y empezó a jugar con la tierra. Tenía una gran desconfianza en cuanto a la tecnología y creía que los métodos modernos de cultivo que habían invadido el país no tenían el don de salvar la agricultura estadounidense que se les atribuía. La teoría de Rodale consistía en que los productos químicos estaban envenenando poco a poco la tierra y a todos sus habitantes, por lo que comenzó a experimentar con técnicas agrícolas que imitaban a la naturaleza. Levantó en su granja enormes pilas de abono vegetal que, una vez convertidas en un rico humus negro, utilizaba como fertilizante y reconstituyente natural de la tierra. Cubría el abono que ponía en los surcos cultivados con una gruesa capa de paja para impedir las malas hierbas y mantener la humedad. Cubrió el terreno con cultivos superficiales de tréboles y alfalfa que luego enterró para volver a nutrir el suelo. En lugar de fumigar para ahuyentar los insectos, liberó miles de escarabajos y otro insectos beneficiosos que devoraban a los destructivos. El hombre estaba un poco tocado, pero sus teorías demostraron ser ciertas. Su jardín y su huerto revivieron, y también él, que proclamó su éxito en las páginas de su revista.

Cuando empecé a leer *Organic Gardening*, hacía tiempo que había muerto J. I. Rodale, así como también su hijo, Robert, que había convertido la empresa familiar, Rodale Press, en un negocio editorial multimillonario. La revista no estaba bien escrita ni bien editada; al leerla uno tenía la impresión de que la redactaba un grupo de dedicados, pero aficionados, admiradores de la filosofía de J. I., gente que se tomaba en serio el tratamiento de la tierra pero que carecía de preparación profesional como periodistas, impresión que poco después supe que era cierta. Pese a todo, la filosofía orgánica se me hacía cada vez más significativa, especialmente después del aborto de Jenny y de nuestra sospecha de que podrían haberlo causado los pesticidas que habíamos utilizado. Ya cuando Colleen nació, nuestro jardín era un pequeño oasis orgánico en medio de un mar suburbano de tratamientos y pesticidas químicos para combatir las malas hierbas y aportar alimento a las plantas. Los que pasaban frente a nuestra casa solían detenerse a admirar el floreciente jardín delantero, que yo cultivaba con creciente pasión, y casi todos hacían siempre la misma pregunta: «¿Qué le pone para que luzca tan bien?» Cuando yo les contestaba: «Nada», me miraban, incómodos, como si se hubieran topado con algo subversivo e innombrable que se desarrollaba en esa localidad ordenada, homogénea y conformista que era Boca Ratón.

Esa tarde en que me sobraba media hora, indagué en las pantallas del ordenador que se ofrecían bajo el común denominador de organicgardening.com y di con una que ponía «Oportunidades de empleo». Pulsé el ratón en ella, aunque ni siquiera hoy sé por qué. Yo estaba fascinado con mi trabajo de columnista, con el intercambio diario de opiniones que tenía con los lectores, con la libertad de que gozaba para escoger mis propios temas y para ser tan serio o tan estrambótico como quisiera. Me encantaba la sala de redacción y la gente loca, sesuda, neurótica e idealista que se sentía atraída por ella y disfrutaba compartiendo la historia más importante de cada día. No tenía el menor deseo de abandonar los diarios para ingresar en una tranquila editorial situada en medio de la nada. Pero, así y todo, investigué la lista de puestos vacantes de Rodale, más que nada por curiosidad, aunque lo cierto es que a mitad de ella me detuve y me quedé sin aliento. Se buscaba un nuevo director para *Organic Gardening*, el buque insignia de las revistas de la empresa. Mi corazón latió como loco. Muchas veces había soñado despierto con la diferencia que podría marcar en la revista la presencia de un buen periodista, y de pronto tenía frente a mí la oportunidad de hacerlo. Era algo loco y ridículo. ¿Publicar historias sobre coliflores y abono vegetal? ¿Por qué había yo de querer hacer eso?

Esa noche le conté a Jenny lo del anuncio, esperando que ella me dijera que era una absoluta locura considerar esa posibilidad, pero en lugar de ello, me sorprendió alentándome a que enviara mi currículo. Le atrajo la idea de permutar el calor y la humedad, la congestión y la delincuencia del sur de Florida, por una vida más sencilla en el campo. Jenny añoraba las montañas y las cuatro estaciones, las hojas que caían en otoño y los primeros narcisos de la primavera, los carámbanos y el zumo de manzanas. Quería que nuestros hijos y, por ridículo que suene, también nuestro perro, experimentasen las maravillas de una tormenta de nieve en invierno.

—*Marley* nunca ha perseguido una bola de nieve —dijo Jenny, acariciándolo con el pie desnudo.

—¡Vaya! Esa sí que es una buena razón para cambiar de carrera —dije.

—Deberías hacerlo, aunque sea para satisfacer tu curiosidad —comentó ella—. Hazlo para ver qué sucede. Si te ofrecen el trabajo, siempre puedes rechazarlo.

Tenía que reconocer que compartía el sueño de mi mujer de volver al Norte, ya que por mucho que hubiera disfrutado durante nuestros doce años en el sur de Florida, había nacido en el Norte y nunca había dejado de añorar tres cosas: las montañas, las estaciones cambiantes y las grandes extensiones de tierra. Pese a que había aprendido a querer a Florida con sus inviernos suaves, su comida especiada y su mezcla de gente cómicamente irascible, no había dejado de soñar con que un día me fugaría para ir a mi paraíso privado, que no era precisamente un parcela de terreno del tamaño de un sello postal en el corazón de la prodigiosamente preciosa localidad de Boca Ratón, sino un verdadero terreno en el cual pudiera trabajar la tierra, cortar mi propia leña y caminar por el bosque, con mi perro a mi lado.

Solicité el puesto, plenamente convencido de que todo quedaría en eso. Dos semanas después me llamó por teléfono Maria

Rodale, nieta de J. I. Rodale. Había enviado mi solicitud a «Estimado Recursos Humanos» y me sorprendió tanto que me llamase la dueña de la empresa, que le pedí que me repitiera su apellido. Maria se había interesado personalmente en la revista fundada por su abuelo y estaba decidida a que recuperase su antigua gloria. Estaba convencida de que para lograrlo necesitaba un periodista profesional, no otro cultivador de productos orgánicos, y quería publicar historias más desafiantes e importantes acerca del medio ambiente, la ingeniería genética, los cultivos industriales y el floreciente movimiento en favor de lo orgánico.

Llegué a la entrevista con toda la intención de hacerme el interesante difícil de convencer, pero quedé fascinado en el momento mismo en que salí del aeropuerto y enfilé el coche hacia el camino serpenteante que atravesaba el campo. Cada curva era una nueva imagen de postal: una casona de piedra por allí, un puente cubierto por allá. Por las colinas bajaban estridentes arroyuelos de aguas heladas y en las planicies se extendían las tierras cultivadas como si fueran mantos dorados del mismísimo Dios. No ayudó nada el hecho de que fuera el comienzo de la primavera y hasta el último árbol del valle Lehigh estuviera florecido en todo su esplendor. Junto a una apartada señal de stop detuve el coche que había alquilado, me bajé y me quedé de pie en medio del pavimento. En todas las direcciones, hasta donde alcanzaba la vista, había sólo bosques y praderas. Ni un coche, ni una persona, ni un edificio. Desde la primera cabina telefónica que encontré llamé a Jenny. «No te imaginas lo que es este lugar», le dije.

Dos meses después, todos nuestros enseres estaban en un gigantesco contenedor de la empresa de mudanzas y había llegado un transportador de coches para llevarse nuestro coche y nuestra camioneta. Entregamos las llaves a los nuevos propietarios y pasamos nuestra última noche en Florida durmiendo en el suelo de la casa de unos vecinos, con *Marley* echado en medio de todos. «¡Acampada puertas adentro!», gritó Patrick.

Al día siguiente me levanté temprano y saqué a *Marley* a que diera lo que sería su último paseo en tierras de Florida. Mientras dábamos la vuelta a la manzana, *Marley* se contoneaba, saltaba, lo olía todo, levantaba la pata encima de cuanto arbusto y buzón encontraba, felizmente ignorante de lo que estaba a punto de brindarle. Yo había comprado una jaula de viaje fuerte, de plástico duro, para llevarlo en el avión y, siguiendo el consejo del doctor Jay, cuando volvimos del paseo, le abrí las fauces y le hice tragar una doble dosis de tranquilizantes. Cuando nuestro vecino nos dejó a la puerta del aeropuerto internacional de Palm Beach, *Marley* tenía los ojos enrojecidos y se mostraba inusualmente manso. Se habría dejado atar a un cohete espacial sin inmutarse.

El clan Grogan se presentó en la terminal con un aspecto único: dos niños salvajemente excitados que corrían en círculos, una niñita hambrienta sentada en su sillita, dos padres estresados y un perro drogado. Y para completar el cuadro estaban las dos ranas, los tres pececitos dorados, el cangrejo ermitaño, el caracol llamado *Lentillo* y una caja llena de grillos para alimentar a las ranas. Mientras hacíamos cola frente al mostrador, armé la jaula de *Marley*, la más grande que había encontrado, pero cuando nos tocó el turno de que nos atendieran, una mujer uniformada miró a *Marley*, después a la jaula, volvió a mirar a *Marley* y dijo:

—No podemos dejar que ese perro viaje a bordo en esa jaula. Es demasiado grande para la jaula.

—En la tienda del veterinario nos dijeron que era el tamaño para «perros grandes» –dije.

—Las reglamentaciones oficiales exigen que el perro pueda ponerse de pie con toda comodidad y darse la vuelta por completo –explicó la mujer, tras lo cual añadió con escepticismo–: Venga, pruébelo.

Abrí la jaula, llamé a *Marley*, pero él no estaba dispuesto a entrar en ella de manera voluntaria. Lo empujé, lo sacudí, intenté persuadirlo y engatusarlo, pero no cedió. ¿Dónde estaban los bizcochos para perros cuando más los necesitaba? Busqué en mis bolsillos algo con lo cual pudiera convencerlo y acabé encontrando una cajita de pastillas de menta. Como eso era todo cuanto encontré, cogí una y se la puse frente a la nariz. «¿Quieres una pastilla de menta, *Marley*? ¡Pues ve tras ella...!», dije, tirándola dentro de la jaula. Por supuesto, *Marley* mordió el anzuelo y se metió en la jaula.

La mujer tenía razón. *Marley* apenas entraba en ella. Tenía que agacharse para que la cabeza no tocara el techo de la jaula e incluso cuando tenía el morro pegado a un extremo, la parte trasera sobrepasaba el largo y no permitía cerrar la puerta. Le detuve el movimiento de la cola y, empujándole la parte trasera, cerré la puerta de la jaula.

–¿Ha visto? ¿Qué le dije? –expresé, con la esperanza de que considerara que podía viajar en la jaula.

–Tiene que ser capaz de darse la vuelta –dijo la mujer.

–Date la vuelta, tío –le rogué, lanzando un silbido–. Vamos, gírate.

Marley me miró de soslayo con aquellos ojos de drogado, rozando el techo de la jaula con la cabeza, como si esperase instrucciones para saber cómo cumplir semejante prueba.

Si no podía girarse, no lo dejarían viajar. Miré el reloj. Teníamos doce minutos para pasar por el chequeo de los de seguridad y atravesar todo el pasillo hasta llegar a la puerta de acceso a nuestro avión. «¡Vamos, *Marley*! –dije con desesperación–. ¡Vamos!» Chasqueé los dedos, rasgueé las barras de metal como si fueran las cuerdas de una guitarra y le tiré sonoros besos. «Vamos –le rogué–. Gírate.» Estaba a punto de hincarme de rodillas y rogarle otra vez cuando oí un ruido seguido de inmediato de la voz de Patrick.

–¡Ay!

–¡Se han escapado las ranas! –gritó Jenny al tiempo que salía disparada tras ellas.

–*¡Froggy! ¡Croaky!* ¡Volved! –gritaban los niños al unísono.

Mi mujer recorría la terminal a cuatro patas, persiguiendo a las ranas que con dedicada persistencia siempre estaban un paso más adelante que ella. La gente empezaba a detenerse para no perderse el espectáculo. A la distancia no podían verse la ranas, sino sólo una loca que llevaba una bolsa de pañales colgando del cuello, que andaba a gatas por el suelo, como si la noche anterior la hubiera embrujado la luz de la luna. A juzgar por sus expresiones, me di cuenta de que esa gente esperaba que Jenny se pusiera a dar alaridos de un momento a otro.

–Discúlpeme –dije a la mujer del mostrador con la mayor calma de la que fui capaz, y me puse a gatear por el suelo junto a Jenny.

Tras entretener a los pasajeros de los primeros vuelos de la mañana, capturamos a *Froggy* y *Croaky* justo cuando estaban a punto de entrar en las puertas giratorias que conducían a la calle, donde gozarían de entera libertad. Cuando regresábamos, oí un portentoso ruido que salía de la jaula de *Marley*. Toda la jaula temblaba y se movía por el suelo, y cuando miré en su interior vi que *Marley* se había girado, sólo Dios sabe cómo.

–¿Ha visto? –dije a la supervisora del equipaje–. Puede girarse sin problema.

–Vale –dijo la mujer, frunciendo el ceño–. Pero está llevando las cosas al límite.

Dos empleados de la compañía aérea levantaron la jaula con *Marley* dentro y, poniéndola sobre una carretilla especial, desaparecieron con ella. Nosotros salimos corriendo hacia la puerta desde la cual salía nuestro vuelo y llegamos justo cuando las azafatas estaban a punto de cerrar la del avión. Entonces se me ocurrió pensar que de haber perdido el vuelo, *Marley* habría llegado a Pensilvania solo, con lo cual podría haberse producido un pandemonio que no quería ni siquiera llegar a imaginarme. Fue por eso que evité que las azafatas cerraran la puerta gritando con todas mis fuerzas «¡Esperad! ¡Aquí estamos!», empujando a Colleen y con Jenny y los chicos siguiéndome los pasos.

Cuando por fin estuvimos en nuestros asientos, me permití exhalar un suspiro. Habíamos logrado embarcar a *Marley*, habíamos capturado las ranas y habíamos cogido a tiempo el vuelo. La próxima parada era Allentown, Pensilvania. Ahora podía relajarme. Mirando por la ventanilla vi que subían una grúa con una jaula de perro. «Mirad, chicos. Ahí va *Marley*.» Los chicos lo saludaron agitando sus manitas y gritando «¡Hola, *Waddy*!»

Mientras los motores se calentaban y las azafata recorrían el avión para confirmar que se habían tomado todas las precauciones en materia de seguridad, cogí una revista. Fue entonces cuando noté que Jenny, que iba en la fila de delante, se quedaba de piedra, tras lo cual yo también lo oí. Por debajo de nuestros pies surgía desde las entrañas del aparato un sonido sordo, pero innegable. Era un sonido doloroso, lúgubre, una especie de lamento primordial que comenzaba en tono bajo e iba subiendo poco a poco. *¡Jesús...! ¡Está ahí abajo, aullando!* Quiero dejar constancia de que los labrador retrievers no aúllan. Lo hacen los beagles y los lobos, pero no los labrador retrievers o, al menos, no lo hacen bien. *Marley* había intentado aullar dos veces, ambas cuando pasaba un coche de la policía haciendo sonar la sirena. Para ello había echado la cabeza hacia atrás, había dibujado una O con la boca y había dejado escapar el sonido más patético que yo había oído jamás, más parecido a una gárgara que a un aullido salvaje. Pero en ese momento no cabía duda de que *Marley* aullaba.

Los pasajeros empezaron a dejar de leer sus diarios y revistas. Una azafata que distribuía pequeñas almohadas se detuvo e inclinó la cabeza en un gesto de interrogación. Una mujer que estaba sentada al otro lado del pasillo, en la misma fila de asientos que nosotros, miró a su marido y le preguntó:

—¿Oyes eso? Creo que es un perro.

Jenny miraba al frente con la mirada vacía. Yo enterré la cara en la revista, y si alguien preguntara algo, negaríamos que éramos sus propietarios.

—*Waddy* está triste —dijo Patrick.

Estuve tentado de corregirlo, diciéndole: «*No hijo, el que está triste es un perro desconocido que jamás hemos visto.*»

Pero me limité a hundir más la cabeza entre las páginas de la revista, siguiendo el consejo del inmortal Richard Milhous Nixon: negación plausible. Los motores rugieron y el avión rodó por la pista cada vez con mayor celeridad, ahogando los aullidos de *Marley*. Me lo imaginé allí debajo, a oscuras, solo, asustado, confuso, drogado, sin poder ponerse bien de pie, con los motores rugiendo, un ruido que para *Marley* era otro atronador ataque de rayos decididos a acabar con él. Pobrecito. No estaba dispuesto a admitir que el perro era mío, pero sabía que pasaría todo el viaje preocupado por él.

Apenas el avión estuvo en el aire oí otro ruido, pero esta vez fue Conor quien dijo: «¡Ay!» Miré al suelo y volví a enterrar la cara en la revista. *Negación plausible*. Pasados unos segundos, miré a mi alrededor. Cuando me aseguré de que nadie me veía, me incliné hacia delante y susurré a Jenny: «No mires, pero ahora se han escapado los grillos.»

22. En la tierra de los lápices

Nos instalamos en una casa grande, de una sola planta, emplazada en un terreno de 8.000 metros cuadrados situado en la ladera de una colina empinada. O quizá fuera una montaña pequeña; los habitantes de la zona no se han puesto de acuerdo al respecto. Nuestra propiedad tenía una pradera donde podíamos coger fresas salvajes, un bosque del cual podía hacer toda la leña que me diera la gana y un arroyuelo de aguas cristalinas donde los niños y *Marley* pronto descubrieron que podían enlodarse cuanto quisieran. La casa tenía un hogar de leña y el terreno ofrecía innumerables posibilidades para probar distintos cultivos. En la colina más próxima había una iglesia blanca, cuya torre coronaba una aguja que podía verse desde la ventana de la cocina en otoño, cuando los árboles perdían su follaje.

Nuestra nueva casa tenía incluso un vecino que parecía salido de la Central Casting,* un gigante de barba color naranja que vivía en una casa de piedra del año 1790 y que los domingos se entretenía sentándose en el porche de la parte de atrás y descargando el rifle en el bosque, para gran nerviosismo de *Marley*.

* Nombre de una afamada agencia de contratación de actores. *(N. de la T.)*

~ En la tierra de los lápices ~

Cuando acabábamos de instalarnos, el hombre se presentó con una botella de vino de cerezas salvajes de factura casera y una cesta llena de las zarzamoras más grandes que yo jamás había visto. Dijo que se llamaba Digger * y, a tenor de su nombre, vivía de las excavaciones. Nos comunicó que si necesitábamos hacer un pozo o remover tierra no teníamos más que llamarlo para que acudiera con una de sus grandes máquinas. «Y si atropelláis un ciervo –añadió guiñando un ojo– lo descuartizaremos y nos lo repartiremos a medias antes de que el guardabosques tenga tiempo de notar su ausencia.» Supimos entonces, sin lugar a dudas, que ya no estábamos en Boca Ratón.

Sólo faltó una cosa en nuestra bucólica existencia. Pocos minutos después de llegar a nuestra nueva residencia, Conor me miró con los ojos anegados por las lágrimas y me dijo: «Creí que en "Pencilvania" había lápices.»** Para nuestros hijos, que tenían entonces siete y cinco años, respectivamente, aquello era como un promesa incumplida. Dado el nombre de la provincia que habíamos adoptado, los dos esperaban ver brillantes instrumentos amarillos para escribir colgando de cada árbol y arbusto, cual frutos listos para ser cosechados. De ahí que se sintieran tan desilusionados al enterarse de que no había tal cosa.

Pero así como nuestra propiedad carecía de material escolar, estaba llena de mofetas, zarigüeyas y marmotas, y de ortigas, que crecían por toda la orilla del bosque y trepaban por los troncos de los árboles, produciéndome urticaria el sólo verlas. Una mañana, al mirar por la ventana mientras preparaba la cafetera, me encontré con un magnífico ciervo que me observaba y, otra, vi

* En inglés, *digger* es excavador.
** La desilusión del niño obedece al hecho de que Pensilvania suena como Pencilvania, y en inglés *pencil* es lápiz. *(Notas de la T.)*

cómo una familia de pavos salvajes atravesaba el jardín trasero. Un sábado, cuando *Marley* y yo descendíamos la colina por entre los árboles del bosque, nos topamos con un trampero poniendo cepos para coger visones. ¡Un trampero! ¡Y casi en el mismísimo jardín trasero de mi casa! ¡Lo que los habitantes de Bocahontas hubieran dado por ese chollo!

Vivir en el campo era tranquilo a la vez que encantador, y un poco solitario. Los habitantes de esa parte de Pensilvania, que mantenían muchas de las tradiciones culturales de sus ancestros alemanes, era gentiles, pero cautos con los desconocidos. Y no cabía duda de que nosotros lo éramos. Después de las multitudes y las colas de gente del sur de Florida, yo debería estar fascinado con la soledad, pero, al menos durante los primeros meses, rumié muchas veces respecto del acierto de habernos trasladado a un lugar donde al parecer tan poca gente deseaba vivir.

Pero *Marley* no tenía esa clase de dudas. Salvo los escopetazos de Digger, la nueva vida campestre le sentaba de maravilla. ¿Y qué otra cosa podría haberle sucedido a un perro con más energía que sentido común? *Marley* corría por el campo, pasaba por entre las zarzas y vadeaba el arroyo a placer. Su misión consistía en cazar uno de los incontables conejos que consideraban que mi huerto era su bufet de ensaladas. En cuanto veía a un conejo comiendo lechuga, partía tras él como un bólido, con las orejas aplastadas hacia atrás por el roce del aire, hollando la tierra y ladrando al aire sin parar. *Marley* era tan sigiloso como una banda musical en pleno desfile, por lo que cuando estaba a unos tres metros de su presa, ésta salía disparada de inmediato a cobijarse en el bosque, pero él, fiel a su procedencia, seguía creyendo con eterno optimismo que el éxito lo aguardaba a la vuelta de la esquina. Cuando perdía una presa, se volvía meneando la cola, sin desalentarse jamás, y cinco minutos después volvía a repetir la escena. Por suerte, no tenía mejor fortuna cuando perseguía mofetas.

Llegó el otoño y, con él, un nuevo juego denominado Atacar las Pilas de Hojas. En Florida, los árboles no pierden las hojas en otoño, así que *Marley* estaba convencido de que éstas llovían del cielo a modo de regalo exclusivo para él. Mientras yo recogía las hojas naranjas y amarillas y las apilaba, *Marley* se sentaba y me observaba con paciencia, esperando que le llegase el momento adecuado para atacar. Cuando tenía ya una gran pila de hojas, él empezaba a aproximarse poco a poco, manteniendo el cuerpo en posición de acecho. De pronto se detenía y luego volvía a avanzar unos pasos más, oliendo el aire tal como lo hace un león del Serengeti cuando está próxima una incauta gacela. Y en el preciso momento en que yo me detenía y, apoyándome en el rastrillo, miraba mi obra de arte, él se ponía en marcha y, salvando la distancia con unos cuantos saltos con los que parecía volar, caía de plano sobre la pila de hojas y empezaba a restregarse, gruñir, repantigarse y, por razones ignotas para mí, a perseguirse la cola con ahínco, y sólo se detenía cuando las hojas de mi hermosa pila estaban otra vez desparramadas por el suelo. Hecho eso, se sentaba en medio de *su* obra de arte, con el cuerpo salpicado de restos de hojas, y me miraba con una enorme satisfacción, como si su contribución fuera una parte integral del proceso de recolección de hojas.

Nuestra primera Navidad en Pensilvania debía ser blanca. Jenny y yo habíamos tenido que recurrir a elementos atractivos para convencer a Patrick y Conor de que el hecho de abandonar el hogar y los amigos que tenían en el sur de Florida era para mejor y entre esos elementos figuraba la nieve, y no cualquier clase de nieve, sino la nieve blanda que se acumula y forma gruesas capas, la clase de nieve especial para postales, que cae del cielo en grandes copos silenciosos con la consistencia precisa para hacer muñecos con ella. Y, desde luego, la mejor de todas las nieves era la que caía el día de Navidad, el Santo Grial de todas las experiencias del invierno norteño. Tanto Jenny como yo habíamos exagerado la escena de que ese día se despertarían y encontrarían el paisaje cubierto por entero de un manto blanco, impoluto, con excepción de las solitarias huellas dejadas frente a la puerta de nuestra casa por el trineo de Papá Noel.

La semana antes de la Navidad, se sentaban los tres frente a la ventana durante horas, con los ojos fijos en las nubes plomizas, como si así pudieran lograr que se abrieran y dejaran caer la carga que transportaban. «¡Venga nieve, cae de una vez!», imploraban los niños. Jenny y yo llevábamos una cuarta parte de nuestras vidas sin ver la nieve, pero ellos no la habían visto nunca. Todos queríamos que nevara, pero las nubes no cedían. Unos días antes de Navidad, fuimos todos en la camioneta a una granja que había a menos de un kilómetro de casa y allí cortamos una pícea, dimos un paseo gratis en un carro de heno y bebimos zumo de manzana caliente junto a una fogata. Era el tipo de momento clásico de la fiestas en el Norte que habíamos echado de menos en Florida, pero faltaba una cosa. ¿Dónde diablos estaba la nieve? Jenny y yo empezamos a lamentar el hecho de haber inflado tanto la expectativa de la primera nevada que verían nuestros hijos. Cuando regresábamos a casa, con la camioneta impregnada del delicioso aroma de la pícea, los chicos se quejaron de haber sido engañados. Primero había sido la ausencia de lápices y ahora, la de la nieve. ¿Sobre qué otra cosa les mentirían sus padres?

El día de Navidad había bajo el árbol un trineo flamante y la suficiente cantidad de artilugios para la nieve como para poder hacer una excursión a la Antártida, pero lo único que se veía desde nuestras ventanas eran las ramas peladas de los árboles, los prados desnudos y los maizales de color pardo. Encendí una ramas de cerezo en la chimenea y pedí a los niños que tuvieran paciencia. La nieve llegaría a su debido tiempo.

Pero llegó la Nochevieja y seguíamos sin noticias de la nieve. Incluso *Marley* parecía estar ansioso, pues iba de una ventana a la otra, quejándose quedamente, como si él también sintiera que le habían dado gato por liebre. Se acabaron las vacaciones de invierno y los niños volvieron al colegio, y la nieve seguía sin aparecer. Como cuando desayunaban me miraban con aire sombrío, me sentía como el padre que los había traicionado, empecé a ofrecer disculpas, diciendo cosas por el estilo de «tal vez haya en algún otro lugar unos niñitos y niñitas que necesiten la nieve más que nosotros».

–Sí, papá... –decía Patrick con sorna.

Por fin, transcurridas unas tres semanas del nuevo año, la nieve acudió para rescatarme de mi purgatorio de culpa. Cayó durante la noche, mientras dormíamos, y fue Patrick el primero en dar la voz de alarma. Entró corriendo en nuestro dormitorio y, levantando las persianas, gritó:

–¡Mirad! ¡Mirad! ¡Está nevando!

Jenny y yo nos sentamos en la cama para presenciar nuestra vindicación. Un manto blanco cubría las colinas, los campos de cultivo, los pinos y los techos, perdiéndose en el horizonte.

–Por supuesto que está nevando –dije socarronamente, con aire de sabiondo–. ¿Acaso no os dije que nevaría?

Ya habían caído unos treinta centímetros, y aún seguía nevando fuerte. Pronto aparecieron Conor y Colleen chupándose los respectivos pulgares de una mano y arrastrando con la otra sus mantitas por el suelo. *Marley* se puso de pie, se desperezó y, sintiendo el ambiente de excitación, empezó a dar coletazos contra todo lo que encontraba a su paso. Volviéndome hacia Jenny, dije:

–Sospecho que no tenemos la opción de volver a dormirnos –y cuando ella confirmó mi sospecha, grité a los niños–: ¡Venga, conejillos de nieve, a ello!

Pasamos la media hora siguiente luchando con cremalleras, pantalones, broches, capuchas y guantes. Cuando por fin terminamos de vestirlos, los niños parecían momias y la cocina, el lugar donde se preparaban los participantes de las Olimpíadas de Invierno. Y, compitiendo en el Descenso de la Colina sobre Hielo, en el apartado de la División de Grandes Caninos, se encontraba... *Marley*, el Perro. Abrí la puerta principal de la casa y *Marley* salió disparado antes que nadie, tirando de paso al suelo a la bien pertrechada Colleen. No bien metió las patas en ese extraño elemento blanco –*¡Oh, es algo mojado! ¡Oh, es algo frío!*– se lo pensó dos veces e intentó regresar de inmediato. Como sabe cualquiera que haya conducido un coche en la nieve, eso de frenar bruscamente e intentar hacer un giro completo no es una buena idea.

Marley pegó un resbalón de novela, girando con la cola por delante. Se apoyó un instante sobre uno de sus flancos justo antes de volver a saltar hacia arriba y dar una vuelta de campana, tras lo cual cayó sobre los escalones de la entrada y quedó con el morro enterrado en la nieve. Momentos después, cuando volvió a ponerse de pie, parecía un gigantesco y espolvoreado donut blanco. El Abominable Perro de las Nieves. *Marley* no sabía qué pensar de esta sustancia extraña. Volvió a enterrar la nariz en la nieve y, al sacarla, estornudó con fuerza, la golpeó con las patas y frotó el morro contra ella. Por fin, como si se hubiese acercado a él una mano celestial y le hubiese inyectado una enorme dosis de adrenalina, se lanzó a correr por todo el jardín, dando saltos y chapoteando, y salpicando su carrera con vueltas de campana y zambullidas. La nieve le resultó algo tan divertido como hurgar en los cubos de la basura del vecindario.

Si uno seguía las huellas de *Marley* en la nieve podía empezar a comprender su tortuosa mente. Estaban llenas de desviaciones, vueltas y giros abruptos, de saltos erráticos y de ochos dibujados en la superficie, de figuras como tirabuzones y saltos lutzianos,* como si siguiera un extraño algoritmo que sólo él pudiese entender. Pronto los niños empezaron a imitarlo, zambulléndose de cabeza, girando y haciendo piruetas en la nieve, que se les metía por todos los huecos de sus trajes. En un momento dado, salió Jenny con tostadas untadas de mantequilla, tazones de chocolate caliente y un anuncio: se habían cancelado las clases. Yo sabía que no había manera de que mi pequeño Nissan sin tracción delantera pudiera salir del camino de entrada, y mucho menos bajar por las pronunciadas carreteras sin limpiar, así que declaré que también yo tendría un día de fiesta.

Quité la nieve que cubría el círculo de piedra que había construido el pasado otoño para las fogatas y pronto ardió allí un buen fuego. Los chicos descendían por la colina gritando en el trineo y pasaban junto a la fogata de camino al linde del bosque, con *Marley* detrás. Miré a Jenny y le pregunté:

–Si alguien te hubiese dicho hace un año que tus hijos recorrerían en trineo el jardín trasero de tu casa, ¿lo habrías creído?

–Ni por casualidad –dijo, tras lo cual hizo una bola de nieve que me estampó en medio del pecho. Jenny tenía el pelo salpicado de nieve, las mejillas encendidas y de su aliento surgía una nube en torno a su boca.

–Ven aquí y dame un beso. –Le dije.

* Saltos del patinaje artístico así llamados en homenaje a su creador, el patinador suizo Gustave Lussi. *(N. de la T.)*

Transcurrido un rato, mientras los niños se calentaban junto a la fogata, decidí lanzarme yo con el trineo, algo que no hacía desde que era adolescente.

–¿Quieres venir conmigo? –pregunté a Jenny.

–Lo siento, cariño, pero tendrás que hacerlo tú solo –respondió ella.

Coloqué el trineo en la cima de la colina y me eché sobre él, manteniendo el torso levantado, apoyado sobre los codos, y los pies contra el borde de la parte delantera. Empecé a balancearme para ponerlo en movimiento. No era frecuente que *Marley* tuviera que mirar hacia abajo para verme y que me tuviera en una posición que podía interpretarse como una invitación. Se me acercó y empezó a olerme la cara. «¿Qué quieres?», pregunté. Y eso fue todo lo que necesitó para apuntarse a la aventura. Subiéndose al trineo, se echó sobre mi pecho. «¡Quítate del medio, pedazo de tronco!» Pero era demasiado tarde, porque ya estábamos en movimiento y ganando velocidad a medida que descendíamos por la colina.

–¡Buen viaje! –gritó Jenny cuando nos vio pasar.

Y allá fuimos, colina abajo volando por la nieve, con *Marley* lamiéndome la cara con alevosía. Gracias a la suma de nuestros pesos, bajamos a mucha mayor velocidad que los chicos y pronto superamos las huellas que ellos habían dejado. «¡Agárrate bien, *Marley*! –grité– ¡Vamos a estrellarnos contra el bosque!»

Pasamos primero junto a un gran nogal, luego entre dos cerezos salvajes, eludiendo de milagro los árboles resistentes a medida que avanzábamos abriéndonos paso a través de la maleza y las zarzas. De pronto recordé que justo delante de nosotros había un escalón, de casi un metro de altura, por el cual se llegaba al arroyuelo que todavía no se había congelado. Intenté sacar los pies afuera para frenar el trineo con ellos, pero no pude, y sólo me quedó tiempo para cerrar los ojos y abrazarme a *Marley* con fuerza, a la vez que gritaba «¡Ayyyy!», porque ya volábamos por el aire.

El trineo saltó por encima del escalón y dejó de sostener nuestros cuerpos por completo. Me sentí como en uno de esos clásicos dibujos animados, suspendido en el aire durante unos eternos segundos, antes de caer de forma ruinosa. La única diferencia consistía en que, en este dibujo animado, yo estaba fundido con un loco y babeante labrador retriever. Caímos abrazados sobre un gran montículo de nieve, haciendo un ruido suave, tipo chapoteo, con parte de nuestros cuerpos aún sobre el trineo y éste al borde del agua del arroyuelo. Abrí los ojos y sopesé la situación. Podía mover los dedos de los pies y de las manos y podía girar el cuello; no me había roto nada. *Marley* se puso de pie y empezó a dar saltos. Yo me levanté lanzando un quejido y, quitándome con las manos todo lo que me había caído encima, dije: «Estoy demasiado viejo para estas cosas.» En los meses siguientes, se hizo cada vez más evidente que también lo estaba *Marley*.

En un momento dado de ese primer invierno que pasamos en Pensilvania, comencé a notar que *Marley* había dejado de pertenecer a la mediana edad y se había acogido a la jubilación. En diciembre había cumplido nueve años, y poco a poco había ido perdiendo fuelle. Aún tenía ataques de energía incontrolada, inducida por la adrenalina, como en esa primera nevada, pero cada vez eran menores y más espaciados. De momento, se contentaba con pasar casi todo el día durmiendo y, cuando salíamos a pasear, se cansaba antes que yo, lo que constituía toda una primicia en nuestra relación. Un día de finales del invierno, con la temperatura por encima de los cero grados y el aire con un cierto aroma de primavera, bajé con él por una colina y subí por otra, más pronunciada que la nuestra, en cuya cima se encontraba la iglesia junto a la cual había un antiguo cementerio, lleno de veteranos de la guerra civil. Era un paseo que yo hacía a menudo y que incluso el otoño anterior *Marley* había hecho sin ningún esfuerzo aparente, pese al pronunciado ángulo de desnivel, que siempre nos hacía jadear. Pero esta vez, *Marley* iba a la zaga. Lo acicateé con palabras de aliento, pero el pobre tenía el aspecto de un muñeco que atenúa el paso porque se le acaban las pilas. *Marley* ya no tenía la energía necesaria para llegar a la cima. Me detuve para dejar que descansara antes de proseguir la marcha, algo que nunca había hecho antes. «No habrás decidido dejar de incordiarme, ¿no?», le pregunté, mientras me ponía de cuclillas y le acariciaba la cara con mi mano enguantada. *Marley* levantó los ojos brillantes y la nariz mojada, y me miró sin preocuparse por su declinante energía. Tenía una mirada de satisfacción, aunque también de agotamiento, como si la vida no pudiera ser mejor que la que tenía entonces, sentado junto a una carretera rural, un fresco día de finales del invierno, al lado de su amo. «Si crees que te voy a llevar en brazos, te equivocas», le dije.

A la luz del sol, noté cuántas más canas habían aparecido entre el pelaje amarillento de su cara. Gracias a que su piel era tan clara, el efecto era poco notable, aunque innegable. Todo su morro y una buena parte de las cejas se habían vuelto blancos. Sin que nos diéramos cuenta, nuestro cachorro eterno se había hecho mayor.

Pero eso no era sinónimo de que se portase mejor. *Marley* seguía haciendo las mismas travesuras, pero con menos rapidez y energía. Todavía robaba comida de los platos de los chicos, levantaba con la nariz la tapa del cubo de la basura y hurgaba dentro de él, aún mordía la correa, tragaba una gran diversidad de objetos, bebía el agua del grifo de la bañera y dejaba caer chorritos de su gaznate, y cuando el cielo se oscurecía y se oían truenos, se aterrorizaba y, si estaba solo, se volvía destructivo. Un día, llegamos a casa y encontramos a *Marley* en medio de un mar de espuma y el colchón de Conor rasgado hasta salírsele los flejes.

Con el tiempo, habíamos aprendido a tomar con filosofía los daños que hacía *Marley*, que eran muchos menos que los de Florida, cuando había tormenta. Durante la vida de un perro se caerá parte del estucado de las paredes, se rasgarán algunos cojines y se deshilacharán alfombras. Esta relación, al igual que cualquier otra, tenía un precio. Era un precio que nos avinimos a aceptar y a comparar con la dicha, la diversión, la protección y la amistad que él nos brindaba. Con lo que gastamos en nuestro perro y en todo lo que destruyó podíamos habernos comprado un pequeño yate, pero ¿cuántos yates esperan el regreso del amo junto a la puerta? ¿Cuántos viven sólo para poder sentarse en el regazo de su amo o en descender una colina en un trineo, lamiéndole la cara?

Marley se había ganado el lugar que ocupaba en nuestra familia. Tal como un tío loco, pero amado, él era lo que era. Nunca sería como *Lassie* o *Benji*, u *Old Yeller*; nunca llegaría a exhibirse en Westminster, ni siquiera en una exposición local. De eso ya nos habíamos enterado. Lo habíamos aceptado como el perro que era y lo queríamos más precisamente por ser como era.

«Viejo amigo», le dije esa tarde junto a la carretera, mientras descansábamos y le acariciaba la nuca. Nuestra meta, el cementerio, estaba todavía a un buen trecho de camino ascendente, pero, al igual que en la vida, me di cuenta de que el destino era menos importante que el viaje en sí. Me arrodillé junto a él y, acariciándole todo el cuerpo, le dije: «Quedémonos aquí un rato.» Cuando *Marley* hubo descansado, descendimos la colina de camino a casa.

23. El desfile de las aves

Esa primavera decidimos probar suerte con la cría de animales. Teníamos tanto terreno, que nos parecía apropiado compartirlo con la cría de una o dos clases de animales. Además, yo era editor de *Organic Gardening*, una revista que había proclamado las bondades de incorporar animales –y su estiércol– a un jardín sano y bien equilibrado.

–Sería divertido tener una vaca –sugirió Jenny.

–¿Una vaca? ¿Estás loca? Si no tenemos un granero, ¿cómo vamos a tener una vaca? ¿Dónde sugieres que la alojemos, en el garaje, junto a la camioneta?

–Entonces, una oveja –añadió mi mujer–. Las ovejas son simpáticas.

Le respondí obsequiándole una de mis bien ensayadas miradas de desprecio ante las cosas poco prácticas.

–¿Y una cabra? Las cabras son adorables –dijo Jenny.

Después de mucho pensarlo, nos decidimos por las aves de corral. Eso tenía mucho sentido para cualquier jardinero que se negara a utilizar pesticidas y fertilizantes. Las aves eran baratas y la necesidad de mantenimiento, relativamente baja. Para ser felices, lo único que requerían era un gallinero y unos cuantos boles de trigo partido, y no sólo proporcionaban huevos frescos, sino que cuando se las dejaba sueltas por el campo escudriñaban el terreno y comían insectos y gusanos, devoraban pulgas y removían la tierra como eficientes excavadoras, abonándola de paso con sus excrementos con alto contenido de nitrógeno. Además, cuando anochecía se retiraban a sus aposentos por cuenta propia. ¿Qué más podía pedirse? Las gallinas eran las mejores amigas de un jardinero orgánico, por lo cual era lógico que las tuviera. Además, como apuntó Jenny, pasaban con buena nota la prueba de ser graciosas.

Así fue como nos decantamos por las gallinas. Jenny se había hecho amiga de una de las madres de la escuela de los niños que vivía en una granja y nos daría con gusto unos pollos de la próxima tanda de huevos que incubaran. Hablé con Digger acerca de nuestros planes, y él estuvo de acuerdo en que nos vendría bien tener unas cuantas gallinas. Digger tenía su propio gallinero, lleno de gallinas que le brindaban tanto huevos como carne.

–Sólo quiero hacerte una advertencia –dijo Digger, cruzando sus fornidos brazos sobre el pecho–. Hagas lo que hagas, no permitas que los niños les pongan nombres. Cuando les pones nombres, dejan de ser aves de corral para convertirse en mascotas.

–Tienes razón –dije.

Yo sabía que el sentimentalismo no tenía lugar en la crianza de aves de corral. Las gallinas pueden vivir quince años o más, pero sólo ponen huevos los dos primeros años de su vida. Así, cuando dejan de poner, les llega la hora de acabar en la cazuela, situación que forma parte del manejo de las aves de corral.

Digger me miró fijamente, como si adivinase lo que podía encontrarme, y añadió:

–Una vez que les pones nombres, se acabó.

–Estoy absolutamente de acuerdo –dije–. Nada de nombres.

Esa noche, cuando llegué del trabajo, detuve el coche en el camino de entrada y salieron los tres niños a saludarme. Cada uno de ellos tenía un pollito en los brazos, y Jenny, que venía tras ellos, un cuarto en los suyos. Donna, su amiga, había pasado a dejárselos esa misma tarde. Los pollitos apenas tenían un día de vida y, cuando me vieron, ladearon la cabeza y me miraron como preguntándome si yo sería su madre.

Patrick fue el primero en darme la noticia.

—Al mío le he puesto de nombre *Feathers* —anunció.

—El mío se llama *Tweety* —aclaró Conor.

—Mío *Wuffy* —dijo Colleen.

Lancé a Jenny una mirada interrogante.

—*Fluffy* —dijo Jenny—. Ella le ha puesto el nombre de *Fluffy*.

—Jenny —protesté—. ¿Qué nos ha dicho Digger? Éstos son animales de corral, no mascotas.

—¡Oh, venga, agricultor John! —dijo ella—. Tú sabes tan bien como yo que nunca le harías daño a ninguno de estos pollos. No tienes más que ver lo bonitos que son.

—Jenny —dije, en un tono de voz que revelaba mi creciente frustración.

—¡Ay, casi me olvido! —exclamó, levantando el pollito que llevaba en las manos—. Te presento a *Shirley*.

Feathers, Tweety, Fluffy y *Shirley* se alojaban en un caja que pusimos sobre la encimera de la cocina, con una bombilla de luz sobre ella para mantenerlos calientes. Los pollitos comían y hacían caca, y volvían a comer..., y crecían a un ritmo sobrecogedor. Varias semanas después de tenerlos en casa, algo me despertó súbitamente a la madrugada. Me senté en la cama y escuché con atención. De la planta baja venía un sonido débil y enfermizo. Era un sonido ronco, próximo a un graznido y más parecido a una tos de tuberculoso que a una proclamación de dominio.

Tras un instante de silencio, volvió a sonar: *¡Cocorocó!* Hubo otro intervalo de silencio, seguido de una respuesta asimismo enfermiza, pero clara: *¡Quiquiriquí!*

Desperté a Jenny y le pregunté:

—Cuando Donna trajo los pollitos ¿le pediste que verificase si todos eran hembras?

—¿Quieres decir que se puede hacer eso? —me preguntó, tras lo cual volvió a quedarse profundamente dormida.

Se trataba de verificar el sexo de los pollos. Los granjeros que saben lo que hacen pueden examinar a un pollo recién nacido y determinar su sexo con un acierto de un 80 %. En las granjas que venden pollos, los que tienen determinado su sexo se cotizan a mejor precio. Los más baratos son aquellos cuyo sexo se desconoce. Con estos últimos se corre el albur de que habrá que matar a los machos jóvenes y destinarlos al consumo y quedarse con las gallinas para que pongan huevos. Optar por el riesgo implica, por supuesto, que uno tiene la valentía de matar, vaciar y desplumar los machos que a uno le sobren. Como sabe quien haya criado aves de corral, en un grupo donde haya dos gallos sobra uno.

En nuestro caso, Donna no había siquiera intentado verificar el sexo de los pollos, por lo cual no se sabía que tres de las cuatro supuestas ponedoras que nos había dado eran machos. Teníamos en nuestra cocina el equivalente avícola de un incipiente equipo masculino, con la agravante de que a ningún gallo le gusta el papel de segundón. La gente cree que si tiene machos y hembras en igual cantidad, se aparejarán como matrimonios bien avenidos, pero se equivocan. Los machos lucharán sin tregua, martirizándose con saña, a fin de determinar quién domina el gallinero, puesto que quien gane se lo queda todo.

A medida que se convertían en adolescentes, a nuestros tres gallos les dio por presumir, picotearse y, lo que era más mortificante si se tiene en cuenta que todavía estaban sobre la encimera de la cocina porque yo no había terminado de construir el gallinero en el jardín del fondo, anunciar a voz en cuello el exceso de testosterona que tenían. *Shirley*, nuestra única, pobre y acosada hembra, recibía más atención de la que podía desear la más lujuriosa de las mujeres.

Pensé que el cacareo constante volvería loco a *Marley*, puesto que cuando era más joven el dulce piar de un pequeño pájaro cantarín solía provocarle un ataque imparable de ladridos mientras corría de una ventana a la otra, poniéndose de pie para intentar verlo. Sin embargo, estos molestos gallos que estaban a una corta distancia del bol donde *Marley* tenía su comida no le producían el menor efecto. Al parecer, no se daba ni cuenta de que estaban allí. Cada día el cacareo se hacía más fuerte y sonoro y, partiendo de la cocina, atravesaba toda la casa a las cinco de la mañana, pero *Marley* seguía durmiendo como si nada sucediera. Fue entonces cuando se me ocurrió pensar que quizá no se trataba de que pasaba por alto el cacareo, sino de que no lo oía. Una tarde que *Marley* dormía en la cocina, me acerqué a él y lo llamé, pero él no se movió. Levanté la voz: «¡*Marley*!», di palmas y grité: "¡*MARLEY*!» Él levantó la cabeza y miró ciegamente a su alrededor, tratando de comprender qué había detectado el radar. Repetí la operación, palmeando y gritando su nombre con fuerza. Esta vez giró lo suficiente la cabeza para ver que yo estaba de pie junto a él. *¡Oh, eres tú...!* *Marley* se puso de pie, meneando la cola, feliz –y evidentemente sorprendido– de verme. Irguiéndose, se apoyó sobre mi costado y me miró con ojos tiernos, como si quisiera decirme: *¿Cómo se te ocurre despertarme de esta manera?* Al parecer, mi perro se estaba volviendo sordo.

De pronto, todo cuadró. En los últimos meses, *Marley* parecía hacer caso omiso de mi persona, algo que nunca había hecho.

Cuando yo lo llamaba, él ni siquiera se molestaba en volver la mirada hacia donde yo estaba. De noche, cuando lo sacaba al jardín antes de acostarnos, seguía oliendo el césped cuando al conminarlo yo a que entrase en la casa, él seguía oliendo el césped como si tal cosa. Tampoco acudía cuando alguien llamaba a la puerta, si estaba durmiendo en la sala de estar. De hecho, ni siquiera abría los ojos.

Marley había tenido problemas con los oídos desde siempre. Como muchos labrador retriever, era proclive a las otitis, algo que nos había costado una fortuna en antibióticos, ungüentos, antisépticos, gotas y visitas al veterinario. Incluso lo hicimos operar, para acortarle el paso de los canales auditivos, a fin de corregir el problema. Pero sólo después de tener a los ruidosos gallos en casa se me ocurrió pensar que esos problemas con los oídos que había tenido durante tantos años habían acabado por mermar de forma gradual la capacidad auditiva de *Marley*, condenándolo a un amortiguado mundo de suspiros.

Pero a él no parecía molestarle aquello en lo más mínimo. La jubilación le iba bien, y sus problemas de oído no parecían alterarle la ociosa vida campestre que llevaba. En todo caso, la sordera le resultó fortuita, porque por fin tuvo una excusa, certificada médicamente, para desobedecer. ¿Cómo podía obedecer una orden si le era imposible oírla? Por muy denso que fuera su cerebro, como yo sostenía, él se las ingenió para sacar ventaja de su sordera. Si yo dejaba caer un trozo de carne en su plato, venía corriendo desde la habitación contigua. Aún era capaz de detectar el sonido sordo y apetitoso que hace un trozo de carne al caer en un bol de plástico, pero si uno le silbaba para que viniera, dejando de hacer algo que le gustaba, se alejaba de uno sin siquiera girar la cabeza para lanzar una mirada de soslayo, como solía hacer antes.

«Creo que el perro nos está tomando el pelo», dije a Jenny. Aunque ella también opinaba que los problemas auditivos de *Marley* parecían ser selectivos, lo cierto es que cuando lo llamábamos, le gritábamos y palmeábamos las manos, él no respondía, y que cuando echábamos comida en su bol venía disparado de donde estuviese. Al parecer, no podía oír nada, como no fuera el único sonido que amaba con todo su corazón, o mejor dicho, con su estómago: el ruido de la comida.

Marley tuvo toda su vida un apetito insaciable. No sólo le llenábamos su bol de comida de perro cuatro veces al día –comida suficiente para una familia entera de chihuahuas durante una semana–, sino que empezamos a complementarle su dieta con sobras de nuestra comida, en contra de los buenos consejos que se dan en cuanta guía sobre perros habíamos leído. Sabíamos que las sobras no hacen sino programar a los perros para que prefieran la comida de los humanos (y puestos a elegir ¿cómo culparlos por preferir los restos de hamburguesa a unas bolitas secas?). Las sobras eran un receta para la obesidad canina, en particular, para los labrador retriever, que eran proclives a la gordura, sobre todo a partir de la mediana edad. Algunos labradores, especialmente los de la variedad inglesa, son tan rotundos cuando llegan a mayores, que parece que los han inflado para que puedan tomar parte en el Desfile del Día de Acción de Gracias que Macy's celebra en la Quinta Avenida.

Pero, pese a todo, la obesidad no figuraba entre los problemas que tenía *Marley*. Por muchas calorías que ingiriera, siempre quemaba más de las ingeridas. La exuberancia desmedida que lo caracterizaba le consumía grandes cantidades de energía. *Marley* era como una planta de electricidad de alto voltaje que convierte cada gramo de combustible disponible en energía pura y dura. Era un espécimen físico increíble, la clase de perro que los transeúntes se detenían a mirar. Como labrador retriever, era enorme, mucho más grande que la media de los machos de su raza, cuyo peso oscila entre los veintinueve y los treinta y seis kilos. Incluso a medida que envejecía, su carne era puro músculo, cuarenta y cuatro kilos de músculos ondulantes y nerviosos con apenas un gramo de grasa en todo el cuerpo. La caja torácica tenía el tamaño de un pequeño barril de cerveza, pero las costillas no estaban cubiertas de una gruesa capa de carne o grasa. Ni a Jenny ni a mí nos preocupaba la obesidad, sino más bien lo contrario. En nuestras frecuentes visitas al doctor Jay, antes de marcharnos de Florida, nuestra única preocupación era que, pese a que le dábamos tremendas cantidades de comida, *Marley* era mucho más delgado que la mayoría de los labradores, y siempre tenía apetito, incluso después de fagocitarse un cubo entero de bolitas para perros que parecía destinado a un caballo de tiro. ¿Acaso estábamos matándolo lentamente de hambre? El doctor Jay siempre nos respondía de la misma manera. Mientras acariciaba el estilizado vientre de *Marley*, con lo cual éste iniciaba un evasor viaje de desesperante felicidad por la consulta, nos decía que, en cuanto a sus atributos físicos, *Marley* era casi perfecto. «Sigan haciendo lo que hacen», solía decir el doctor Jay. Después, mientras *Marley* se hurgaba las partes o cogía un trozo de algodón que había sobre un mueble de la consulta, el doctor Jay añadía: «Creo que no hace falta que les diga que *Marley* quema gran parte de su energía nerviosa.»

Después de cenar, cuando llegaba la hora de dar a *Marley* su comida, yo le llenaba el bol con bolitas de pienso y luego le añadía cuantas sobras de nuestra comida encontraba: migas de pan, trozos de carne, salsas, pieles de pollo, arroz, zanahorias, puré de ciruelas, bocadillos y pasta del día anterior. Es probable que nuestra mascota se comportara como un bufón, pero comía como el príncipe de Gales. Lo único que no le dábamos, porque sabíamos que podía hacerle daño, eran productos lácteos, dulces, patatas y chocolate. Tengo problemas con la gente que compra comida de humanos para dársela a sus mascotas, pero aderezar la comida de perro de *Marley* con restos de lo que de otro modo habría que tirar a la basura me producía la sensación de ser ahorrador –ahorremos, que ya vendrán tiempos peores– y caritativo. Le brindaba así a *Marley*, que tan apreciativo era, la oportunidad de romper la infinita monotonía de la infernal alimentación para perros.

Cuando *Marley* no cumplía su papel de triturador de basura de nuestro hogar, estaba de guardia como si fuera todo un equipo dedicado a recoger basura a la primera señal. Si a uno de los chicos se le caía al suelo un plato de espaguetis con albóndigas de carne, sólo había que silbar y echarse hacia atrás para observar cómo nuestra vieja y húmeda aspiradora se zampaba hasta el último de los espaguetis y luego lamía el suelo hasta dejarlo reluciente. Y no importaba qué era lo que caía, si guisantes extraviados, apio desechado, macarrones en fuga o salpicaduras de salsa de manzanas. Lo que llegaba al suelo, pasaba a la historia. Y para sorpresa de nuestros amigos, *Marley* incluso comía ensaladas.

Tampoco era necesario que la comida cayera al suelo para acabar en el estómago de *Marley*, ya que era un ladrón diestro y sin escrúpulos que se dedicaba mayormente a robar a niños incautos, y siempre después de comprobar que Jenny y yo no podíamos verlo. Las fiestas de cumpleaños eran una mina de oro para él, pues se abría paso entre la multitud de niños de cinco años robando salchichas a diestra y siniestra de las manos mismas de los pequeñuelos. En una de esas fiestas, calculamos que acabó por comerse dos terceras partes del pastel de cumpleaños a base de mordisquear los trozos de los platos de papel que los niños tenían sobre sus regazos.

Tampoco tenía importancia la cantidad de comida que devoraba, ni si lo hacía por medios legítimos o ilegítimos, ya que siempre quería más. Por eso cuando se fue quedando sordo no nos sorprendió mucho que lo único que aún pudiera oír fuera el dulce y suave sonido de la comida al caer.

Un día llegué a casa del trabajo y me encontré con que no había nadie. Llamé a *Marley*, pero no obtuve respuesta. Fui a la primera planta, donde solía dormir cuando se quedaba solo, pero tampoco estaba allí. Me cambié de ropa y bajé, y lo encontré en la cocina haciendo una de las suyas. Estaba de espaldas a mí, de pie sobre sus patas traseras, con las delanteras y el pecho apoyados sobre la mesa de la cocina mientras se zampaba los restos de un bocadillo. Mi primera reacción fue regañarlo en voz alta, pero me contuve porque quise ver cuánto podía acercármele antes de que se diera cuenta de que había alguien con él. Me acerqué de puntillas hasta que estuve lo bastante cerca para tocarlo. Mientras recogía las migas con la lengua, miraba hacia la puerta del garaje, sabiendo que por allí entrarían Jenny y los chicos cuando regresaran. En cuanto la puerta se abriera, él se echaría al suelo y fingiría que estaba durmiendo. Al parecer, no se le había ocurrido que también papaíto podía llegar a casa y entrar por la puerta principal.

«¡Eh, *Marley*! –dije con voz normal–. ¿Qué haces?»

Pero él siguió comiendo el bocadillo, sin notar mi presencia. Movía la cola con languidez, lo cual era indicio de que creía estar solo y satisfaciendo su deseo de comer lo que encontrase a mano. Era evidente que estaba orgulloso de sí mismo.

Tosí con fuerza, pero ni así me oyó. Le mandé unos besos sonoros, pero no reaccionó. Cuando se hubo zampado el bocadillo, sacó el plato del camino con la nariz y estiró el cuerpo hacia delante para lamer las migas que había en el segundo plato. «¡Qué perro malo eres!», dije mientras él comía. Como tampoco así respondió, hice un repetido chasquido con los dedos, y por fin vi que se quedaba helado, a medio camino de otro lametazo. *¿Qué fue eso? ¿Fue una puerta que se cerraba?* Transcurrido un momento, *Marley* se convenció de que lo que había oído no era nada y volvió a atacar su tentempié.

Fue entonces cuando tendí la mano y le di dos palmaditas en el trasero, que tuvieron el mismo efecto que si hubiera encendido una carga de dinamita. *Marley* pegó un salto que casi lo sacó de su peluda piel. En cuanto me vio, retrocedió, quitando el cuerpo de encima de la mesa, se echó sobre el suelo y se puso boca arriba, dejando expuesta la panza en señal de rendición. «¡Te he cogido! ¡Y con las manos en la masa!», le dije, pero no pude regañarlo. *Marley* estaba viejo, estaba sordo y estaba fuera de toda posibilidad de reformarse. Yo no podría cambiarlo. Me había divertido mucho observarlo sin que él me viera y me reí con ganas cuando pegó ese salto descomunal, pero ahora que estaba echado a mis pies, pidiendo perdón, me dio un poco de pena. Creo que, en el fondo, hubiera preferido que él lo hubiese fingido todo.

Acabé el gallinero, una casa con el techo a dos aguas y una planchada móvil que podía bajarse de día para dejar salir a las aves y subirse de noche, para mantener alejados a los depredadores. Donna fue muy amable, pues se llevó dos de los tres gallos y los sustituyó por dos gallinas de las suyas. En consecuencia, teníamos gallinas y un gallo rebosante de testosterona que hacía una de tres cosas: ir tras una cópula, copular o alardear acerca de su cópula más reciente. Jenny dijo que los gallos eran lo que serían los hombres si pudieran hacer lo que les gusta, sin convenciones sociales que dominasen sus instintos más bajos, y yo no pude estar en desacuerdo con ella. Tuve que reconocer que sentía una cierta admiración por ese afortunado bastardo.

~ El desfile de las aves ~

Todas las mañanas dejábamos salir a las aves para que anduvieran por el jardín y *Marley* las perseguía unas cuantas veces, pero de forma galante, ladrando hasta que le faltaba fuelle y abandonaba la empresa. Era como si un profundo código genético le enviase un mensaje urgente: «Tú eres un retriever; ellas son aves. ¿No te parece que sería una buena idea que las persiguieras?» Pero *Marley* ya no ponía empeño en hacerlo, así que pronto las aves descubrieron que la torpe bestia amarilla no constituía una amenaza y, a su vez, *Marley* aprendió a compartir el jardín con esos nuevos intrusos cubiertos de plumas. Un día que yo estaba quitando las malas hierbas del jardín, levanté la vista y vi que se aproximaban todos juntos: las cuatro aves, picoteándolo todo, y *Marley*, oliéndolo todo. Era como un grupo de viejos amigos que han salido un domingo a dar un paseo. «¿Qué clase de perro de caza respetable eres, *Marley*?», le pregunté a modo de castigo, a lo que *Marley* respondió levantando la pata y haciendo pis sobre una tomatera, antes de apresurarse a reunirse otra vez con sus nuevos amigotes.

24. El cuarto de baño

Son varias las cosas que una persona puede aprender de un perro. A medida que transcurrían los meses y crecían sus males, *Marley* nos daba lecciones sobre la inexorable finitud de la vida. Jenny y yo no pertenecíamos aún por completo al grupo de los de mediana edad, nuestros hijos eran pequeños, teníamos buena salud y la jubilación sólo se avistaba en el horizonte lejano. Hubiera sido fácil negar el inevitable paso de los años, pretender que de algún modo nos pasaría de largo, pero allí estaba *Marley* para impedir que adoptásemos semejante actitud. Al verlo encanecer, perder el oído y tornarse enclenque no podíamos, de ninguna manera, pasar por alto su mortalidad..., y tampoco la nuestra. La edad nos atrapa a todos, pero con un perro lo hace de una forma tan subrepticia que sobrecoge y estremece. En el breve lapso de doce años, *Marley* había pasado por varias etapas, desde la de cachorro bullicioso hasta la de anciano gagá, pasando por las de adolescente raro y adulto musculoso. Había envejecido unos siete años por cada uno de los nuestros, lo que medido en años humanos lo situaba en torno a los noventa.

Sus resplandecientes y blancos dientes de antaño se habían convertido en granos marrones, le faltaban tres de los cuatro colmillos, perdidos o rotos durante esos ataques de pánico en los que intentaba ponerse a salvo mordiéndolo todo, y su aliento, siempre con un toque de pescado, había adquirido el olor de un vertedero de basura a pleno sol. Además, tampoco ayudaba el hecho de que disfrutara comiendo ese apreciado manjar conocido como caca de pollo, que tanto asco nos producía cuando lo veíamos devorarlo como si fuera caviar.

Su digestión ya no era lo que solía ser, por lo que se tornó pedorriento y sus gases despedían un olor similar al de una planta industrial de metano. Había días en que yo estaba seguro de que si encendía una cerilla, toda la casa volaría por los aires. *Marley* podía dejar vacía toda una habitación con su flatulencia silenciosa y mortal, que parecía incrementarse en directa correlación con la cantidad de invitados a cenar que teníamos. «¡*Marley*! ¡Otra vez no...!», gritaban los chicos al unísono antes de retirarse. A veces, incluso él se iba de la habitación, otras, el olor le llegaba a la nariz mientras dormía, en cuyo caso abría los ojos y fruncía el ceño, como si se preguntara: *¡Madre mía! ¿Quién se ha tirado ése?*, tras lo cual se ponía de pie y se iba a otra habitación.

Cuando *Marley* no estaba tirándose pedos, estaba afuera haciendo caca. O, al menos, pensando en ello. Su manía en cuanto al lugar donde defecaba se había convertido en una compulsiva obsesión. Cada vez que lo dejaba salir al jardín, tardaba más en decidir cuál era el lugar perfecto para depositar sus excrementos. Se paseaba de arriba abajo y daba vueltas por todas partes, oliendo, deteniéndose, girando, retomando el paseo, luciendo en todo momento una ridícula mueca. Mientras él investigaba el terreno en busca del nirvana para defecar, yo esperaba a la intemperie, a veces bajo la lluvia, otras bajo la nieve y hasta en medio de la oscuridad, a menudo descalzo y, en ocasiones, sólo en calzoncillos, sabiendo por experiencia propia que no me atrevía a dejarlo solo, sin supervisar, no fuera cosa que decidiera atravesar la colina para visitar a los perros de la calle más próxima.

Desaparecer se convirtió en un deporte para él. Si se le presentaba la oportunidad y creía que podía salirse con la suya, salía disparado como un bólido hacia el confín de nuestra propiedad. Bueno, lo cierto es que como un bólido, no. Lo que solía hacer era ir de un arbusto al otro, oliéndolos todos hasta que desaparecía. En una ocasión, bien entrada la noche, lo dejé salir antes de ir a acostarme para que hiciera sus últimas necesidades. Las gotas de lluvia habían empezado a helarse y, al caer, cubrían la tierra de un manto blanco y resbaladizo, así que entré para coger un impermeable del armario del recibidor. Menos de un minuto después, cuando salí, *Marley* ya no estaba. Anduve por el jardín silbando y palmeando las manos, pese a que sabía que no podía oírme, aunque sí los vecinos. Recorrí mis tierras y las de los vecinos bajo la lluvia helada, cumpliendo las normas que dictaba la moda para esos casos: una chaqueta impermeable, botas y calzoncillos. Mientras andaba, rogaba para mis adentros que no se encendiera la luz de ningún porche. Cuanto más andaba, más furioso me ponía. *¿Dónde diablos habrá ido esta vez?* Pero a medida que pasaba el tiempo, mi furia se convertía en preocupación. Recordé las noticias que suelen aparecer en los diarios sobre esos viejos que se alejan de las residencias de ancianos y que dos o tres días después aparecen congelados en medio de la nieve. Volví a casa, subí a nuestro dormitorio y desperté a Jenny.

–*Marley* ha desaparecido –le dije–. No lo veo por ninguna parte. Está afuera, a la intemperie, y sigue cayendo hielo.

Jenny saltó de la cama, se puso unos tejanos, un jersey y un par de botas. Juntos pudimos cubrir más terreno. Yo la oía en lo alto de la ladera, silbando y llamando a *Marley*, mientras yo lo hacía por el bosque, a oscuras, esperando encontrármelo tirado en un arroyo, inconsciente.

En un momento dado, Jenny y yo nos encontramos.

–¿Y? –pregunté.

–Nada –dijo ella.

Estábamos empapados y a mí, además, las piernas desnudas me dolían de frío.

–Venga, vamos a casa a calentarnos. Después saldré a buscarlo con el coche.

Descendimos la colina y enfilamos hacia casa, y entonces lo vimos. Estaba de pie bajo un alero del tejado, protegido de la lluvia, y se volvió loco de alegría cuando nos vio. Podría haberlo matado, pero en lugar de ello lo llevé adentro y lo sequé con toallas, impregnando la cocina de ese inequívoco olor a perro mojado. Exhausto por su juerga nocturna, *Marley* cayó redondo sobre el suelo y durmió sin moverse hasta cerca del mediodía siguiente.

Marley tenía la vista borrosa, por lo que podían pasar conejos a poca distancia de él, sin que los viera. Perdía pelo en grandes cantidades, lo que obligaba a Jenny a pasar el aspirador todos los días, y aun así no podía recogerlos todos. Había pelos de perro en cuanta grieta tenía la casa, en todas las prendas de vestir y en no pocas de nuestras comidas. *Marley* siempre había perdido mucho pelo, pero lo que antes figurativamente era una ligera nevada se había convertido ahora en una verdadera tormenta de nieve. Cuando se contoneaba o se sacudía despedía en su entorno una nube de mechones que al caer lo cubrían todo. Una noche, mientras yo miraba la televisión, saqué un pie fuera del sofá y, sin prestar mayor atención, lo restregué sobre su lomo. Cuando llegaron los anuncios, vi una bola de pelo del tamaño de un pomelo en el lugar donde lo había estado frotando con el pie. Las bolas de pelo de *Marley* giraban por los suelos de madera como las bolas de maleza que arrastra el viento por el desierto.

Pero lo que más preocupaba era sus caderas, que la mayor parte de las veces le fallaban. La artritis se había adueñado de sus articulaciones, por lo cual las tenía débiles y doloridas. El perro que tiempo atrás podía llevarme a cuestas corriendo y levantar la mesa del comedor con la fuerza de sus hombros y moverla de un lado a otro, apenas podía hoy ponerse en pie. Se quejaba de dolor cuando se sentaba y volvía a quejarse cuando intentaba ponerse de pie. No me di cuenta de cuán débiles tenía las caderas hasta que un día le di una palmadita en el lomo, y su parte posterior se postró como si acabase de darle un puñetazo. Pero así fue, se desplomó sin remedio, y me resultó doloroso verlo.

Subir las escaleras hasta la primera planta se le hacía cada vez más difícil, pero no quería dormir solo en la planta baja, ni siquiera cuando le pusimos una cucha al pie de la escalera. A *Marley* le fascinaba la gente, le encantaba echarse junto a nuestros pies, apoyar el mentón sobre la cama y respirar sobre nuestras caras mientras dormíamos y meter la cabeza bajo la cortina de la bañera para beber agua mientras nos duchábamos, y no tenía la menor intención de dejar de hacerlo. Todas las noches, cuando Jenny y yo íbamos a acostarnos, él iba y venía al pie de la escalera, jadeando y quejándose, y probando el primer escalón con sus patas delanteras, mientras reunía el coraje suficiente para emprender un ascenso que poco tiempo atrás no le había costado nada hacer. Yo lo alentaba desde lo alto de la escalera, diciéndole: «¡Venga tío! Puedes hacerlo.» Pasados unos minutos, *Marley* desaparecía. Se alejaba lo más posible para lanzarse a correr y aprovechar el impulso para trepar la escalera, apoyando la mayor parte del peso de su cuerpo en los hombros. A veces lo lograba, pero otras se quedaba a medio camino, por lo cual volvía a bajar para intentarlo otra vez. Cuando sus intentos fracasaban de la forma más estrepitosa, perdía por completo el equilibrio y bajaba, sin gloria ni pena, resbalando por los escalones con la barriga. *Marley* era demasiado grande para que yo pudiera levantarlo, así que me dediqué cada vez con más frecuencia a ayudarlo a subir la escalera, sujetándole las patas traseras mientras él se impulsaba hacia arriba con las delanteras.

Dada la dificultad que la escalera le suponía, pensé que *Marley* limitaría la cantidad de viajes que hacía arriba y abajo, pero le concedí demasiado crédito a su sentido común. Por mucho que le hubiera costado subir la escalera, si yo bajaba a buscar un libro o a apagar las luces, él me seguía, moviéndose lenta y pesadamente, así que poco después había que repetir la tortuosa subida. Jenny y yo procuramos que, cuando *Marley* estaba arriba, no nos viera bajar, a fin de evitar que nos siguiera. Supusimos que sería fácil escabullirnos sin que él se diera cuenta, puesto que no oía casi nada y que dormía más tiempo y con más profundidad, pero siempre notaba nuestra ausencia. Yo solía leer en la cama, mientras él, roncando fuerte, dormía echado sobre el suelo, junto a mí. A veces, yo me quitaba de encima la manta con todo sigilo, me bajaba de la cama, pasaba de puntillas junto a él y al llegar la puerta, me giraba para asegurarme de que él siguiera durmiendo. Cuando hacía unos minutos que había bajado oía los pesados pasos de *Marley* que, buscándome, bajaba la escalera. Podía estar sordo y medio ciego, pero al parecer el radar le funcionaba de maravilla.

Y todo esto no sólo sucedía de noche, sino también de día. Por ejemplo, yo podía estar leyendo el diario en la cocina, con *Marley* junto a mis pies, y levantarme para ir a servirme otra taza de café y, aunque él podía verme y yo volvería de inmediato a mi lugar, él se levantaba con dificultad y se aproximaba para estar junto a mí. No bien se había acurrucado a gusto junto a mis pies, el café estaba listo y yo volvía a la mesa con una taza recién servida, con *Marley* pegado a los talones, en busca de un nuevo lugar donde instalarse junto a mis pies. Pocos minutos después iba yo a la sala de estar para encender la radio y *Marley* volvía a ponerse de pie con dificultad, a seguirme y, tras dar una o dos vueltas, a dejarse caer a mi lado con un quejido, para tener que volver a ponerse de pie porque yo ya estaba yéndome otra vez. Y así sucedía, una y otra vez, y no sólo conmigo, sino también con Jenny y los niños.

Con la edad, *Marley* tenía días buenos y días malos. Y también tenía minutos buenos y minutos malos, y tan próximos entre sí, que era difícil creer que se trataba del mismo perro.

Una noche de la primavera de 2002, saqué a *Marley* a dar una vuelta corta por el jardín. La noche era fresca y ventosa. Incitado por el frescor del aire, empecé a correr, y *Marley*, también acuciado por el frescor, galopaba a mi lado como en los viejos tiempos. Incluso le dije: «¿Ves, *Marley*? Aún tienes algo de cachorro.» Volvimos a la casa al trote. *Marley*, con la lengua fuera, jadeaba con rapidez, pero tenía viva la mirada. Cuando llegamos a la puerta del porche, *Marley* trató de subir los dos escalones, pero al estirarse, se le desplomó la parte trasera y quedó extrañamente atascado, con las patas delanteras en la parte superior, la barriga apoyada sobre los escalones y la parte trasera sobre el sendero. Y allí se quedó, mirándome como si no supiera cuál había sido la causa de esa embarazosa escena. Yo silbé y palmeé las manos sobre mis muslos para estimularlo, y aunque intentó con coraje valerse de las patas delanteras para ponerse de pie, fue inútil. No pudo levantar las patas traseras del suelo. «¡Venga, *Mar-*

ley!», dije para animarlo, pero el pobre no podía moverse. Finalmente lo cogí por debajo de los hombros y le puse las patas delanteras sobre el sendero, para que pudiera apoyar las cuatro patas en un mismo nivel. Luego, tras varios intentos fallidos, pudo ponerse de pie. Hecho eso, *Marley* retrocedió, miró los escalones con desconfianza, pero dio un salto y entró en la casa. A partir de ese día perdió la confianza que tenía en sí mismo como campeón de trepar escaleras; nunca volvió a intentar subir esos dos escalones sin antes detenerse e inquietarse.

No cabía duda alguna: envejecer era un putada. Y, además, indigna.

Marley me hizo pensar en la brevedad de la vida, en la fugacidad de la dicha y en las oportunidades perdidas. Me recordó que sólo tenemos una oportunidad de llegar a la cota más alta y que no hay segundas oportunidades. Un día eres capaz de adentrarte nadando en el océano, convencido de que será entonces cuando pescarás esa gaviota, y al día siguiente no puedes agacharte para beber el agua de tu bol. Y yo, al igual que todos los demás, también tenía sólo una vida. Hacía ya un tiempo que me preguntaba por qué diablos estaba dedicándola a una revista de jardinería. Y no porque mi nuevo empleo no tuviera sus recompensas, ni porque no estuviera orgulloso de lo que había hecho con la revista, sino porque echaba desesperadamente de menos el trabajo en los periódicos, la gente que los lee y la gente que los escribe, añoraba el hecho de participar en la gran historia del día y de sentir que, a mi modesto modo, ayudaba a marcar la diferencia. También echaba en falta la angustia, regada de adrenalina, cuando tienes que redactar un artículo y entregarlo ya mismo, así como la satisfacción de encontrar a la mañana siguiente una enorme cantidad de mensajes de correo electrónico en respuesta a mis palabras. Y lo que más echaba en falta era contar historias. No dejaba de preguntarme por qué había abandonado un escenario que se ajustaba con tanta perfección a mi disposición natural para meterme en las traicioneras aguas de la dirección de revistas con presupuestos magros, incesantes presiones de publicidad, dolores de cabeza con el personal e ingratas tareas editoriales entre bambalinas.

Cuando un antiguo colega mencionó al pasar que el *Philadelphia Inquirer* buscaba un columnista metropolitano, no lo dudé ni un segundo y me lancé de cabeza. Es en extremo difícil que se presente un trabajo de columnista, incluso en los diarios pequeños, y, cuando se presenta, casi siempre se escoge a alguien que ya trabaja en el diario, como una especie de breva para los veteranos que han demostrado ser buenos periodistas. El *Inquirer* era un diario muy respetado, ganador de diecisiete premios Pulitzer a lo largo de los años y uno de los grandes periódicos del país. Yo era un admirador del diario, y ahora los editores querían verme. Además, para trabajar allí no tendría que mudar a la familia, ya que el despacho en el que trabajaría estaba a unos cuarenta y cinco minutos de distancia, por la autopista de Pensilvania, lo que implicaba un viaje aceptable. No tengo mucha fe en los milagros, pero todo parecía demasiado bueno para ser verdad, como si mediara la intervención divina.

En noviembre de 2002 cambié mi atuendo de jardinero por un carné de prensa del *Philadelphia Inquirer*. Es muy posible que ése haya sido el día más feliz de mi vida. Volví al lugar al cual pertenecía: a la redacción de un diario como columnista.

Sólo llevaba unos meses en el nuevo trabajo cuando tuvimos la primera gran tormenta de nieve de 2003. Empezó a nevar la noche de un domingo y al día siguiente, cuando paró, la tierra estaba cubierta con un manto de nieve de más de sesenta centímetros de profundidad. Mientras nuestra localidad recuperaba su ritmo normal, los chicos estuvieron tres días sin ir al colegio y yo tuve que enviar mis columnas desde casa. Con un quitanieves que pedí prestado a mi vecino, limpié el camino de entrada de los coches y abrí un sendero angosto hasta la puerta principal. Sabiendo que *Marley* era ya incapaz de salvar por sus propios medios los obstáculos que le había dejado la nevada, y mucho menos saltar por encima de los grandes montículos de nieve acumulada por el viento, despejé un lugar para que pudiera usar como «cuarto de baño», según lo llamaron los chicos. Era un pequeño espacio que habilité con el quitanieves junto al sendero recién hecho, para que tuviera dónde hacer sus necesidades. Sin embargo, cuando lo llamé para que empezara a hacer uso de él, se quedó de pie en el centro, husmeándolo de arriba abajo. *Marley* tenía ideas muy particulares acerca de lo que constituía un lugar apropiado para responder a la llamada de la naturaleza, y era evidente que aquél no se ajustaba a su criterio. Se avino a levantar la pata y hacer pis, pero sólo a eso. *¿Hacer caca aquí? ¿Justo delante del gran ventanal de la casa? No puedo creer que lo propongas en serio. Marley* se volvió y, con un poderoso esfuerzo, escaló los resbaladizos escalones del porche y entró en la casa.

Esa noche, después de cenar, volví a sacarlo afuera, pero *Marley* no pudo darse el lujo de esperar, pues le urgía evacuar el vientre. Empezó a recorrer el lugar que le había preparado al efecto, el sendero y luego el camino de entrada al garaje, oliendo la nieve y dando zarpazos a la tierra nevada. *No, esto no me va.* Antes de que yo pudiera detenerlo, trepó con bastante agilidad la pared que yo había levantado con el quitanieves y echó a andar por el grueso manto de nieve hacia unos pinos que había a unos quince metros de distancia. Yo no podía creer lo que veía: mi perro artrítico y geriátrico había salido a dar un paseo alpino. Cada dos pasos, el tren posterior se le desplomaba y se veía obligado a descansar echado de barriga sobre la nieve antes de iniciar otra vez la lucha por ponerse de pie y seguir andando. Yo me quedé en el camino de entrada al garaje, preguntándome cómo me las ingeniaría para rescatarlo cuando quedara atrapado y no pudiera valerse por sí mismo. Pero él siguió adelante y finalmente llegó junto al pino más próximo. De pronto me di cuenta de lo que estaba haciendo. *Marley* tenía un plan. Bajo las pobladas ramas del pino, la nieve sólo tenía unos pocos centímetros de espesor. El árbol había actuado como una sombrilla y, bajó él, *Marley* podía moverse libremente y adoptar con comodidad la postura indicada para aliviar sus intestinos. Tuve que reconocer que su plan era bastante brillante. *Marley* dio vueltas por el lugar, lo olió y rascó la superficie, tratando de localizar el templo adecuado donde depositar su ofrenda diaria. Pero entonces, para mi sorpresa, abandonó el agradable refugio y retomó el camino sobre el gran manto de nieve hacia el siguiente pino. El primer lugar que había escogido me pareció perfecto, pero era evidente que no satisfacía sus exquisitos requerimientos.

Marley llegó al segundo árbol con dificultad, pero tras olisquearlo todo en su entorno, encontró que tampoco era apto para sus propósitos. Así las cosas, se dirigió hacia el tercer pino, y luego hacia el cuarto y el quinto, alejándose cada vez más del camino de entrada a la casa. Aunque yo sabía que no me oiría, le grité para que volviera atrás. «¡*Marley*, te quedarás atascado, tonto!» Pero él siguió andando, con firme determinación. Estaba inmerso en su investigación. Finalmente llegó al último árbol que había en el radio de nuestro terreno, una gran pícea con una tupida copa de ramas situada cerca del lugar donde los chicos esperaban el autobús del colegio. Fue allí donde encontró el trozo de terreno helado, privado y apenas cubierto de nieve que había andado buscando. *Marley* dio varias vueltas y, no sin dificultad, puso su tren posterior maltrecho por la artritis en posición de defecar, y por fin pudo aliviarse. ¡Eureka!

Cumplida su misión, *Marley* inició el largo viaje de regreso a casa. Mientras él luchaba contra la nieve, yo palmeaba las manos y le gritaba para animarlo. «¡Venga, tío! ¡Adelante! ¡Puedes hacerlo!» En un momento dado, vi que se cansaba cuando aún le faltaba mucho para llegar a su destino. «¡No abandones ahora!», le grité. Pero eso fue exactamente lo que hizo a poco más de diez metros del camino de entrada. Se detuvo y se dejó caer en la nieve, exhausto. No parecía muy preocupado, pero tampoco estaba conforme con su situación. Me lanzó una mirada inquisitoria. *¿Y ahora qué hacemos, amo?* Yo no tenía la menor idea. Podía quitar la nieve hasta donde se encontraba tumbado él, pero después ¿qué? Era demasiado pesado para que yo pudiera acarrearlo. Pasé varios minutos animándolo para que siguiera andando, pero él no cedió.

«Quédate ahí. Voy a ponerme las botas y vuelvo a buscarte», le dije por fin. Se me había ocurrido que podría empujarlo hasta ponerlo sobre el trineo y arrastrarlo así hasta la casa, pero mi plan fracasó no bien vio que me aproximaba con el trineo. *Marley* recuperó la energía y se puso de pie. Lo único que pude pensar fue que quizá recordaba nuestro vergonzoso descenso por la colina y quería volver a repetirlo. Se lanzó en dirección a mí moviéndose como lo haría un dinosaurio en un pozo lleno de alquitrán. Yo avanzaba por la nieve, abriendo de paso un nuevo sendero para él, y él venía hacia mí. Finalmente nos reunimos y volvimos andando juntos hasta el camino de entrada al garaje. *Marley* se sacudió la nieve de encima, me golpeó las rodillas con el vaivén de su cola y, fresco y animado, daba pequeños saltos, imbuido del arrojo de un aventurero que acaba de regresar de una travesía por la jungla virgen. ¡Y pensar que yo había dudado de que pudiera hacerlo!

Al día siguiente, quitando la nieve a paladas, le hice un sendero que conducía a la última pícea que le había gustado, y *Marley* adoptó el lugar como lavabo propio durante todo el invierno. Habíamos superado una crisis, pero surgían grandes preguntas sin aparentes respuestas. ¿Cuánto tiempo más podía seguir así? ¿Cuándo serían más los dolores y las indignidades que las sencillas satisfacciones que *Marley* encontraba en sus días de calma y adormecimiento?

25. Cómo luchar contra las circunstancias adversas

En el verano, cuando empezaron las vacaciones escolares, Jenny se fue con los chicos a Boston, para pasar una semana con su hermana. Yo no los acompañé porque tenía que trabajar. A raíz del viaje, no quedaba nadie en la casa para hacer compañía a *Marley* y dejarlo salir para que hiciera sus necesidades. Entre las muchas indignidades que lo afligían en su vejez, la que más parecía molestarlo era el escaso control que tenía de sus esfínteres. Pese al mal comportamiento que *Marley* había acostumbrado a tener, sus hábitos relativos a aliviarse la vejiga y los intestinos habían sido siempre inmaculados. Ésa era una característica de la que sí podía alardear. Desde que tenía unos pocos meses de vida, *Marley* nunca había tenido accidentes de ese tenor dentro de la casa, incluso cuando se quedaba solo durante diez o doce horas. Nosotros decíamos, bromeando, que tenía la vejiga de acero inoxidable y los intestinos, de piedra.

Pero en los últimos meses, eso había cambiado. Ya no podían pasar muchas horas entre una descarga interior y la siguiente. Cuando sentía ganas de evacuar, tenía que hacerlo con urgencia, y si no había en casa nadie que pudiera abrirle la puerta para salir al jardín, pues debía hacerlo dentro. Y eso lo mortificaba muchísimo. No bien entrábamos en casa, sabíamos de inmediato si había sucedido así, ya que en lugar de esperarnos junto a la puerta y saludarnos con su exuberante alegría de vernos, solía quedarse de pie en la parte más alejada de la habitación, con la cabeza gacha casi tocando el suelo y la cola flácida colgando entre las patas, todo él irradiando vergüenza. Nunca lo regañamos por eso. ¿Cómo podríamos haberlo hecho si tenía casi trece años, lo más que suele vivir un labrador? Nosotros sabíamos que no podía evitarlo, y también parecía saberlo él. Estoy seguro de que, si hubiera podido hablar, habría confesado su humillación y nos habría asegurado que de verdad había tratado de contenerse, pero que le había resultado imposible.

Jenny compró una aspiradora a vapor para la alfombra y empezamos a organizar nuestras salidas de manera de no dejarlo solo durante mucho tiempo. Jenny solía ir deprisa a casa desde la escuela, donde trabajaba como voluntaria, para dejar salir a *Marley*, y yo, cuando asistía a una cena fuera de casa, me ausentaba entre el plato fuerte y el postre para sacarlo a dar una vuelta que, por supuesto, él prolongaba lo más posible, dando vueltas y vueltas por el jardín. Nuestros amigos solían bromear sobre quién era el verdadero amo en la casa de los Grogan.

Sin Jenny y los niños en la casa, yo tenía la oportunidad para dedicar más horas a trabajar, a quedarme más tiempo en el despacho y a recorrer la región y los pueblos y barrios sobre los cuales escribía. Dada la distancia que había entre mi casa y el despacho, estaría ausente durante diez o doce horas al día, un lapso de tiempo impensable para que *Marley* estuviera solo; incluso la mitad de ese tiempo sería impensable. Por tanto, decidimos ingresarlo en la residencia canina en que lo dejábamos en verano, cuando nos marchábamos de vacaciones. El lugar estaba junto a una clínica veterinaria grande, que ofrecía servicios profesionales, aunque no muy personalizados. Cada vez que íbamos allí nos atendía un veterinario nuevo, cuyo nombre desconocíamos, que no sabía nada de *Marley*, salvo lo que constaba en su ficha, a diferencia de nuestro querido doctor Jay de Florida, que conocía a *Marley* casi tan bien como nosotros y que se había convertido en una amigo de la familia. Estos veterinarios eran desconocidos, competentes, pero desconocidos, aunque a *Marley* parecía no importarle.

«¡*Waddy* va colonia de perro...!», proclamaba Colleen, y él se pavoneaba como si la idea le brindara posibilidades. Nosotros hacíamos bromas sobre las actividades que le programarían en la residencia canina: cavar hoyos, de nueve a diez; destrozar cojines, de diez y cuarto a once; hurgar basura, de once y cinco a doce, y así sucesivamente. Lo llevé a la residencia canina un domingo por la tarde y dejé allí el número de mi teléfono móvil. *Marley* no parecía relajarse por completo en esos lugares, ni siquiera en el del doctor Jay, que le resultaba familiar, por lo que siempre me preocupaba un poco por él. Cada vez que lo dejábamos allí parecía perder peso, además de lastimarse el hocico restregándolo contra los hierros de la jaula, y cuando llegaba a casa se echaba en un rincón y dormía profundamente durante horas, como si hubiera tenido insomnio y hubiese pasado todo el tiempo yendo de un lado al otro de la jaula.

Dos días después de dejarlo en la residencia canina, me encontraba en el centro de Filadelfia, cerca de Independence Hall,* cuando sonó mi móvil. «La doctora No-sé-cuántos desea hablar con usted», dijo una mujer de la residencia canina. El apellido era

---

* Nombre del centro donde se firmó la Declaración de la Independencia de Estados Unidos. (*N. de la T.*)

otro más de los nuevos que yo jamás había oído. Unos segundos después oí la voz de la doctora. «Tenemos una situación de emergencia con *Marley*», dijo.

Sentí que se me encogía el corazón.

«¿Una emergencia?»

La veterinaria dijo que el estómago de *Marley* estaba lleno de comida, líquido y aire y que, al distenderse y encogerse, había hecho un giro sobre sí mismo, embolsando todo su contenido. Sin lugar por donde dejar salir los gases y el contenido restante, el estómago se le había hinchado dolorosamente, una condición que, conocida con el nombre de vólvulo gástrico por dilatación, podía ser mortal. La mujer añadió que casi siempre había que tratarla con cirugía y que, de no tratarla, lo mataría en cuestión de horas.

También dijo que le había colocado una sonda por la garganta hasta el estómago y le había podido extraer gran parte de los gases que se le habían acumulado, lo que le había aliviado la inflamación. Al manipular la sonda en su estómago, había podido deshacer el «entuerto», como lo llamó, y *Marley* estaba ahora sedado y durmiendo tranquilamente.

—Ésa es una buena señal, ¿no? –dije con cautela.

—Pero sólo temporal –dijo ella–. De momento lo sacamos de esta crisis, pero cuando se les retuerce así el estómago, casi siempre vuelve a retorcérseles.

—¿Cuántas veces significa ese «casi siempre»? –pregunté.

—Yo diría que hay un 1 % de posibilidades de que no se repita –dijo ella.

¿Uno por ciento? ¡Por Dios, tenía más posibilidades de que lo aceptaran en la Universidad de Harvard!

—¿Sólo un 1 %?

—Lo siento –dijo la veterinaria–. Es muy grave.

En el caso de que el estómago volviera a retorcérsele –lo que ella aseguraba que era casi seguro– tendríamos dos opciones. La primera sería operarlo. Según dijo la mujer, lo abrirían y le sujetarían el estómago a la pared de la cavidad abdominal para evitar que volviera a retorcerse. «La operación costará en torno a dos mil dólares», aclaró. Tragué saliva. «Y debo decirle que es un proceso muy agresivo. Será muy duro para un perro de su edad.» Añadió entonces que siempre y cuando saliera bien de la operación, cosa que con los perros viejos nunca se sabía porque a veces no superaban el trauma de la intervención, la recuperación sería larga y difícil.

–Si tuviera cuatro o cinco años, yo recomendaría la operación, pero a su edad hay que preguntarse si de veras quiere uno someterlo a semejante situación.

–No, si podemos evitarla –dije–. ¿Y cuál es la segunda opción?

–La segunda opción –dijo la veterinaria con un ligero titubeo– es sacrificarlo.

–Oh –dije.

Me resultaba difícil procesar todo lo que me estaba diciendo. Hacía cinco minutos, yo iba de camino hacia la Campana de la Libertad, suponiendo que *Marley* estaba feliz y tranquilo en su refugio canino, y ahora me encontraba con la disyuntiva de dejarlo vivir o no. Nunca había oído hablar de la enfermedad que la veterinaria me había descrito, y pasó un tiempo antes de que me enterase de que era bastante común en algunos perros, en particular en los que, como *Marley*, tenían el pecho muy desarrollado. También parecían mucho más vulnerables a ella los perros que devoraban la comida en pocos minutos, algo que *Marley* también hacía. Ciertas personas que tenían perros creían que el estrés que causaba en los perros el hecho de que los dejaran en la residencia canina podía ser un detonante de esa condición clínica, pero un profesor de veterinaria que conocí después me dijo que había investigado el caso y que no había encontrado relación alguna entre las dos cosas. La veterinaria que atendía de momento a *Marley* me dijo que otro factor que podía haber detonado el problema de *Marley* era la excitación que le producía verse rodeado de perros. Según ella, *Marley* había comido con la usual rapidez y jadeaba y babeaba mucho, con lo cual podía haber tragado tanto aire y saliva que su estómago había empezado a dilatarse en el sentido de su eje mayor, por lo que había incrementado la vulnerabilidad del órgano a los retorcimientos.

–¿No podemos esperar y ver qué pasa? –pregunté–. Quizá no vuelva a retorcerse.

–Eso es precisamente lo que estamos haciendo ahora –dijo la mujer–. Estamos esperando y observándolo.

Repitió la cifra de las posibilidades de que se repitiera y añadió:

–Si su estómago vuelve a retorcerse, tendré que tomar una decisión con mucha rapidez. No podemos dejarlo que sufra.

–Tengo que hablar con mi mujer –dije–. Después, volveré a llamarla.

Cuando Jenny respondió la llamada a su móvil, estaba con los niños en una barca que recorría el puerto de Boston. Yo podía oír a lo lejos el sonido del motor de la barca y la voz del guía por el altavoz. Tuvimos una conversación salpicada, extraña, por medio de una mala conexión. Ninguno de los dos podía oír bien al otro. Yo gritaba para tratar de comunicarle el problema que teníamos que confrontar, pero ella sólo cogía una palabra aquí y otra, allá. *Marley*..., emergencia..., estómago..., cirugía..., sacrificarlo.

De pronto noté un silencio total.

–Jenny ¿me oyes?

–Te oigo –dijo, y volvió a guardar silencio.

Los dos sabíamos que, con el tiempo, llegaría este día. Lo que no sabíamos era que sería hoy. Y con ella y los niños fuera de la ciudad, donde no podrían despedirse como cabía, y yo en pleno centro de Filadelfia, a hora y media de donde estaba *Marley*. Cuando acabamos la conversación, entre gritos, frases entrecortadas y silencios, decidimos que en realidad no había que tomar decisión alguna. La veterinaria tenía razón. *Marley* flaqueaba en todos los sentidos. Sería cruel someterlo a una operación traumática para tratar de postergar lo inevitable. Y tampoco podíamos pasar por alto el coste de la operación. Parecía obsceno, casi inmoral, gastar tanto dinero en un perro viejo que se encontraba al final de su vida, cuando había tantos otros perros que se sacrificaban por no encontrarles un hogar y, más importante aún, tantos niños que no recibían el tratamiento médico adecuado por falta de recursos financieros. Si a *Marley* le había llegado la hora, pues era su hora, y me encargaría de que se marchara con dignidad y sin sufrimiento. Sabíamos que eso era lo correcto, pero ni Jenny ni yo estábamos preparados para perderlo.

Llamé a la veterinaria y le comuniqué nuestra decisión.

–Se le han caído los dientes, está sordo y anda tan mal de las caderas que apenas puede subir los dos escalones del porche –le dije, como si necesitase convencerla–. También tiene dificultad para poner el cuerpo en la posición debida para defecar.

La veterinaria, que para entonces ya sabía que se llamaba doctora Hopkinson, me facilitó las cosas diciendo:

–Creo que le ha llegado la hora.

–Creo que sí –dije, pero yo no quería que lo sacrificase sin antes llamarme.

De ser posible, yo quería estar con él.

–No se olvide que yo me aferro a ese 1 % –le recordé.

–Volvamos a hablar dentro de una hora.

Una hora después, la voz de la veterinaria sonaba un poquito más optimista. *Marley*, con un goteo endovenoso en una pata delantera, seguía bien y tranquilo, y ella elevó el porcentaje de posibilidades de uno a cinco.

–Pero no quiero se sienta más esperanzado. Su perro está muy enfermo –matizó.

A la mañana siguiente, la veterinaria estaba aún más optimista.

–Ha pasado muy bien la noche –dijo.

Al mediodía, cuando volví a llamar, me comunicó que le había retirado el goteo endovenoso y que le había dado de comer un poco de arroz con carne.

«Está muerto de hambre», dijo. En la llamada siguiente me informó de que *Marley* se había puesto de pie. «Hay buenas noticias –dijo–. Uno de nuestros asistentes lo llevó fuera e hizo pis y caca.» Yo festejé el hecho dando un grito por teléfono como si acabase de ganar el primer premio de una exposición canina. Tras ello, la veterinaria añadió: «*Marley* debe de sentirse mejor, porque acaba de darme un beso enorme en los labios.» Sí, ése era nuestro *Marley*.

«Ayer no lo habría creído posible –dijo la mujer–, pero creo que mañana podrá llevárselo a casa.»

Y eso fue exactamente lo que hice la noche siguiente, cuando salí del trabajo. *Marley* tenía un aspecto terrible. Estaba débil y esquelético y tenía los ojos lechosos y salpicados de mucosidad, como si hubiera estado en el otro barrio y hubiera regresado, cosa que supongo que verdaderamente sucedió. Pero sospecho que yo también parecía demacrado después de pagar la cuenta, que llegó a un total de ochocientos dólares. Cuando agradecí a la veterinaria el buen trabajo que había hecho, me dijo: «Todo el personal adora a *Marley*. Todos rogamos por su restablecimiento.»

De camino hacia el coche con mi perro, milagroso en un 99 %, le dije: «Vamos a casa, que es donde debes estar.» Cuando le abrí la puerta de atrás, se quedó mirando el asiento con tristeza, sabiendo que le resultaba tan imposible de ascender como el monte Olimpo. Ni siquiera intentó treparse. Llamé a uno de los asistentes de la veterinaria y, con su ayuda, lo subimos al coche, tras lo cual fui directo a casa con una caja de medicinas e instrucciones estrictas. Nunca más volvería *Marley* a comerse un bol de comida de una sentada ni a salpicar cantidades ilimitadas de agua en su entorno. Sus días de jugar al submarino con su hocico en el bol del agua eran cosa del pasado. De ahora en adelante le daríamos cuatro raciones pequeñas de comida al día y sólo dosis limitadas de agua, por ejemplo, una media taza cada vez. De esa manera, la veterinaria esperaba que tuviera el estómago en calma, para que no volviera a hinchársele y retorcérsele. Tampoco volvería a una residencia canina, donde estaría rodeado de perros que ladran y se mueven, inquietos, pues tanto la doctora Hopkinson como yo pensábamos que también eso podría haber sido un factor desencadenante de su breve devaneo con la muerte.

Esa noche puse un saco de dormir sobre el suelo de la sala de estar, junto a *Marley*. Yo sabía que él no podía subir la escalera hasta mi dormitorio, y no pude dejarlo solo e indefenso, ya que pasaría la noche intranquilo por no poder estar a mi lado. «¡Estamos como si nos fuésemos de colonias!», le dije, y me eché junto a él. Le acaricié la cabeza hasta que empezaron a desprendérsele grandes mechones de pelo, le limpié la mucosidad de los ojos y le rasqué las orejas hasta que se puso a gruñir de felicidad. Jenny y los chicos llegarían a la mañana siguiente, y entonces ella podría mimarlo, dándole con frecuencia mínimas raciones de carne y arroz hervidos. Le había llevado trece años, pero por fin *Marley* merecía comida para humanos, y no sobras, sino platos hechos especialmente para él. Los chicos lo abrazarían sin siquiera saber que habían estado a punto de no volver a verlo.

Al día siguiente, la casa volvería a estar llena de voces resonantes y de vida, pero esta noche estábamos solos, *Marley* y yo. Echado junto a él, sintiendo su fuerte aliento sobre mi cara, no pude dejar de recordar la primera noche que pasamos juntos, años atrás, cuando lo llevamos a casa desde el criadero de perros. Entonces *Marley* era un cachorro que gemía por su madre y yo llevé su caja y la puse junto a mi cama, y me dormí con el brazo apoyado sobre su cuerpo. Y allí estábamos otra vez los dos, trece años después, tendidos uno junto al otro, todavía inseparables. Recordé la infancia y la adolescencia de *Marley*, los cojines y los colchones destrozados, los largos paseos junto al Intracoastal Waterway y los bailes mejilla a mejilla con la música a todo dar. Recordé los objetos y los cheques que había robado y tragado, así como los dulces momentos de empatía humano-canina. Y lo que más recordé fue lo buen y leal compañero que había sido a lo largo de todos esos años. Todo un lujo.

«Esta vez sí que me asustaste, viejo –le susurré, mientras él se estiraba y metía el hocico bajo mi brazo, para animarme a que siguiera haciéndole caricias–. ¡Qué suerte tenerte en casa otra vez!»

Nos quedamos dormidos, tendidos sobre el suelo uno junto al otro, él con media grupa sobre el saco de dormir y yo con un brazo apoyado sobre su espalda. Me despertó una vez en medio de la noche, con leves temblores en los hombros y las patas, y unos sordos ladridos de cachorro que provenían de lo más profundo de su garganta, como si tosiera. *Marley* soñaba. Y me imaginé que soñaba que volvía a ser joven y fuerte, y que corría como si de ello dependiera su vida.

26. Tiempo prestado

En las semanas siguientes, *Marley* se recuperó de su flirteo con la muerte. Volvió a tener la mirada traviesa, el hocico húmedo y frío y un poco más de carne entre la piel y los huesos. No estaba nada mal, teniendo en cuenta lo que le había sucedido, y pasaba felizmente sus días durmiendo en su lugar preferido, frente a la puerta corredera de vidrio de la sala de estar, que el sol inundaba con sus rayos, cocinándole la piel. Debido a su nueva dieta de comida ligera en pequeñas cantidades, *Marley* estaba siempre hambriento, por lo cual no dejaba de pedir comida y de robarla con menos vergüenza que nunca. Una noche lo encontré solo en la cocina, con las patas delanteras apoyadas sobre la encimera, comiendo unos cereales que habían quedado en un plato. Nunca sabré cómo llegó a apoyarse sobre las endebles patas traseras, pero era evidente que cuando su voluntad lo requería, el cuerpo de *Marley* respondía, mandando al cuerno todos sus males. Me alegré tanto de esa sorprendente muestra de fortaleza, que quise abrazarlo.

El susto de ese verano debería de habernos sacado de nuestra negativa respecto de la avanzada edad de *Marley*, pero tanto Jenny como yo volvimos rápidamente a asumir el confortable supuesto de que la crisis había sido un episodio único y que *Marley* podía volver a ser lo que siempre había sido. Una parte de nosotros creía que él viviría eternamente. Y es que, pese a su fragilidad, *Marley* seguía siendo el mismo perro feliz que siempre había sido. Todas las mañanas, después de desayunar, *Marley* se dirigía a la sala de estar para usar el sofá como una servilleta gigantesca. Lo recorría en un sentido de cabo a rabo, frotando el hocico y la boca contra la tela y de paso tirando los cojines al aire. Al terminar con un lado de su cuerpo, repetía el espectáculo en sentido contrario, para frotarse el otro. Después se echaba sobre el suelo, panza arriba, y se meneaba a fin de darse una buena friega en la espalda. También le gustaba sentarse en la alfombra y lamerla con lujuria, como si estuviese cubierta con la salsa más sabrosa que jamás hubiese probado. Entre sus actos habituales figuraba ladrarle al cartero, ir a visitar a las gallinas en el gallinero, donde se quedaba mirando con ansia los granos de maíz, y recorrer todos los grifos de las bañeras para ver si encontraba que alguno goteara. Varias veces al día levantaba la tapa del cubo de la basura para ver si encontraba algún manjar que pudiera comerse. Todos los días lo invadía la característica evasión de los labradores, por lo que recorría toda la casa, golpeando paredes y muebles con el incansable vaivén de su cola, y todos los días yo le abría la boca para sacarle del paladar toda suerte de restos propios de nuestra vida cotidiana, como pieles de patatas, envoltorios de magdalenas, pañuelos de papel usados y trozos de hilo dental. Algunas cosas no cambian, incluso con la vejez.

Cuando se aproximaba el 11 de septiembre de 2003, atravesé el estado en dirección al pueblecito minero de Shanksville, en Pensilvania, donde el vuelo 93 de United se había estrellado en un campo vacío aquella trágica mañana de dos años antes, en medio de una sublevación de los pasajeros. Se creía que los secuestradores del avión lo habían enfilado hacia Washington, D.C., para estrellarlo contra la Casa Blanca o el Capitolio, y que los pasajeros que tomaron por asalto la cabina habían salvado con casi toda seguridad un montón de vidas en tierra. Para recordar el segundo aniversario de los ataques, los editores de mi diario querían que visitase el lugar y tratase de percatarme del sacrificio de esas personas y el efecto duradero que tenía en la mente de todo el pueblo.

Pasé todo el día en el lugar donde había caído el avión, pululando por el memorial improvisado que allí se había erguido. Hablé con muchas de las personas que desfilaron en grandes cantidades para rendir tributo, entrevisté a habitantes de la zona que recordaban la fuerza de la explosión y estuve con una mujer que había perdido a una hija en un accidente de coche y había ido allí en busca de consuelo. Documenté los muchos recuerdos y notas que había por todo el estacionamiento lleno de grava, pero aun así no lograba inspirarme para escribir el artículo. ¿Qué podía decir yo sobre esa gran tragedia que no se hubiera dicho ya? Fui al centro del pueblo a cenar, y repasé todas mis notas. Escribir una columna para un diario es como construir una torre con cubos de madera; cada nota informativa, cada cita y cada momento captado es un cubo. Uno comienza por construir una base amplia, lo bastante fuerte para soportar la premisa, y después sigue hacia arriba. Mi cuaderno de notas estaba lleno de sólidos cubos, pero yo no tenía la argamasa para montarlos. No tenía ni idea de qué hacer con ellos.

Cuando acabé de comer el pastel de carne, que acompañé de té helado, me marché al hotel para intentar escribir, pero a medio camino sentí el impulso de volver al lugar del siniestro, que estaba a unos diez kilómetros de distancia, así que di media vuelta y llegué al lugar justo cuando el sol se ocultaba detrás de las colinas y se marchaban los últimos visitantes. Me senté allí un largo rato, mientras el sol acababa de ponerse y la luz del atardecer se convertía en noche. Un frío viento soplaba por las colinas, así que me abroché la chaqueta. Tenía delante de mí una gigantesca bandera estadounidense que ondeaba al viento y que los últimos vestigios de luz daban a sus colores un aspecto iridiscente. Sólo entonces me invadió la emoción de este lugar sagrado y la magnitud de lo que había sucedido sobre él. Miré con atención el lugar donde el avión había tocado tierra y luego, la bandera, y sentí que las lágrimas acudían a mis ojos. Por primera vez en mi vida, me tomé la molestia de contar las rayas que tenía –siete rojas y seis blancas– y conté las estrellas: cincuenta, sobre un fondo azul. Para nosotros, los estadounidenses, esa bandera significaba más ahora. Para una nueva generación, había vuelto a encarnar el valor y el sacrificio. Supe entonces lo que tenía que escribir.

Metí las manos en los bolsillos y fui andando hasta el final del estacionamiento, donde me quedé mirando la creciente oscuridad. Sentí entonces muchas cosas diferentes. Una de ellas fue orgullo por mis conciudadanos, gente corriente que afrontó el momento con valentía, sabiendo que era su último acto. Otra fue humildad, ya que yo estaba vivo y había salido incólume de los horrorosos actos de aquel día, estaba libre para continuar llevando una vida feliz como marido, padre y escritor. En esa negra soledad pude casi saborear la finitud de la vida y, en consecuencia, su preciosidad. Damos la vida por sentada, pero es frágil, preciosa, incierta y capaz de acabarse en un instante, sin previo aviso. Recordé entonces algo que debe ser obvio, pero a menudo no lo es: que merece la pena apreciar cada día, cada hora y cada minuto.

Y también sentí otra cosa: mi asombro ante la infinita capacidad del corazón humano, lo bastante grande para absorber una tragedia de esta magnitud y, a la vez, acoger los pequeños momentos de dolor y pena personales que forman parte de la vida. En mi caso, uno de esos pequeños momentos era mi desfalleciente perro. No sin un poco de vergüenza, me di cuenta de que, incluso en medio del colosal dolor humano producido por el vuelo 93, aún podía sentir un profundo ramalazo de la pérdida que yo sabía que se avecinaba.

Marley vivía un tiempo prestado; eso estaba claro, pero en cualquier momento podía presentarse una nueva crisis y, cuando eso sucediera, yo no lucharía contra lo inevitable. A su edad sería cruel someterlo a un procedimiento médico agresivo y, si optásemos por ello, lo haríamos más por nosotros dos que por el propio *Marley*. Jenny y yo queríamos a ese perro viejo y loco, lo queríamos a pesar de todo, o acaso *debido a* todo. Pero supe entonces que la hora de dejarlo ir se acercaba. Subí al coche y regresé al hotel.

Al día siguiente, después de despachar mi columna, llamé a casa desde el hotel. Jenny me dijo:

—Quiero que sepas que *Marley* te añora de veras.

—¿*Marley*? —pregunté—. ¿Y qué hay de todos vosotros?

—Por supuesto que te echamos de menos, tonto —dijo Jenny—. Pero lo que quería decir es que *Marley verdaderamente* te echa de menos. Nos está volviendo locos.

Según me contó, la noche anterior *Marley* recorrió varias veces toda la casa oliéndola, porque no podía encontrarme, sin olvidar olisquear tras las puertas y dentro de los armarios. Luchó para subir a la primera planta pero, al no encontrarme allí, volvió a bajar y empezó a olisquearlo todo de nuevo.

—Estaba realmente loco —dijo Jenny.

Marley incluso se animó a bajar al sótano donde, hasta que los resbalosos escalones se lo impidieron, bajaba a acompañarme mientras yo trabajaba en mi banco de carpintero, construyendo cosas y llenándolo todo de serrín, incluido *Marley*, cuya piel parecía cubierta de una fina capa de nieve. Cuando *Marley* llegó al sótano, vio que no podía regresar por sí mismo, así que empezó a gimotear y quejarse, hasta que Jenny y los chicos acudieron a rescatarlo, subiéndolo entre todos escalón tras escalón.

A la hora de acostarse, en lugar de acostarse junto a mi cama como solía hacer, *Marley* se echó en la parte alta de la escalera, desde donde podía vigilar los dormitorios y la puerta de entrada que quedaba en la planta baja, justo enfrente de la escalera, por si (1) yo salía de mi escondite, o (2) yo llegaba a casa durante la noche, en caso de que me hubiera escabullido sin hacérselo saber. Y allí lo encontró Jenny al día siguiente, cuando bajó para preparar el desayuno. Un par de horas después Jenny se dio cuenta de que *Marley* no había hecho acto de presencia, lo cual era muy inusual; casi siempre era el primero en bajar la escalera delante de todos y golpear la puerta con la cola para que se la abrieran y lo dejasen salir. Jenny lo encontró durmiendo como un ceporro sobre el suelo, junto a mi lado de la cama. Y entonces vio por qué. Al levantarse, Jenny había empujado sin darse cuenta sus almohadas –ella duerme con tres– hacia donde yo duermo. Las almohadas quedaron bajo la sábana y las mantas y formaron un bulto donde yo suelo dormir. Al pobre *Marley*, con su vista de Mr. Magoo, podía perdonársele que hubiera confundido una pila de almohadas con su amo. «Estaba seguro de que tú estabas allí –dijo Jenny–. Lo supe enseguida. ¡Estaba convencido de que tú estabas allí, durmiendo!»

Las risas se oyeron en ambos extremos de la línea telefónica. Luego Jenny dijo: «Tienes que reconocer que es realmente leal.» Y vaya si lo era. La devoción había sido siempre lo suyo.

Hacía sólo una semana que yo había vuelto de Shanksville cuando se produjo la crisis que sabíamos que podía producirse en cualquier momento. Estaba en mi dormitorio, vistiéndome para ir a trabajar, cuando oí un ruido terrible, seguido de los gritos de Conor: «¡Socorro! ¡*Marley* se ha caído por la escalera!» Acudí corriendo y lo encontré tirado sobre el suelo al pie de la escalera, luchando por ponerse de pie. Jenny y yo le pasamos los dedos por todo el cuerpo, presionándole con delicadeza las extremidades, las costillas y la espina dorsal. No parecía haberse roto nada. Tras un gruñido, *Marley* se puso de pie, se sacudió y echó a andar sin siquiera cojear. Conor, que lo había visto caer, dijo que *Marley* había bajado dos escalones, pero que de pronto se había dado cuenta de que todos estábamos arriba y había intentado dar la vuelta. Al hacerlo, la cadera le había fallado y había bajado rodando el resto de los escalones.

–¡Vaya...! Pues tuvo suerte, porque una caída como ésa podía haberlo matado –dije.

–Me cuesta creer que no se ha hecho nada –dijo Jenny–. Es como una gato con siete vidas.

Pero sí se había hecho daño. Pocos minutos después, empezó a ponerse tieso y esa noche, cuando llegué del trabajo, apenas se podía mover. Parecía dolerle todo, como si le hubieran dado una soberana paliza, pero lo que de veras lo tenía inmovilizado era la pata delantera izquierda, que no le aguantaba peso alguno. Yo podía apretársela sin que él se quejase, por lo que sospeché que se había lesionado un tendón. Cuando *Marley* me vio, intentó ponerse de pie para darme la bienvenida, pero no pudo. No podía apoyarse sobre la pata izquierda y, con el tren trasero enclenque como lo tenía, no tenía fuerzas para hacer nada. Sólo podía utilizar una de las cuatro patas, situación muy adversa para un cuadrúpedo. Con mucho esfuerzo, se puso de pie e intentó acercárseme saltando sobre tres patas, pero las traseras cedieron y el pobre volvió a acabar en el suelo. Jenny le dio una aspirina y le puso una bolsa con cubitos de hielo sobre la pata que más le dolía. *Marley*, juguetón incluso en situaciones tan adversas como ésa, intentaba comerse los cubitos de hielo.

A las diez y media de la noche *Marley* no había mejorado, y no había salido a hacer sus necesidades desde la una de la tarde. Yo no sabía cómo llevarlo afuera y volver a entrarlo para que hiciera sus cosas. Poniéndome a horcajadas sobre él, pasé las manos por debajo de su vientre y las uní y logré ponerlo de pie. Sosteniéndolo así mientras él daba saltitos, fuimos lentamente hasta la puerta principal, pero cuando llegamos al porche, se detuvo. Llovía ligeramente y tenía ante sí los escalones del porche, su maldición, mojados y resbaladizos. *Marley* decidió no moverse. «Vamos –le dije–. Echas una meadita y después entramos.» Pero no tenía intención alguna de hacerlo. Me habría gustado convencerlo de que lo hiciera todo en el porche, para acabar con aquello, pero no había manera de enseñarle un nuevo truco a un perro viejo. Volvió a entrar en la casa dando saltitos y se quedó mirándome, taciturno, como si quisiera pedirme disculpas por lo que sabía que se avecinaba. «Volveremos a intentarlo más tarde», le dije. Como movido por una indicación convenida, medio se apoyó en las tres patas más sanas y vació la vejiga en el suelo del recibidor, dejando un lago en su entorno. Era la primera vez, desde su infancia, que *Marley* hacía pis dentro de la casa.

A la mañana siguiente, *Marley* se encontraba mejor, aunque todavía se movía como un inválido. Lo sacamos fuera, donde orinó y defecó sin problema alguno. A la de tres, Jenny y yo lo levantamos y subimos los escalones del porche para llevarlo a casa. «Tengo la impresión de que *Marley* no volverá a ver la planta superior de esta casa», dije a Jenny. Al parecer, ya había subido sus últimas escaleras. A partir de ahora, tendría que acostumbrarse a vivir y dormir en la planta baja.

Ese día trabajé en casa. Estaba en mi dormitorio, escribiendo una columna en mi ordenador portátil, cuando oí una conmoción en la escalera. Dejé de escribir y presté atención. El sonido me resultó familiar de inmediato. Era un golpeteo fuerte, como el que harían las herraduras de un caballo que subiera galopando una planchada. Miré hacia la puerta de mi dormitorio y contuve el aliento. Unos segundos después, *Marley* asomó la cabeza y entró en la habitación. Se le iluminaron los ojos cuando me vio. *¡Así que estabas aquí...!* Apoyó con fuerza la cabeza sobre mi regazo, rogando que le acariciase las orejas, lo que supuse que se había ganado de forma merecida.

«¡*Marley*, lo has logrado! –exclamé–. ¡Viejo zorro! ¡No puedo creer que estés aquí arriba!»

Poco después, cuando estaba sentado sobre el suelo, junto a él, sobándole el cuello, giró la cabeza y me cogió la muñeca entre los dientes. Era una buena señal, un indicio de que aún le quedaba algo del cachorro aquel que había sido. El día que se quedara quieto y me dejara acariciarlo sin dar señales de querer responder, sabría que ya había tenido bastante. La noche anterior parecía estar a las puertas de la muerte y yo había vuelto a prepararme para lo peor, pero hoy se regodeaba, jadeaba e intentaba arrancarme las manos. Cuando creía que se le acababa la cuerda, él se recuperaba.

Le cogí la cara entre mis manos y lo obligué a mirarme a los ojos. «Me harás saber cuando llegue tu hora, ¿no?», dije, más a modo de declaración que de pregunta. No quería tomar la decisión por mí mismo. «Me lo harás saber, ¿no es cierto?»

27. La gran pradera

Ese año, el invierno se presentó pronto y, a medida que los días se hacían más cortos y el viento aullaba entre las ramas heladas, nos atrincheramos en nuestra confortable casa. Corté leña para todo el invierno, y la apilé junto a la puerta de atrás. Jenny hizo sopas nutritivas y panes caseros, y los chicos volvieron a sentarse junto a la ventana, a esperar que llegara la nieve. Yo también esperé la primera nevada, pero con un callado temor, preguntándome si *Marley* podría sobrevivir otro frío invierno. El anterior había sido bastante duro para él y en este último año se había debilitado mucho, de forma notable. Yo no estaba seguro de que pudiera andar por senderos cubiertos de hielo, escalones resbaladizos y terrenos cubiertos de nieve. Empecé a comprender entonces por qué la gente mayor se muda a Florida y Arizona.

Una desapacible noche de domingo, a mediados de diciembre, cuando los niños habían hecho sus deberes y practicado con sus instrumentos musicales, Jenny empezó a hacer palomitas y declaró que toda la familia vería una película. Los chicos corrieron a elegir una, y yo silbé a *Marley* para que me acompañase a buscar una cesta de leños de la pila que había fuera. Mientras cogía los leños, *Marley* hurgaba el suelo helado de los alrededores, se ponía de cara al viento y olía el aire helado con la nariz húmeda, como adivinando que había llegado el invierno. Palmeé las manos y moví los brazos para llamar su atención, y él me siguió hasta el porche. Se detuvo ante los escalones, asaltado por las dudas, pero reunió coràje y se lanzó hacia delante, arrastrando las patas traseras.

Una vez dentro, encendí el fuego en el hogar, mientras los chicos lidiaban con la película. Las llamas cogieron una buena altura y el fuego empezó a caldear el ambiente, lo que incitó a *Marley* a hacer lo que siempre había hecho: apoderarse del mejor lugar, directamente frente al fuego. Me senté en el suelo, a una corta distancia de él y apoyé la cabeza en una almohada, mirando más el fuego que la película. Aunque *Marley* no quería perder el lugar calentito del cual se había adueñado, tampoco podía perder la oportunidad de aprovechar el hecho de que su ser humano preferido estuviera a ras del suelo, tumbado boca abajo, completamente indefenso. ¿Quién era el macho alfa ahora? Su cola empezó a golpear contra el suelo, tras lo cual empezó a zarandearse lentamente hacia donde yo estaba echado. Avanzaba ladeándose de un costado al otro sobre la barriga, con las patas traseras estiradas, y pronto lo tuve presionando su cuerpo contra el mío, hundiendo la cabeza en mis costillas. El punto álgido llegó cuando tendí la mano para acariciarlo. Valiéndose de las patas delanteras, se irguió, sacudió el cuerpo con fuerza, llenándome de pelos sueltos, y se quedó mirándome, colgando sobre mi cara su agitada quijada. Cuando empecé a reírme, él lo interpretó como si yo le hubiera dado luz verde y, antes de que yo supiera lo que ocurría, dio un salto y se dejó caer sobre mí. «¡Uf! –exclamé, bajo su peso–. ¡Esto es un labrador en franco ataque frontal!» Los chicos chillaron, y *Marley* no podía creer que hubiera tenido tanta suerte. Yo ni siquiera intentaba quitármelo de encima, así que él se zarandeaba, babeaba, me lamía la cara y me hocicaba el cuello. Apenas podía respirar bajo su peso, así que al cabo de unos minutos saqué medio cuerpo de debajo del suyo, y así nos quedamos durante la mayor parte de la película: *Marley* con la cabeza, un hombro y una pata sobre mi pecho, y el resto de su cuerpo pegado al mío.

No comenté a nadie de los presentes que me encontré venerando el momento que vivía, puesto que sabía que no habría muchos más. *Marley* se encontraba en la recta final de una vida larga e interesante. Pasado el tiempo, al mirar hacia atrás reconocí lo que había sido aquella noche frente al fuego: nuestra fiesta de despedida. Le acaricié la cabeza hasta que se quedó dormido, y luego seguí acariciándosela.

Cuatro días después preparábamos la camioneta para marcharnos de vacaciones a Disney World, en Florida. Sería la primera Navidad que los chicos pasarían lejos de casa, y estaban locos de alegría. Como saldríamos a primera hora de la mañana, la noche anterior Jenny había llevado a *Marley* a la veterinaria, donde había acordado dejarlo la semana que habíamos de estar ausentes. Lo tendrían en la unidad de cuidados intensivos donde los veterinarios y sus ayudantes podían tenerlo bajo una constante vigilancia y donde no podrían exasperarlo otros perros. Tras el grave incidente que habían tenido con *Marley* el verano anterior, todos acordaron brindarle un tratamiento de lujo y atención extra sin que nos costara un céntimo.

Esa noche, mientras terminábamos de hacer el equipaje, Jenny y yo comentamos qué extraño resultaba tener todo el espacio para nosotros, sin perro por ninguna parte. No teníamos constantemente entre los pies un perro enorme, siguiéndonos los pasos o tratando de colarse por la puerta cuando la abríamos para sacar la basura. La sensación de libertad era muy grata, pero la casa parecía lúgubre y vacía, incluso con los niños saltando por todas partes.

A la mañana siguiente, antes de que asomase el sol por encima de los árboles, nos subimos a la camioneta y partimos hacia el Sur. Uno de los entretenimientos preferidos en el círculo de padres que yo frecuento es ridiculizar el mundo de Disney. Ya no recuerdo cuántas veces dije: «Por el mismo dinero, podríamos llevar a toda la familia a París.» Pero lo cierto es que todos lo pasamos muy bien, incluso el quejoso papá. También nos salvamos de todos los posibles inconvenientes que podíamos tener: enfermedades, pataletas debido al cansancio, pérdida de entradas, pérdida de niños, peleas infantiles. Fueron unas memorables vacaciones familiares, y pasamos gran parte del camino de regreso a casa comentando los pros y los contras de cada atracción a la que habíamos subido, de cada comida, cada ida a la piscina..., en suma, de cada momento. Cuando habíamos recorrido medio estado de Maryland, y estábamos a sólo cuatro horas de casa, sonó mi móvil. Era una de las empleadas de la veterinaria. *Marley* estaba un poco ido y la cadera lo sostenía menos que nunca. Al parecer, tenía dolores y la veterinaria solicitaba nuestro permiso para administrarle una inyección de esteroides y darle una medicina para el dolor. Dije que le hicieran lo que necesitara y pedí que lo mantuvieran bien, que pasaríamos a buscarlo al día siguiente.

El 29 de diciembre por la tarde, cuando Jenny llegó a buscarlo, *Marley* parecía cansado y un poco perdido, pero no enfermo. Tal como nos habían advertido, tenía las caderas más débiles que nunca. La veterinaria sugirió hacerle un tratamiento de medicaciones contra la artritis, tras lo cual uno de los empleados ayudó a Jenny a ponerlo en la camioneta. Pero a la media hora de llegar a casa, *Marley* se quejaba e intentaba quitarse la abundante mucosidad de la garganta. Jenny lo sacó al jardín delantero, pero él se dejó caer sobre la tierra helada y no pudo –o no quiso– moverse. Así las cosas, me llamó al trabajo muy asustada. «No puedo hacerlo entrar –dijo–. Está echado en el jardín, a la intemperie, y no se pone de pie.» Salí de inmediato rumbo a casa, pero cuando llegué, tras viajar cuarenta y cinco minutos, Jenny se las había ingeniado para hacerlo entrar. Lo encontré echado en el suelo, a todas luces dolorido y extraviado.

Durante trece años, yo no había podido llegar a casa sin que él se echara a mis pies, pegara botes, se desperezase, menease el cuerpo, jadease y golpease la cola contra cuanto objeto encontraba a su paso, recibiéndome como si yo acabara de llegar de la guerra de los Cien Años. Pero no ese día. Sus ojos me siguieron cuando entré en la habitación, pero no se movió. Me hinqué junto a él y le acaricié el hocico, pero no reaccionó. No intentó morderme la muñeca, ni jugar, ni siquiera intentó levantar la cabeza. Tenía la mirada distante y la cola inmóvil, apoyada en el suelo.

Jenny había dejado dos mensajes a la veterinaria y estaba esperando que le respondieran, pero era obvio que esto se convertía en una emergencia. Cogí el teléfono y dejé un tercer mensaje. Pasados unos minutos, *Marley* se puso lentamente de pie sobre sus patas temblonas y trató de toser, pero no pudo extraer nada. Fue entonces cuando vi que tenía el estómago más grande que de costumbre y duro al tacto. Se me encogió el corazón, pues sabía lo que eso significaba. Volví a llamar a la veterinaria, y esta vez describí la dilatación del estómago de *Marley*. La recepcionista me pidió que esperase un momento. Cuando volvió, me dijo: «Dice la doctora que lo traiga.»

Jenny y yo no tuvimos que decirnos ni una sola palabra. Los dos sabíamos que había llegado la hora. Preparamos a los chicos, diciéndoles que *Marley* tenía que ir al hospital para que lo curasen, pero que estaba muy enfermo. Mientras me preparaba para salir, vi a Jenny y a los chicos arracimados en torno a *Marley*, que evidentemente sufría, en una franca ceremonia de despedida. Cada uno de ellos lo acarició y compartió con él parte de sus últimos momentos. Los chicos se aferraron a un terco optimismo de que este perro, que había sido un miembro constante de sus vidas, volvería pronto y estaría como nuevo. «Ponte todo bien», dijo Colleen, con su dulce vocecita.

Con la ayuda de Jenny, puse a *Marley* en la parte de atrás de mi coche. Ella le dio un rápido, y último, abrazo, y yo partí con él, prometiendo a Jenny que la llamaría en cuanto supiera algo. *Marley* iba echado en el suelo, con la cabeza apoyada en el montículo que hay en el medio, y yo conducía con una sola mano, pues con la otra le acariciaba la cabeza y los hombros, mientras decía una y otra vez: «Oh, *Marley*.»

En el aparcamiento del hospital de animales, lo ayudé a bajar del coche y él se detuvo a oler un árbol donde todos los perros hacían pis..., curioso aún, pese a lo enfermo que estaba. Le concedí un minuto de solaz, sabiendo que podría ser la última vez que estuviera al aire libre, que tanto le gustaba, y luego lo llevé lentamente de la correa hasta el vestíbulo del edificio. No bien pasamos por la puerta, *Marley* decidió que había andado demasiado y se dejó caer en el suelo. Cuando los empleados y yo no pudimos levantarlo, trajeron una camilla, lo movieron hasta que quedó acostado sobre ella y desaparecieron tras una puerta, de camino a la zona donde se hacían las revisiones.

Pocos minutos después, la veterinaria, una joven que yo no conocía, vino a buscarme y me llevó hasta una de las salas, puso un par de radiografías sobre el visor y me mostró por qué se le había dilatado el estómago al doble de su tamaño normal. Donde el estómago se junta con los intestinos, había en la radiografía dos zonas oscuras del tamaño de un puño, lo cual, según ella, indicaba un retorcimiento. Al igual que había sucedido la vez anterior, la mujer dijo que lo sedaría y le introduciría una sonda en el estómago para que expulsase los gases que causaban la dilatación y luego, manipulando la sonda, intentaría llegar al fondo del estómago. «La posibilidades de éxito no son muchas, pero voy a tratar de usar la sonda para masajearle el estómago a fin de que se deshaga el retorcimiento.» Eso quería decir que teníamos el mismo porcentaje que había mencionado la doctora Hopkinson el verano pasado. Aquella vez había funcionado, así que podía volver a funcionar. Mantuve mi optimismo en silencio.

«Vale –dije–. Inténtelo, por favor.»

Media hora después, cuando regresó, tenía la cara triste. Lo había intentado tres veces, pero le había sido imposible deshacer el bloqueo. Le había dado a *Marley* más sedantes, con la esperanza de que le relajaran los músculos del estómago, pero cuando nada había funcionado, le había introducido, también de manera infructuosa, un catéter entre las costillas, en un desesperado intento de liberarle el estómago. «En este momento –dijo la veterinaria–, la única opción que nos queda es la cirugía.» Hizo una pausa, como si quisiera asegurarse de que yo estaba preparado para lo inevitable, y añadió: «O la más humana, que sería sacrificarlo.»

Jenny y yo habíamos tenido que enfrentarnos a esa decisión hacía cinco meses y habíamos hecho la difícil elección. Mi visita a Shanksville no había hecho más que reafirmar la resolución que había tomado de que no sometería a *Marley* a ningún otro sufrimiento. Pese a todo, cuando estaba en la salita de espera enfrentado otra vez con aquella decisión, no supe qué hacer. La veterinaria comprendió mi agonía, por lo que habló de las complicaciones que con toda probabilidad surgirían al operar a un perro de la edad de *Marley*. Además, otro factor que la preocupaba era los restos de sangre que habían aparecido en el catéter, lo que indicaba que había problemas en la pared del estómago.

–Sólo Dios sabe lo que encontraremos cuando nos metamos allí –dijo.

Le dije que quería hablar por teléfono con mi mujer. Salí al aparcamiento y llamé a Jenny desde mi móvil. Le dije que salvo operarlo, lo habían intentado todo infructuosamente. Guardamos silencio durante un largo rato, al término del cual Jenny dijo:

–Te quiero, John.

–Y yo a ti –dije.

Volví a la salita y pedí permiso a la veterinaria para quedarme un ratito a solas con *Marley*. Ella me advirtió que él estaba muy sedado y añadió: «Tómese el tiempo que desee.» Encontré a *Marley* tendido en la camilla, que estaba sobre el suelo, con una vía endovenosa en una de las patas delanteras. Me agaché y le acaricié todo el cuerpo con los dedos y le pasé la mano sobre la espalda, como le gustaba. Cogí cada oreja en una mano –esas orejas que tantos problemas le habían dado a lo largo de los años y que nos habían costado un ojo de la cara–, y calculé su peso; le levanté el labio y le miré los dientes podridos, desgastados; y le cogí la garra y la retuve unos minutos en mi mano. Luego me incliné hasta descansar mi frente sobre la suya y me quedé así un rato, como si pudiese telegrafiar un mensaje a través de los dos cráneos, desde mi cerebro al de él. Quería hacerle comprender algunas cosas.

«¿Sabes todo eso que hemos estado diciendo sobre ti? –le susurré–. ¿Que eras un pesado? Pues no lo creas. No lo creas ni por un instante, *Marley*.» Era necesario que él supiera eso, y también otras cosas. Había una que nunca le había dicho, que nadie le había dicho, y que quería que oyera antes de morir.

«*Marley* –le dije–. Eres un *gran* perro.»

La veterinaria me esperaba junto al mostrador de la recepción. «Estoy listo», dije. Me temblaba la voz, lo que me sorprendió, porque había creído de veras que estaba preparado para ese momento desde hacía varios meses. Supe entonces que, si decía una palabra más, perdería la compostura, así que le hice un gesto de afirmación y firmé los papeles de consentimiento que me tendió. Cuando hube acabado con los trámites, seguí a la veterinaria hacia donde yacía *Marley*, me arrodillé otra vez delante de él y le cogí la cara entre mis manos, mientras ella preparaba una jeringa y le ponía una aguja. «¿Está usted bien?», preguntó. Moví la cabeza en sentido afirmativo, y ella presionó el émbolo de la jeringa, dejando salir el líquido. La quijada de *Marley* registró un ligerísimo temblor. Después le auscultó el corazón y dijo que los latidos se habían espaciado, pero no detenido. *Marley* era un perro de gran tamaño. La mujer preparó una segunda jeringa y volvió a inyectarlo. Un minuto después volvió a auscultarlo y dijo: «Ha muerto», tras lo cual se marchó, dejándome a solas con *Marley*. Con toda delicadeza, le levanté un párpado y comprobé que era cierto, que había muerto.

Me dirigí al mostrador de la recepción y pagué la cuenta. Ella me preguntó si querría una «incineración en grupo» por 75 dólares o una individual, por 170, con entrega de las cenizas. Le agradecí, pero le aclaré que me llevaría a *Marley* a casa. Unos minutos después, ella y un asistente sacaron una gran bolsa negra sobre una camilla con ruedas y me ayudaron a ponerla sobre el asiento de atrás. La mujer me dio la mano y me dijo cuánto lo sentía, añadiendo que había hecho cuanto podía, pero que a *Marley* le había llegado su hora. Le agradecí sus palabras y me marché.

De camino a casa, me puse a llorar, algo que rara vez me sucedía, ni siquiera en los funerales. Pero el llanto sólo me duró unos minutos; cuando llegué a casa, tenía los ojos secos. Dejé a

Marley en el coche y entré a ver a Jenny, que me esperaba despierta. Los chicos ya dormían, así que les daríamos la noticia al día siguiente. Jenny y yo nos abrazamos y nos echamos a llorar. Traté de describirle lo que había sucedido, de asegurarle que ya estaba profundamente dormido cuando le llegó el fin, que no hubo pánico alguno, ni trauma, ni dolor, pero no pude encontrar las palabras. Así las cosas, seguimos abrazados, balanceándonos lentamente. Más tarde, fuimos hasta el coche y levantamos la pesada bolsa negra, la pusimos sobre una carretilla y la llevamos al garaje, donde pasaría la noche.

28. Bajo los cerezos

Esa noche me dormí enseguida y, una hora antes de amanecer, salté de la cama y me vestí en silencio, para no despertar a Jenny. Al pasar por la cocina, bebí un vaso de agua –el desayuno podía esperar– y salí al jardín, en medio de una tranquila llovizna. Cogí de paso una pala y un pico y fui al parterre de las habas que rodeaba los pinos blancos, es decir, al lugar donde el año anterior *Marley* había resuelto que sería su cuarto de baño. Era allí donde había decidido enterrarlo.

No hacía demasiado frío, por lo que afortunadamente la tierra no estaba helada. Empecé a cavar a media luz. Cuando hube sacado una delgada capa de tierra fértil, me encontré con arcilla dura, entreverada con piedras –los restos del suelo excavado para hacer el sótano de nuestra casa–, así que el trabajo me resultó más lento y pesado. Treinta minutos después, sólo había logrado excavar un poco más de medio metro, y a los cuarenta y cinco minutos, encontré agua, y el pozo comenzó a inundarse. Pronto el fondo estuvo cubierto de un agua fría y lodosa. Fui a buscar un cubo para tratar de achicar el agua, pero a medida que sacaba un poco, surgía más. De ninguna manera enterraría yo a *Marley* en semejante lugar. De ninguna manera.

Pese al tiempo y el esfuerzo invertido en hacer el hoyo –el corazón me latía como si acabase de correr una maratón–, abandoné el lugar y estudié el terreno, deteniéndome donde el césped lindaba con los árboles del bosque, al pie de la colina. Hundí la pala entre dos enormes cerezos autóctonos, cuyas ramas se entrecruzaban por encima de mi cabeza en la grisácea luz del amanecer, como una catedral sin techo. Ésos eran los árboles que *Marley* y yo habíamos esquivado por un pelo en aquel memorable descenso de la colina en el trineo. «Me parece que aquí estará bien.» El lugar quedaba más allá de donde habían enterrado los arcillosos restos de la excavación del sótano, y la tierra no estaba apelmazada, por lo cual tenía un buen drenaje. Vaya, que era el sueño de cualquier jardinero. Excavar allí me resultó fácil, así que pronto tuve un hoyo ovalado de unos sesenta de ancho por noventa centímetros de largo y un metro veinte de profundidad. Cuando entré en casa, encontré a los tres niños sorbiendo las lágrimas. Jenny acababa de darles la noticia.

Verlos sufrir –era el primer encuentro que tenían con la muerte– me afectó muchísimo. Es cierto que *Marley* era sólo un perro, y que los perros se mueren en el transcurso de la vida de los seres humanos, a veces por la simple razón de que se convierten en un inconveniente, pero aunque sólo era un perro, cada vez que intenté hablarles de él a los niños, los ojos se me llenaban de lágrimas. Por fin les dije que estaba bien que lloraran, y que tener un perro acababa siempre de manera triste, porque los perros no viven tantos años como los seres humanos. Les dije que *Marley* dormía cuando le pusieron la inyección y que no había sentido nada, que había pasado del sueño temporal al eterno. Colleen estaba molesta porque no había podido despedirse de él de verdad, ya que creyó que volvería a casa. Le dije que yo me había despedido en nombre de todos. Conor, nuestro incipiente escritor, me mostró algo que había hecho para *Marley* para acompañarlo en la tumba. Había dibujado un enorme corazón rojo, bajo el cual había escrito: «Para *Marley*. Espero que sepas cuánto te he querido toda mi vida. Siempre estuviste presente cuando te necesité. Siempre te he querido, así en la vida como en la muerte. Tu hermano, Conor Richard Grogan.» Colleen dibujó después una niña con un gran perro amarillo junto a ella y debajo, con ayuda de su hermano, escribió: «P.D. Nunca te olvidaré.»

Fui solo, llevando la carretilla donde descansaba *Marley*, hasta el pie de la colina, donde recogí una brazada de ligeras ramas de pinos con las que cubrí el fondo del pozo. Levanté la pesada bolsa y la puse sobre las ramas con la mayor suavidad posible, aunque lo cierto es que no había manera de hacerlo con gracia. Coloqué a *Marley* en el fondo del hoyo, abrí la bolsa para echarle una última mirada y lo acondicioné para que tuviera una postura cómoda, natural, tal como lo haría él frente a la chimenea, acurrucado, con la cabeza de lado. «Bueno, amigo. Éste es el fin», dije. Cerré la bolsa y volví a casa en busca de Jenny y los chicos.

Fuimos todos andando hasta la tumba de *Marley*, como una familia, Conor y Colleen había puesto sus notas en una bolsa de plástico, reverso con reverso, y la habían depositado junto a la cabeza de *Marley*. Patrick cortó con su navaja cinco ramas de pino, una por cada uno de nosotros, y fuimos echándolas uno tras otro en el hoyo, esparciendo su aroma en nuestro entorno. Hicimos una pausa que se interrumpió cuando todos, como si lo hubiésemos ensayado, dijimos al unísono: «*Marley*, te queremos.» Cogí entonces la pala y eché la primera palada de tierra. Hizo un sonido feo al golpear contra la bolsa de plástico, y Jenny comenzó a llorar. Yo seguí cubriendo el hoyo de tierra, mientras los chicos me observaban en silencio.

Cuando lo hube llenado del todo, nos fuimos andando hasta la casa. Nos sentamos alrededor de la mesa de la cocina y nos pusimos a contar historias graciosas de *Marley*. De pronto se nos llenaban los ojos de lágrimas y, momentos después, nos reíamos a carcajadas. Jenny contó la historia de cuando *Marley* se volvió loco, durante la filmación de *The Last Home Run*, cuando vio que un desconocido cogía en brazos a Conor. Yo hablé de todas las correas que *Marley* había destrozado y de la vez que había hecho pis sobre el tobillo de nuestro vecino. Hicimos una relación de todas las cosas que *Marley* había roto y los miles de dólares que nos había costado. Ahora podíamos reírnos de esas cosas. Para hacer que los niños se sintieran mejor, les comenté algo que yo no creía del todo. «El alma de *Marley* está ahora en el cielo de los perros –dije–. Está en una gigantesca pradera de color oro, corriendo en total libertad. Y ya tiene bien las caderas. Y recuperó el oído, y tiene muy buena vista, y todos los dientes sanos. Está en todo su esplendor..., y se pasa el día persiguiendo conejos.»

«Y tiene infinitas puertas mosquiteras para atravesar a placer», añadió Jenny. La imagen de *Marley* abalanzándose torpemente por el cielo nos hizo reír a todos.

La mañana avanzaba, pero yo tenía que ir a trabajar. Volví junto a la tumba y di los últimos toques con gentileza y respeto, aplanando la tierra con las botas. Cuando la superficie de la tumba estuvo al nivel de la tierra que la rodeaba, coloqué encima dos grandes piedras que recogí en el bosque, fui a casa, me duché y me marché a la oficina.

Los días que siguieron a la muerte de *Marley*, el silencio se adueñó de la casa. El animal que había sido la divertida diana de tantas horas de conversación e historias a lo largo de los años,

se había convertido en un tema tabú. Todos tratábamos de retomar nuestras vidas con normalidad, y hablar de él nos lo ponía
más difícil. Colleen, en particular, no podía oír mencionar su
nombre ni ver una foto suya sin que se le anegaran los ojos de lágrimas y dijese con toda firmeza: «¡No quiero hablar de él!»

Yo volvía a mi diaria rutina de ir al trabajo, escribir mi columna y regresar a casa. Todas las noches, durante trece años,
Marley me había esperado junto a la puerta, por lo cual entrar
en casa al cabo del día me resultaba de lo más doloroso. Jenny
pasaba la aspiradora con un ahínco que asustaba, decidida a recoger todos los mechones de pelo que *Marley* había perdido en
los dos últimos años y que aún se encontraban en cuanta grieta y
pliegue había en la casa. Poco a poco se borraban las huellas del
anciano perro. Una mañana, al ponerme un par de zapatos encontré las suelas interiores cubiertas de pelos de *Marley*, seguramente recogidos por mis calcetines al andar descalzo y depositados allí poco a poco. Me quedé mirándolos –de hecho, hasta los
acaricié– y finalmente sonreí. Los reuní y se los mostré a Jenny,
quien dijo:

–No nos libraremos de él así como así –y se rió.

Pero esa noche, en nuestro dormitorio, ella, que no había dicho casi nada en toda la semana, espetó:

–Lo echo de menos. Pero de veras, lo añoro *de veras*. En lo
más profundo de mi ser.

–Lo sé –le dije–. Yo también.

Quise escribir una columna de despedida para *Marley*, pero
temí que mis emociones lo convirtieran en una suerte de texto
blandengue y sensiblero de autocompasión, con el que sólo lograría humillarme. En consecuencia, me limité a hablar de temas
menos apreciados por mí. Lo que sí hice fue llevar una grabadora
y, cuando me asaltaba una idea, la grababa. Sabía que quería des

cribirlo tal cual era y no como una perfecta e imposible reencarnación de *Old Yeller** o *Rintintín*, como si hubiera algún peligro de caer en eso. Son muchas las personas que recrean a sus mascotas muertas, convirtiéndolas en animales nobles y supernaturales que en vida lo hicieron todo por sus amos, salvo freír los huevos para el desayuno. Yo quería ser honesto. *Marley* había sido una mascota graciosa y pesadísima que nunca entendió lo que era la cadena de mando. Creo, con toda honestidad, que quizá haya sido el perro que peor se portó en todo el mundo, y, sin embargo, comprendió desde el principio, de forma intuitiva, lo que significaba ser el mejor amigo del hombre.

Durante la semana que siguió a su muerte fui varias veces hasta su tumba. Por una parte, quería asegurarme de que no la visitaba de noche ningún animal salvaje. Aunque encontré que nadie ni nada la habían alterado, calculé que en la primavera necesitaría una o dos carretillas más de tierra para rellenar la depresión que empezaba a notarse, a fin de nivelar el terreno. Por otra parte, lo que quería era comunicarme con él. Así, encontré que mientras me quedaba junto a su tumba, revivía al azar situaciones de su vida. Me avergonzaba un poco la profundidad de mis sentimientos por él, mucho más profundos que los que me habían causado algunos seres humanos que había conocido. Y no era porque equiparase la vida de un perro con la de un ser humano, pero lo cierto es que fuera de mis parientes más inmediatos, eran pocas las personas que se habían mostrado tan generosas conmigo como él. Sin decirle nada a nadie, cogí el collar de *Marley* del coche, donde había quedado desde su último viaje al hospital canino, y lo puse en el fondo del cajón de mi

---

* Nombre del perro protagonista de la novela homónima de Fred Gipson. *(N. de la T.)*

ropa interior, donde todas las mañanas podía meter la mano y tocarlo.

Estuve toda la semana con un sordo dolor dentro de mí. Era un dolor realmente físico, no muy distinto del que produce un virus estomacal. Me sentía letárgico, desanimado. Ni siquiera tenía fuerzas para mis entretenimientos habituales, como tocar la guitarra, trabajar la madera y leer. Me sentía extraño, sin saber qué hacer conmigo mismo, y acababa yéndome a la cama temprano, entre las nueve y media y las diez de la noche.

En Nochevieja nos invitaron a la fiesta que daban unos vecinos. Todos nos dieron sus pésames, pero tratamos de mantener la conversación ágil y superficial, ya que, después de todo, era Nochevieja. Durante la cena, Sara y Dave Pandl, arquitectos paisajistas que habían regresado de California para convertir un antiguo granero de piedra en su casa particular, y que se habían hecho amigos nuestros, se sentaron junto a mí a una esquina de la mesa, y hablamos largo y tendido sobre perros, amor y pérdidas. Hacía cinco años, Dave y Sara habían enterrado a su querida *Nelly*, una pastora australiana, en la colina que había junto a su casa. Dave era una de las personas menos sentimentales que he conocido en mi vida, de un estoicismo propio de sus ancestros, los taciturnos holandeses de Pensilvania, pero en lo tocante a *Nelly*, él también había tenido que luchar con el dolor profundo que le había causado su muerte. Me contó que había revisado palmo a palmo los bosques rocosos hasta que encontró la piedra perfecta para su tumba. Desde luego, la piedra tenía forma de corazón, y se la llevó a un grabador para que grabara en ella el nombre de *Nelly*. Pese a los años que habían pasado, la muerte de la perra aún los afectaba profundamente, al punto de que se les humedecían los ojos cuando me hablaban de ella. Tal como dijo Sara, parpadeando para disipar sus lágrimas incipientes, a veces aparece un perro que de veras deja una huella en tu vida y no puedes olvidarlo.

Ese fin de semana di un largo paseo por el bosque y el lunes, cuando llegué al despacho, sabía lo que quería decir sobre el perro que había dejado una huella en mi vida, el que yo no podía olvidar.

Empecé la columna describiendo mi descenso de la colina con la pala, al amanecer, y lo extraño que era estar afuera sin *Marley*, que durante trece años me había acompañado en todos mis paseos. «Y ahora me encontraba solo –escribí–, cavando su tumba.»

Y cité a mi padre, que cuando le dije que lo habíamos tenido que sacrificar, manifestó lo más cercano a un piropo que mi perro haya recibido jamás: «Nunca habrá otro perro como *Marley*.»

Dediqué mucho tiempo a pensar lo que escribiría, y lo que sigue es lo que acabé diciendo: «Nadie lo llamó nunca un gran perro..., ni siquiera un buen perro. Era salvaje como un hada maligna que anuncia la muerte y fuerte como un toro. Vivió llevándose todo por delante con una satisfacción que suele asociarse con los desastres naturales. Es el único perro que he conocido al que han expulsado de las clases de obediencia». Y a continuación dije: «*Marley* era un masticacojines, un destroza mosquiteras, un arrojababas, un husmeador de cubos de basura. En cuanto a cerebro, permítaseme decir que intentó cogerse la cola hasta el día que murió, convencido, al parecer, de que estaba a punto de hacer un importante descubrimiento canino.» Y así seguí, describiendo su intuición y empatía, su bondad con los niños y la pureza de su corazón.

Lo que de veras quería expresar era cómo este animal nos había llegado al alma y nos había dado las lecciones más importantes de nuestras vidas. «Una persona puede aprender mucho de un perro, incluso de uno turulato como el nuestro –escribí–. *Marley* me enseñó a vivir cada día con toda exuberancia y dicha, a disfrutar de cada momento y a seguir los dictados del corazón. Me enseñó a apreciar las cosas sencillas, como un paseo por el bosque, una nevada y una siesta bañado por el sol invernal. Cuando envejeció y tuvo achaques, me enseñó a ser optimista frente a la adversidad y, en particular, me enseñó lo que significa la amistad y la generosidad y, sobre todo, la inalterable lealtad.»

Se trataba de un concepto increíble que sólo ahora, tras su reciente muerte, yo empezaba a comprender en su totalidad: *Marley* en su papel de mentor. Como maestro y modelo. ¿Era posible que un perro –cualquier perro, pero, en especial, uno loco e incontrolablemente salvaje como el nuestro– señalase a los seres humanos aquello que de verdad vale la pena en la vida? Yo creía que sí. La lealtad, el coraje, la sencillez, la dicha y también todas las cosas que no tienen importancia. Un perro no tiene nada que hacer con coches de lujo, grandes mansiones o ropas de diseño. Los símbolos de estatus no tienen ningún significado para él. Lo que le gusta es un trozo de tronco mojado. Un perro no juzga a la gente por su color, su credo o su clase social, sino por lo que es en su interior. A un perro no le importa si uno es rico o pobre, educado o iletrado, listo o aburrido. Si uno le brinda el corazón, él responderá brindando el suyo. Era una cuestión bien simple y, sin embargo, nosotros, los humanos, tanto más sabios y complicados, siempre hemos tenido dificultades para discernir lo que de veras tiene valor y lo que no lo tiene. Mientras escribía ese artículo de despedida a *Marley*, me di cuenta de que lo teníamos todo a la vista, siempre que abriéramos los ojos. A veces hace falta un perro con mal aliento, peores modales e intenciones puras para ayudarnos a verlo.

Acabé mi columna, se la entregué al editor y me marché a casa, sintiéndome un poco más ligero, casi alegre, como si me hubiera quitado de encima un peso que no sabía que llevaba sobre los hombros.

29. El Club de los Perros Malos

Al día siguiente, cuando llegué al despacho, vi que en el teléfono titilaba la luz roja de los mensajes. Marqué mi código de acceso y recibí una advertencia que no había oído jamás. La voz, grabada, decía: «Su buzón está repleto. Por favor, borre todos los mensajes innecesarios.»

Encendí el ordenador y abrí el correo electrónico. Y fue la misma historia. Tenía mensajes que llenaban varias páginas. El correo de la mañana era un ritual para mí, ya que era el barómetro visceral, aunque inexacto, del efecto que había tenido mi columna el día anterior. En algunas ocasiones, la columna producía entre cinco y diez respuestas, lo cual me indicaba que no había conectado con los lectores, y en otras encontraba varias docenas de respuestas, lo cual me hacía feliz. Pero esta mañana había cientos de mensajes, muchos más de los que había recibido en mi vida. Los títulos de los mensajes decían cosas como «Mi más profundo pésame», «Acerca de su pérdida» o sencillamente «*Marley*».

Los amantes de los animales constituyen una raza especial de seres humanos, generosos de espíritu, llenos de empatía, acaso un poco dados al sentimentalismo y con unos corazones grandes como un cielo sin nubes. La mayoría de las personas que me escribieron y llamaron, lo hicieron para expresar sus pésames, para decirme que también a ellos les había sucedido algo similar y que sabían por lo que estaba pasando mi familia. Otros tenían perros cuyas vidas se aproximaban al inevitable final y temían lo que sabían que habría de pasarles, al igual que lo habíamos temido nosotros.

Un matrimonio me escribió lo siguiente: «Comprendemos plenamente vuestra pérdida de *Marley*, y la lloramos, así como la de nuestro *Rusty*.» Una lectora llamada Joyce escribió: «Gracias por recordarnos a *Duncan*, que está enterrado en el jardín trasero de nuestra casa.» Una mujer de nombre Debi me escribió desde una localidad suburbana: «Nuestra familia comprende cómo se siente la suya. El pasado Día del Trabajo tuvimos que sacrificar a nuestro retriever amarillo, *Chewy*. Tenía trece años y padecía de las mismas aflicciones que el suyo. Cuando ya no pudo levantarse para salir a hacer sus necesidades, supimos que no podíamos dejarlo que sufriera más. Nosotros también lo enterramos en nuestro jardín, bajo un arce rojo que siempre será un monumento para recordarlo.»

Mónica, una mujer que trabaja en una oficina de reclutamiento y que tenía una perra llamada *Katie*, escribió: «Le dedico mi pésame y mis lágrimas. Mi perra *Katie* sólo tiene dos años y siempre pienso: "Mónica ¿cómo has dejado que esta criatura maravillosa te robe el corazón de esta manera?" Carmela me dijo: «*Marley* debe de haber sido un gran perro para tener una familia que lo apreciara tanto. Sólo quien ama a los perros puede entender el amor incondicional que nos brindan y el tremendo dolor que nos causan cuando se mueren.» Nancy escribió: «Los perros son una de las maravillas de la vida y es tremendo lo que aportan a la de cada uno de nosotros.» MaryPat se expresó así: «Incluso hoy echo en falta el golpeteo de la cola de *Max* mientras recorría la casa; ese silencio os enloquecerá durante un tiempo, especialmente de noche.» Y Connie: «El amor por un perro es algo increíble, ¿no es cierto? Convierte nuestras relaciones con la gente en un aburrido plato de avena.»

Varios días después, cuando llegó el último de los mensajes de este tenor, los conté. Casi ochocientas personas, todas amantes de los animales, se habían tomado la molestia de ponerse en contacto conmigo. Fue una demostración increíble, y una espléndida catarsis para mí. Cuando las hube leído todas, y contestado todas las que pude, me sentí mejor, como si formara parte de un gigantesco grupo de apoyo cibernético. Mi duelo privado se había convertido en una sesión de terapia pública a cuyos miembros no les daba vergüenza reconocer el dolor real y punzante que podía sentirse por algo tan aparentemente inconsecuente como un perro viejo y maloliente.

Pero mis corresponsales me escribieron y llamaron también por otra razón. Querían disputarme la premisa central de mi informe, la parte en la cual yo insistía en que *Marley* había sido el animal que peor comportamiento había tenido en el mundo entero. «Discúlpeme –comenzaba la respuesta típica–, pero el suyo no puede haber sido el peor, puesto que el peor fue el mío.» Y para argumentar su caso, me contaban con lujo de detalles los ejemplos de la mala conducta de sus perros. Así me enteré de montones de incidentes, como cortinas hechas jirones, ropa interior robada, pasteles de cumpleaños zampados en un santiamén, coches con el interior a la miseria y fugas memorables. Hubo incluso uno que se tragó un anillo de diamantes, lo que, comparado con la cadenita de oro que había devorado *Marley*, dejaba a éste en inferioridad de condiciones. Mi correo se parecía a la charla televisiva, *Bad Dogs and the People Who Love Them* [Los perros malos y la gente que los quiere], en la cual se presentan las víctimas dispuestas a alardear, llenas de orgullo, no sobre lo maravillosos que son sus perros, sino sobre todo lo contrario: sobre lo malos que son. Por extraño que parezca, en la mayor parte de las horrorosas historias intervenían retrievers grandes y locuelos como el mío. Después de todo, no estábamos solos.

Una mujer llamada Elyssa contó cómo su labrador *Mo* siempre se escapaba de casa cuando se quedaba solo, generalmente atravesando la mosquitera de alguna ventana. Elyssa y su marido pensaron poner coto a esas escapadas cerrando con llave todas las ventanas de la planta baja, pero no se les ocurrió hacer lo mismo con las del primer piso. «Un día, mi marido volvió del trabajo y vio que colgaba la mosquitera de una ventana de la planta superior. Se puso a buscar a *Mo*, pero presa del temor», escribió Elyssa. Pero justo cuando el marido empezó a pensar que había sucedido lo peor, «*Mo* dio la vuelta a una esquina de la casa. Estaba cabizbajo, pues sabía que tendría problemas, pero no se había hecho daño alguno. Había atravesado la ventana y caído sobre un arbusto fuerte, que le atenuó la caída».

Larry, otro labrador, se tragó el sujetador de su ama y lo vomitó entero diez días después; *Gypsy*, otra labrador propensa a la aventura, devoró la celosía de una ventana; *Jason*, una mezcla de retriever e Irish setter, se tragó un tubo de goma de metro y medio de una secadora, «cuyo interior estaba reforzado con alambre», explicó su amo, Mike. «*Jason* también abrió un agujero de sesenta centímetros de ancho por noventa de alto a mordiscazo limpio e hizo en la alfombra una rasgadura de casi un metro que comenzaba en su sitio preferido, junto a la ventana, pero yo quería a ese animal», añadió.

Phoebe, una mezcla de labrador, fue expulsada de dos residencias caninas diferentes, que también le prohibieron regresar, explicó su ama Aimee. «Al parecer, no sólo era la mejor en escaparse de su jaula, sino que ayudó a escaparse a otros dos perros, tras lo cual se dedicaron a comer toda clase de tentempiés durante la noche.» *Hayden*, un labrador de poco más de cincuenta kilos, solía comerse cuanto encontrase, según contó Carolyn, su dueña, incluido una caja entera de pescado, un par de mocasines de piel y un tubo de goma de pegar, «aunque no todo de una vez. Pero su momento más álgido fue cuando arrancó el marco de la puerta del garaje, al cual tontamente lo había atado por la correa para que pudiera tomar el sol».

Tim contó que su labrador amarillo *Ralph* era tan ladrón de comida como *Marley*, aunque más listo. Un día, antes de marcharse de su casa, Tim colocó un enorme centro de mesa hecho de chocolate sobre la nevera, donde *Ralph* no podría alcanzarlo. Pero el perro, valiéndose de las pezuñas, abrió los cajones del armario y los usó como escalones para trepar sobre la encimera, donde pudo estirarse, apoyando el cuerpo sobre las patas traseras, y llegar al centro de chocolate del que, por supuesto, no quedaba nada cuando su amo regresó. Pese a la sobredosis de chocolate, *Ralph* no tuvo molestia alguna. «Otra vez abrió la nevera y se lo comió todo, incluido lo que había en frascos», contó Tim.

Nancy quería guardar mi columna porque *Marley* le recordaba mucho a su retriever *Gracie*. Según me escribió, «Dejé el artículo sobre la mesa de la cocina y me volví para guardar las tijeras. Cuando volví a girarme descubrí que, por supuesto, *Gracie* se lo había comido».

¡Eureka! Yo me sentía cada vez mejor. *Marley* ya no parecía tan terrible. En todo caso, tenía muchos colegas en el Club de los Perros Malos. Llevé varios de los mensajes a casa, para compartirlos con Jenny, que por fin se rió por primera vez desde que había muerto *Marley*. Mis nuevos amigos de la Hermandad Secreta de Propietarios de Perros con Trastornos de Comportamiento nos ayudaron mucho más de lo que nunca sospecharían.

Los días se convirtieron en semanas, y el invierno se diluyó dando paso a la primavera. Los narcisos perforaron la tierra, crecieron y florecieron en torno a la tumba de *Marley* y las blancas florecillas de los cerezos que caían sobre ella encontraban allí su descanso. Pasaban días sin que yo recordara a *Marley*, pero de pronto había un detalle que lo recordaba repentinamente, como un pelo de él en mi jersey o el ruido de su collar cuando yo, para coger unos calcetines, metía la mano en el cajón donde lo había guardado. Con el transcurso del tiempo, los recuerdos eran menos dolorosos, más agradables. De pronto me asaltaban momentos olvidados hacía mucho con la misma claridad que escenas de antiguos vídeos familiares vistos por segunda vez, como la forma en que Lisa, la chica que habían apuñalado, se inclinó para besar a *Marley* en el hocico cuando salió del hospital, las fiestas que le hacían los del equipo de filmación, la galletita que la cartera le dejaba todos los días junto a la puerta cuando repartía la correspondencia, los mangos que sujetaba entre sus patas delanteras mientras los mordisqueaba para sacarles la carne, la expresión de bendición narcótica que le cubría la cara cuando olisqueaba los pañales de los bebés y la forma que tenía de pedir tranquilizantes, como si fueran dilectos trozos de carne. Eran momentos que apenas merecían ser recordados, pero que allí estaban, presentándose ante mi pantalla mental en los momentos y lugares menos esperados. La mayoría de ellos me hacían sonreír, pero algunos me obligaban a morderme el labio y recobrar el aliento.

Uno me asaltó en el trabajo, durante una reunión de personal. Se refería a West Palm Beach, cuando *Marley* aún era un cachorro y Jenny y yo, unos recién casados, enamorados hasta la médula. Una fresca mañana de invierno, íbamos andando a lo largo del Intracoastal Waterway tomados de la mano, con *Marley* delante de nosotros, liderándonos. Lo dejé que trepara sobre el muro de hormigón, que tenía unos sesenta centímetros de ancho y casi un metro por encima del nivel del agua.

–John –dijo Jenny en tono de protesta–, se puede caer al agua.

La miré y le pregunté:

–¿Crees que es tan tonto? ¿Qué esperas que haga? ¿Que caiga al vacío cuando se le acabe el suelo?

Y eso fue exactamente lo que *Marley* hizo diez segundos después, cayendo de panza sobre el agua, tras lo cual nos dedicamos a la delicada operación de rescatarlo del agua y devolverlo a tierra firme.

Unos días después, me dirigía en el coche a una entrevista cuando de pronto tuve ante mis ojos otra escena de cuando estábamos recién casados: un romántico fin de semana que pasamos en una casita en primera línea de mar en la isla Sanibel, antes de que nacieran los chicos. La novia, el novio..., y *Marley*. Me había olvidado por completo de ese fin de semana, pero allí lo tenía, en tecnicolor: atravesando el estado con él sentado entre nosotros dos y, ocasionalmente, dándose contra la palanca de cambios, que acababan en el punto muerto; bañándolo en la bañera del lugar que alquilábamos, tras un día de playa, por lo cual había espuma, agua y arena volando por todas partes; y más tarde, Jenny y yo haciendo el amor bajo las ligeras sábanas de algodón, acariciados por la brisa marina, y acompañados por la cola de *Marley* que golpeaba sobre el colchón.

Marley era un elemento central en algunos de los capítulos más felices de nuestra vida. Los capítulos del amor joven y de los nuevos comienzos, de las carreras incipientes y de pequeños bebés, de éxitos resonantes y decepciones devastadoras, de descubrimientos, libertad y reafirmación. *Marley* se incorporó a nuestras vidas cuando los dos tratábamos de imaginarnos en qué se convertirían; se unió a nosotros cuando lidiábamos con todo aquello que debe afrontar toda pareja, el a veces doloroso proceso de fundir dos pasados distintos para crear un futuro común; se convirtió en parte de la tela que empezábamos a urdir, en un hilo inseparable de la urdimbre en la que nos convertíamos Jenny y yo. Así como nosotros lo habíamos ayudado a moldearse en la mascota familiar en la que había de convertirse, él también nos ayudó a que nosotros nos moldeásemos como una pareja, como padres, como amantes de animales, como adultos. Y pese a todo, a todas las decepciones y las expectativas no satisfechas, *Marley* nos había hecho un regalo que era imponderable, a la vez que gratis. Nos enseño el arte del amor sin condiciones; nos enseñó a darlo y a recibirlo. Y donde lo hay, todas las demás piezas encuentran su lugar preciso.

El verano después de morir *Marley* instalamos una piscina, y yo no podía dejar de pensar cuánto le habría gustado a *Marley*, nuestro incansable perro de aguas. Le habría gustado más que a todos nosotros juntos, aunque habría rasgado el revestimiento y atascado el filtro con sus pelos. Jenny estaba maravillada ante lo fácil que le resultaba mantener la casa limpia sin un perro que perdiera pelo, que babeara y que trajese tierra de afuera. Yo reconocí que era muy agradable andar descalzo por el jardín, sin tener que fijarme dónde pisaba. El jardín estaba decididamente mejor sin ese grande y pesado cazador de conejos que lo atravesaba como una tromba. No cabía duda de que la vida sin perros era más fácil e inmensamente más sencilla. Podíamos irnos un fin de semana sin tener que contratar un lugar donde dejarlo, salir a cenar sin preguntarnos qué riesgo corría algún objeto de herencia familiar. Los chicos podían comer sin tener que cubrir sus platos, y no teníamos que poner los cubos de la basura sobre la encimera de la cocina cuando salíamos. Podíamos volver a echarnos en un sillón para relajarnos y disfrutar del maravilloso espectáculo de una buena tormenta eléctrica. En particular, a mí me gustaba moverme por la casa con total libertad, sin tener un gigantesco imán amarillo pegado a mis talones.

Pero así y todo, como familia, nos faltaba algo.

Una mañana de finales del verano, bajé a desayunar y Jenny me tendió una sección del diario doblada de manera que dejaba a la vista una página interior. «Esto no te lo vas a creer», dijo.

Una vez a la semana, nuestro diario local sacaba la foto de un perro del refugio de animales que necesitaba un hogar. La ficha técnica consistía siempre en el nombre del perro y una breve descripción del mismo, escrita como si el perro hablase en primera persona, defendiendo su caso. Era un treta que utilizaba la gente del refugio para que los animales parecieran encantadores y adorables. A nosotros nos entretenían las descripciones de los perros, aunque no fuera más que por el esfuerzo que se hacía para destacar a unos animales que nadie quería, que habían tenido ya la mala fortuna de haber sido rechazados al menos una vez.

Ese día, reconocí de inmediato el perro que me miraba desde el diario: era nuestro *Marley*. O, al menos, un perro que podía haber sido su hermano gemelo. Se trataba de un gran labrador amarillo con la cabeza en forma de yunque, el ceño fruncido y las orejas caídas y echadas hacia atrás en un ángulo cómico. Miraba directamente a la cámara con una inquisición tan intensa que uno sabía que, instantes después de dejarse sacar la foto, había tumbado al fotógrafo sobre el suelo y había intentado comerse la cámara. Al pie de la foto estaba su nombre: *Lucky*. Leí en voz alta la descripción que el propio perro había escrito: «¡Lleno de vida! Me iría bien una casa tranquila, mientras aprendo a controlar mi nivel de energía. No he tenido una vida fácil, así que mi nueva familia tendrá que ser paciente conmigo y seguir enseñándome modales de perro.»

—¡Dios mío! —exclamé—. Es él. Ha resucitado.

—Pura reencarnación —dijo Jenny.

Era extraño el parecido que *Lucky* guardaba con *Marley*, así como también lo bien que le cuadraba la descripción de sí mismo. ¿Lleno de vida? ¿Problemas para controlar la energía? ¿Practicar los modales caninos? Jenny y yo estábamos muy familiarizados con esos eufemismos, puesto que también nosotros los habíamos utilizado. Nuestro perro mentalmente desequilibrado había vuelto, era otra vez joven y fuerte y más salvaje que nunca. Nos quedamos un rato en silencio, mirando el diario.

—Creo que podríamos ir a verlo —dije por fin.

—Aunque sea sólo por verlo —añadió Jenny.

—Sí. Sólo por curiosidad.

—¿Qué puede haber de malo en verlo?

—Nada.

—Entonces, ¿por qué no?

—No tenemos nada que perder.

Agradecimientos